智慧交通技术创新与先行示范丛书

水面无人艇运动建模与规划控制

朱曼 文元桥 著

DYNAMIC MODELING, PATH PLANNING,
AND MOTION CONTROL OF
UNMANNED SURFACE VEHICLES

人民交通出版社
北京

内 容 提 要

本书系统深入地总结了编者们所在团队多年来在水面无人艇运动建模、运动规划和运动控制等方面取得的主要研究成果。内容涵盖水面无人艇操纵运动数学模型、水面无人艇操纵运动模型辨识、水面无人艇运动规划算法设计与试验验证、水面无人艇运动控制理论与制导方法、水面无人艇航向航速运动控制，以及水面无人艇路径跟踪控制。

本书可供船舶海洋工程、控制科学与工程、交通信息工程及控制、交通运输工程等学科的研究生和航海技术、船舶电子电气工程、自动化等专业的高年级本科生作为教材或参考书，也可供相关领域的学者和工程技术人员参考。

图书在版编目(CIP)数据

水面无人艇运动建模与规划控制／朱曼等著．— 北京：人民交通出版社股份有限公司，2024.8
ISBN 978-7-114-19452-8

Ⅰ．①水… Ⅱ．①朱… Ⅲ．①无人驾驶—水面舰艇—船舶运动—建立模型②无人驾驶—水面舰艇—船舶运动—运动控制 Ⅳ．①U674.7

中国国家版本馆 CIP 数据核字(2024)第 065244 号

Shuimian Wurenting Yundong Jianmo yu Guihua Kongzhi

书　　名：	水面无人艇运动建模与规划控制
著 作 者：	朱　曼　文元桥
责任编辑：	潘艳霞
责任校对：	赵媛媛　魏佳宁
责任印制：	张　凯
出版发行：	人民交通出版社
地　　址：	(100011)北京市朝阳区安定门外外馆斜街 3 号
网　　址：	http://www.ccpcl.com.cn
销售电话：	(010)59757973
总 经 销：	人民交通出版社发行部
经　　销：	各地新华书店
印　　刷：	北京市密东印刷有限公司
开　　本：	787×1092　1/16
印　　张：	14
字　　数：	267 千
版　　次：	2024 年 8 月　第 1 版
印　　次：	2024 年 8 月　第 1 次印刷
书　　号：	ISBN 978-7-114-19452-8
定　　价：	90.00 元

(有印刷、装订质量问题的图书，由本社负责调换)

前言
PREFACE

近年来,水面无人艇(Unmenned Surface Vessel,USV)技术作为改变未来水上作战规则和水上民生活动方式的颠覆性技术,在世界范围内得到快速发展,成为当前国际学术界和产业界的研究热点。英国罗尔斯·罗伊斯股份公司于2016年推出了"高级无人驾驶船舶应用(Advanced Autonomous Waterborne Applications,AAWA)开发计划",并发布了AAWA项目白皮书。美国于2018年8月发布了《2017—2042财年无人系统综合路线图》。中国工程院在2020年12月发布的《全球工程前沿2020》报告将"智能机器人集群协作系统设计与实现"列为信息与电子工程领域Top10工程开发前沿中的一项。根据预测,水面无人艇在未来10年将成为世界科技与经济进步的重要引擎,引领高端装备与智能经济的高质量发展。

水面无人艇技术虽然已发展应用多年,但其内涵尚未统一界定。综合分析和解读有关研究和发布实施的标准指南,如:英国劳氏船级社发布的《无人海事系统的规则》(2017)、中国船级社印发的《无人水面艇检验指南》(2018),不难得知,自主航行是实现无人艇智能航行与作业的重要技术保障。运动规划与控制技术因面临环境复杂多变、艇体推进受限、系统自身运动状态维数高以及非线性耦合强等诸多挑战,而成为自主航行中亟须解决的重难点问题。本书依托海南省自然科学基金面上项目"高海况下无人艇集群强鲁棒协同控制方法研究"(项目编号:624MS079)成果编写。基于对无人艇运动规划与控制技术的深刻认识以及前期的研究探索,本书编者力求在水面无人艇技术发展的黄金阶段，重点解决水面无人艇运动规划与控制的基础理论与关键技术问题，实现水面无人艇运动的高精度数学表达、快捷高效的规划决策、稳健实时的优化控制，研发水面无人艇测试验证平台原型，为水面无人艇自主航行提供通用规划控制技术与测验平台。

本书由朱曼统稿，全书由朱曼、文元桥共同编写。其中，朱曼负责编写第1章、第2章、第5章、第6章，文元桥负责编写第3章和第4章。书中的主要内容以及USV测试验证平台取材于课题组多年研究工作的积累，特别感谢团队研究生周杰、陶威、顾尚定、熊鑫、熊泽爽、王思源、张家辉、曹继宁、许阿辉等对本书的贡献，也十分感谢团队老师肖长诗、周春辉、黄亚敏等对相关工作的无私指导和大力支持。本书的出版受到浙江省科技计划项目"船岸协同环境下内河集装箱船舶增强驾驶关键技术研究及示范应用"（2021C01010）、海南省自然科学基金面上项目"高海况下无人艇集群强鲁棒协同控制方法研究"（项目编号：624MS079）、三亚市科技创新专项"水上交通场景的认知计算方法研究"（2022KJCX36）资助。

USV的运动建模、规划与控制是无人艇完成既定任务的重要前提保证，是USV系统研发和产业化实施过程中的重要研究热点之一，希望本书的出版能够起到抛砖引玉的作用。由于编者水平有限，书中难免存在疏漏和不足之处，恳请读者批评指正。

作　者

2024年2月

目录
CONTENTS

第1章 绪论
1.1 水面无人艇概述 ·· 2
1.2 水面无人艇运动规划与控制研究现状 ··· 15
本章参考文献 ··· 27

第2章 水面无人艇运动建模
2.1 水面无人艇操纵运动数学模型 ·· 36
2.2 水面无人艇操纵运动模型辨识 ·· 47
2.3 本章小结 ··· 101
本章参考文献 ··· 102

第3章 水面无人艇运动规划
3.1 面向多障碍物环境的无人艇运动规划方法 ··· 106
3.2 面向受限水域的无人艇运动规划方法 ··· 122
3.3 面向风和流干扰的无人艇运动规划方法 ·· 130
3.4 基于 Dyna-H 框架的路径规划方法 ·· 141

3.5　改进 RRT*Smart 方法应用于水面无人艇局部路径规划 …………… 149

3.6　本章小结 ………………………………………………………………… 157

本章参考文献 …………………………………………………………………… 157

第4章　水面无人艇运动控制理论与制导方法

4.1　水面无人艇运动控制理论方法 ………………………………………… 160

4.2　水面无人艇的制导方法 ………………………………………………… 170

4.3　本章小结 ………………………………………………………………… 174

本章参考文献 …………………………………………………………………… 174

第5章　水面无人艇航向航速运动控制

5.1　水面无人艇航速控制 …………………………………………………… 178

5.2　水面无人艇航向控制 …………………………………………………… 180

5.3　水面无人艇航向航速协同控制器设计 ………………………………… 187

5.4　本章小结 ………………………………………………………………… 194

本章参考文献 …………………………………………………………………… 195

第6章　水面无人艇路径跟踪控制

6.1　水面无人艇路径跟踪控制结构设计 …………………………………… 198

6.2　自适应路径跟踪控制器的设计与实现 ………………………………… 198

6.3　基于 LOS 的路径跟踪控制器设计与实现 …………………………… 204

6.4　基于 IILOS 的路径跟踪控制器设计与实现 ………………………… 213

6.5　本章小结 ………………………………………………………………… 214

本章参考文献 …………………………………………………………………… 215

第 1 章
Chapter 01

绪论

1.1 水面无人艇概述

1.1.1 定义

水面无人艇的出现是科技进步和水上交通领域发展需求的交会点。先进的计算机、通信和传感器技术催生了自主船艇系统的发展,使 USV 能够在水上环境中独立执行任务。从军事到民用,USV 在海洋研究、资源勘探、环境监测等领域具有广泛应用。出于安全和效率的考虑,USV 也被用于危险环境和执行复杂任务,如海洋灾害响应、水上保护等。新兴技术如人工智能和自主导航的发展也推动了 USV 的进步,使其成为现代水上交通领域中不可或缺的一部分。

目前,USV 尚无统一的定义。2006 年,CORFIELD 等人较早地提出了水面无人艇的定义,认为 USV 是一种使用半自主或全自主方式在水面航行的无人化、智能化系统平台,具有自主规划、自主航行的能力,主要用于执行复杂的、特殊的、危险的任务。美国海军于 2007 年发布的《无人水面艇主计划》将 USV 定义为一种静止时浮于水面,而运动时几乎持续地同水面接触,具有不同自动操控能力的无人运载器。2008 年,BERTRAM 等人将 USV 定义为无人船只,其能够在海洋、湖泊或河流等水上环境中自主导航和执行任务,通过集成传感器、导航系统和通信装置获取数据,并与地面或其他平台进行通信。同年,CURCIO 等人认为 USV 是能够自主航行、执行任务并传输数据的无人船舶,具备自主导航、环境感知、通信等能力,广泛应用于海洋科研、资源勘探、海上安全等领域。挪威船级社在 2014 年有关"未来航运业"的报告中提到,USV 是一种不需要人员驾驶的船舶平台,能够根据预先设定的任务和路径,自主执行航行、遥感、监测等任务。作为全球享有盛名的船级社——劳氏船级社于 2017 年 2 月发布了《无人海事系统的规则》,规则指出 USV 是一种能够在水上进行自主航行、任务执行和数据采集的船舶系统,通常搭载各种传感器和自主控制系统,无须人员直接操控。中国船级社于 2018 年发布的《无人水面艇检验指南》指出,无人艇是无人水面艇的简称,是指一种直接通过自主航行或远程遥控以实现正常航行、操纵及作业的水面小艇。韩国海洋水产部于 2020 年发布的《海洋水产智能化战略》指出,USV 是融合人工智能(AI)、物联网(IoT)、大数据、传感等技术,通过智能化、自主化系统,支持和替代船员决策的新一代高附加值船舶。从以上定义可以看出,尽管不同国家的机构和学者对 USV 的定义在形式上有所不同,但关注的核心技术体系基本一致,主要包括以下几个方面:

(1) 通信技术

USV 的通信技术主要是为 USV 子系统与岸基监控子系统之间传输数据和图像等信息提供通信服务，常涉及的有卫星通信、超高频段（UHF）高速数据传输通信、甚超高频通信系统（VHF）数据通信、近岸 4G 网络以及自组织无线网络技术，面向大数据传输与云服务的宽带无线通信技术，无人艇自组网通信技术。

(2) 感知技术

通过多传感器如雷达、相机等获取 USV 自身和周围环境信息，对水面静止和运动目标的动态识别、跟踪及运动轨迹预测。

(3) 运动规划与决策技术

USV 运动规划与决策技术需重点解决多约束下的规划决策目标的最优化问题，主要涉及自主路径规划、自主运动规划、自主避障与避碰、集群规划与决策等技术。

(4) 自主导航与定位技术

USV 的自主导航与定位技术主要提供 USV 执行任务时所需的导航定位信息。这些信息的获取手段主要有导航雷达、北斗卫星导航、计程仪、激光陀螺罗经、回声测深仪等设备。要求尽可能实时获取信息，定位精度应达到米级，所有的信息均通过串口发送给决策控制系统。

(5) 运动控制技术

USV 运动控制技术主要是紧扣 USV 运动控制期望，根据测量计算得到运动偏差，通过科学的运动控制律作用于执行器，达到调整偏差、保障 USV 稳定可靠航行的目的。其中，需要重点分析 USV 的快速性、稳定性、耐波性，研究 USV 操作运动特性分析与建模、姿态控制技术、运动控制系统设计，以及测试验证。

(6) USV 远程监控技术

USV 远程监控技术主要是依托作为 USV 上位机的远程监控平台，通过遥控、半自主，或者完全自主模式控制 USV 运动，并实时监测其运动状态，对 USV 的异常状态进行报警。

(7) USA 布放回收技术

USV 布放回收技术，是指在将其放置水面和回收到母船的过程，主要关注快速性、安全性、高效性、可靠性，涉及的难点技术包括布放装置设计、USV 抓取或升降装置设计、USV 与回收平台的自动对准和连接技术。

1.1.2 主要特点

USV 作为一种依靠遥控或自主方式在水面航行的无人化、智能化平台，相较于常规的有人船艇,在任务执行和关键技术方面具有明显特点。

(1) 任务执行特点

① 远程遥控与自主航行多模式切换

USV 具备高度自主性,能够独立执行任务,同时也支持远程操作以适应不同环境。其自主性源自先进的导航技术、感知技术和智能决策能力,在完全自主运行方式下,如果途中遇到障碍物,可通过目标搜索识别系统和处理系统进行避让航行,通过自主路径规划优化航线。这对 USV 的智能化程度要求较高,技术实现也较为复杂。传感器如声呐、雷达、摄像头实时感知水域环境,从水流到水下地形,支持针对性决策。尽管具备自主性,远程操作仍是重要特点,操作员能在必要时介入,确保适应多种任务需求。USV 自主性与远程操作相结合,使其能在不同任务环境下灵活应用。

② 艇型与推进方式多样化设计

USV 的设计多样,包括单体滑行艇型、多体船艇型、水翼艇型和半潜式艇型等。其推进方式也丰富多样,包括螺旋桨式、喷水式和舷外机。螺旋桨推进在低速行驶时效率高、成本低,喷水式在高速行驶时机动性好、操纵性优越。舷外机轻便、易安装,可提升高速航行性能。这种多样的艇型设计与推进方式支撑 USV 执行海洋科研、环境监测、巡逻及资源勘探等多种任务,不断挖掘 USV 在不同领域的灵活应用潜力。

③ 动力系统机动灵活

USV 动力系统依靠先进的电力驱动,通过智能控制实现推进器和转向装置的高度协调,实现了快速可靠的机动性能。这使得 USV 能够在各种复杂水域环境中灵活穿行,适应多种任务需求。USV 可轻松适应狭窄水道、繁忙航线甚至恶劣气象,展现出类似人类船员的航行智慧。机动灵活性意味着在水上任务中,USV 能快速响应紧急情况、规避障碍物,甚至在恶劣条件下保持稳定前进,使其成为水上科研、资源勘探和救援行动等领域的得力助手。

④ 模块化可扩展性强

USV 大多采用模块化设计,根据任务的不同,可搭载多种不同功能的模块,主要用于执行危险以及不适于有人船只执行的任务。模块化的感知规划设计允许 USV 装载不同类型的传感器,如摄像头、声呐、激光雷达,实时获取环境信息,从而精准感知环境、规划路径并避免碰撞,完成复杂任务。此外,多样的任务载荷设计赋予 USV 广泛应用的可能性。USV 具有卓越的模块化可扩展性,能够根据任务需求和环境灵活进行感知规划设计和任务载荷选择。这种特性赋予 USV 高度的适应性和应用的多样性,使其在各种情境下表现出色。

(2) 技术特点

① 高效、稳定的数据传输和远程控制

USV 通常采用多种通信手段,包括卫星通信、无线网络和水上通信基站,以确保在不同水域和条件下的通信连通性。其通信系统具备自适应性，能根据信道质量和环境变化智能地调整通信模式，以保持稳定的数据交换。同时，通信技术也高度重视安全性，采用加密和认证等手段确保通信内容的机密性和完整性，防止信息泄露和受到干扰。USV 的通信技术特点使其能够与远程操作员实时交流，传递任务数据和环境信息，从而在水上勘探、环境监测、灾害救援等领域发挥重要作用。

② 多源传感器全方位感知

USV 的感知技术在自主性和任务执行能力方面扮演着重要角色。这些 USV 配备了多种先进的感知设备，如高分辨率摄像头、声呐系统、激光雷达等，通过信息融合和处理，用于实时获取周围水域环境的详尽信息。感知技术使 USV 能够精准地感知水流、障碍物、水下地形、气象条件等关键信息，从而在复杂的水上环境中做出智能决策。这些数据不仅支持 USV 规避障碍物、优化路径规划，还能适应不同任务需求，如海洋科学研究、资源勘探、水上巡逻等。感知技术的应用，使 USV 能够实现高度自主地执行任务，并在危急情况下做出快速、准确的响应，给现代水上交通领域带来了新的运输可能性和效益增长点。

③ 先进的智能决策算法与高效规划航行路径

USV 的运动规划与决策技术在自主性和智能导航能力方面具有重要意义。这些 USV 配备了先进的自主导航系统和智能决策算法，能够根据任务需求和环境条件，高效规划航行路径。运动规划技术使 USV 能够避开障碍物、优化能源消耗，并在复杂水域中实现高效导航。此外，USV 还能通过感知技术实时获取环境信息，如水流、海洋生物分布等，从而做出针对性决策，满足不同情境的任务需求。智能决策技术使 USV 能够在实时变化的环境中做出智能判断，从而保证航行的安全性和高效性。USV 的决策系统能够综合考虑多种因素，如路径规划、障碍物规避、能源利用等，以实现稳定、准确地航行。这些技术使 USV 具备在水上环境中自主完成任务的能力，不仅提升了水上科研和资源勘探的效率，也为环境监测和应急救援等领域提供了有力支持。

④ 高精度的位置感知和定位

USV 的自主导航与定位技术在精准性和可靠性方面具有重要作用。这些 USV 配备了先进的导航系统，如惯性导航系统、卫星导航系统、激光雷达等，能够实现高精度的位置感知和定位。自主导航技术使 USV 能够在水上环境中独立、准确地确定自身位置，从而规划航行路径和执行任务。定位技术使得 USV 在广泛的应用场景中能够具备稳定的导航能力。无论是在开放水域、狭窄水道还是复杂地形下，这些技术都能保证 USV 的航行安全和目标达成。此外，自主导航与定位技术和感知技术紧密结合，能够在实时获取环境信息的基础上，更加智能化的作出路径规划和航行决策，使 USV 能够在不同任务环境中高效自主地执行任务。总之，USV 的自主导航与定位技术为其提供了在复杂水上环境中高度自主、精准导航的能力，为水上科研、资源勘探、环境监测等领域的应用带来了巨大的发展空间。

⑤快速响应指令与高度稳定的航行

USV 的运动控制技术在航行稳定性和精准性方面具有关键作用。这些 USV 配备了先进的运动控制系统,包括舵机、推进器和姿态稳定器等,以确保在不同水域和条件下的稳定航行。运动控制技术使 USV 能够迅速地响应指令,精确控制速度、方向和姿态,从而实现高度稳定地航行。USV 的运动控制技术不仅在自主航行时表现出色,还在与远程操作员交互时具备出色的灵活性。这种技术能够实现远程操作员对 USV 的实时控制,包括路径规划、航行速度的调整以及姿态稳定的控制,使得 USV 能够适应多变的任务需求和环境挑战。运动控制技术的应用,使 USV 能够在水上科研、资源勘探、环境监测等领域发挥出色作用。其稳定性和精准性为 USV 提供了在不同任务环境下高效、可靠的航行能力,进一步拓展了现代水上科学与工程的发展空间。

⑥高效的自动化布放与回收系统

布放与回收技术旨在确保 USV 安全有效地进入和离开水域,其技术特点体现在多个方面,包括自动化的布放与回收系统、实时的位置感知和精准的操作控制。自动化的布放与回收系统使得 USV 能够在各种环境下实现自主操作,减少人工干预,提高操作效率。同时,实时的位置感知技术通过使用卫星导航等设备,确保 USV 在布放与回收过程中精准定位,进而保障操作的准确性和安全性。操作控制技术则确保 USV 在复杂水域环境下能够稳定航行,以保证 USV 与布放回收设备的有效连接。这些技术特点使得 USV 在布放与回收环节具备了高度的可靠性和适应性,不仅提升了 USV 的操作效率和安全性,也有力支撑了 USV 在水上科研、环境监测和救援行动等领域的应用。

综上所述,USV 在任务执行和先进技术融合应用等方面表现突出,使其成为现代水上领域的重要探索方向。其任务执行特点体现在多领域应用,如水上科研、资源勘探、环境监测与应急救援等。任务特点方面,具备自主性和灵活性,能够独立完成任务,同时也支持远程操控,适应不同环境和需求;技术特点方面,USV 拥有先进的感知、自主导航、运动控制和通信技术,使其具备高度智能化。感知技术保障实时获取环境信息,自主导航技术确保精准的定位与航行路径规划,运动控制技术保证稳定航行,而通信技术实现数据传输与远程操控。这些技术协同作用,使 USV 能够在复杂水上环境中高效执行任务,为水上科学与工程领域带来全新的发展前景。

1.1.3 发展历程

USV 作为现代海事技术领域的一项重要创新应用,经历了一个令人瞩目的发展历程。从最初的概念探索到如今的多样化应用,USV 在不断演进中展现出在水上探索、科研、资源开发等领域的巨大潜力。随着科技的飞速发展和人类对水上环境的深入了解,USV 正逐步引领智能船艇领域的革命,开创更广阔的水上探索之路。让我们一同回顾 USV 的发展历程,见证其从概念到现实的不断蜕变与壮大。USV 的发展历程时间表如图 1-1 所示。

图 1-1　USV 发展历程时间表

(1) 美国水面无人艇发展历程

① 探索起步阶段(第二次世界大战—2007 年)

在第二次世界大战时期,美国就开始装备并使用 USV。目前,在 USV 领域,美国仍处于领先地位。1946 年,美国在测试核爆的"十字路行动"中,使用 USV 对核爆炸区域的水质进行采样,检测水质的放射性。20 世纪 60 年代,美军在越南战争中,通过远程控制以内燃机为动力的 USV 船队执行扫雷任务。1990 年前后,美国海军研制的 X 级美国"猫头鹰"号,可在近岸浅水海域执行侦查任务。自 1993 年起,美国麻省理工学院(MIT) Sea Grant Program 设计和开发了一系列的 USV,包括 ARTEMIS(1993)、ACES(1997)、AutoCat(1999)和 SCOUT(2004)等,大多用于海洋数据采集。其中,SCOUT 平台实现了无线遥控和全自主控制,同时也成为具有协同自主功能的科研和军事平台。MIT 的 USV 都采用 MOOS(Mission Oriented Operating System)操作系统。该系统也由 MIT 开发,是一套机器人平台,其中海洋机器人平台提供自主功能的"C++"开源系统。

②体系设计阶段(2007—2015年)

2007年,美国海军海上系统司令部(Naval Sea Systems Command,NAVSEA)制定了《海军USV总体规划》,表明美国将在未来相当长的时间内持续开发研究USV。同年,美国首次发布《无人水面艇主计划》,对典型作战任务进行梳理,结合USV特点提出了发展型谱,明确了各型USV的基本概念、类型划分、使命任务、技术体系和标准规范,并先后推出了Spartan Scout、Owl MK等数十种型号的USV,以满足不同的作战需求,增强海战灵活性,减少人员伤亡。此后,美国军方开始统筹各军种无人系统的发展,并统一发布《无人系统路线图》,总体规划了USV的作战需求、关键技术领域以及与其他无人系统之间的互联互通性,迭代细化了USV的型谱组成,并将其纳入美军无人作战体系总体建设考虑中。2013年,受美国海军作战部长办公室(OPNAV N81)的委托和资助,美国兰德公司发布了《海军水面无人艇任务适用性》咨询报告,进一步评估了USV的任务适用性,并提出了典型作战概念。2013年,美国发布的最新版《无人系统(一体化)路线图》对USV的技术发展重点和能力需求做了说明。美国海军已经研制并装备了多个类型的USV,并制定了清晰的未来发展路线。"遥控猎雷系统""海狐"和"斯巴达侦察兵"已经陆续服役,并积累了一定的USV使用经验。2014年,美军在詹姆士河对由5艘自动控制USV和8艘远程遥控USV组成的编队集群,开展了USV编队蜂群作战的相关试验。13艘USV采用智能控制技术,以特定护卫队形为核心目标组织护航,通过艇群的传感器网络,成功识别出模拟的敌方目标船只,并按照预设方案随即行动,对敌方目标进行包围和拦截,阻止了敌方威胁迫近己方护卫目标。

③平台建设阶段(2016—2020年)

2016年,作为用于军事目的的最为著名的反潜持续跟踪美国"海上猎人"号(Sea Hunter)下水。其采用三体船的总体构型,稳定性较好,总体尺寸较大,续航能力突出,采购和运行成本低、性价比高且自动化程度高,具有完全自主导航与控制能力,因此能够在没有人员支持的敌对环境下对敌方潜艇进行长达数月的持续跟踪。2017年大型USV"霸主计划"(Overlord)启动和2019年2艘反水雷通用USV签订,这标志着美军转入水面无人平台建设阶段。2018年1月,美国海军公开发布了《无人系统战略路线图》,部署远景规划,提出系统运用概念以及体系配套能力要求。同年3月,其调整部队编制体制,将美国海军海上系统司令部下属的濒海战斗舰执行办公室(PEO LCS)更名为无人和小型战斗舰艇执行办公室(PEO USC),负责统筹水面及水下无人装备发展。2019年5月,成立水面第一发展中队,对前期研发的各类无人平台进行统一管理。

④能力生成阶段(2021年至今)

2021年3月,美海军与陆战队联合发布《无人系统作战框架》,这标志着美国力图继续加强工业与学术领域的合作,优化重大项目安排,加速推进无人装备交付速度,以大型USV原型艇发射"标准-6"导弹为标志,充分验证美军无人装备能力生成情况。2022年1月,美海军发布《水面作战：竞争优势》报告，明确指出未来10年将向海军部队交付10种新型或改进型水面舰艇，其中中型和大型USV占据其中两席。

（2）以色列水面无人艇发展历程

以色列USV研究起步较早，不少型号均已处于试验测试阶段，部分型号已经实际部署，并出口到其他国家。以色列拥有先进的无人机研制技术，并将该技术应用于USV的研发，使其具有独特的竞争优势。

以色列军方在2005年研制出军事USV"保护者"（Protector）号。以色列"保护者"号USV速度可以达到20m/s，是当时最快的USV，但其仍主要依赖人员远程控制，并没有实现完全自主功能。

以色列航空防务系统公司2005年独立开发了"海星"（Sea Star）号USV。它是一种硬壳充气式USV，拥有一个功能全面的任务设备包，配备可用于侦查、监视和目标搜索的昼夜红外/可见光传感器、声呐的传感器套件，以及可用于电子支援、电子对抗、电子侦察和通信侦察的电子战套件。

2006年，以色列"保护者"号USV装备于以色列海军，每3艘编成一个机动编队，主要用于以色列沿海地区和相邻水域巡逻。

2014年，以色列航空航天工业公司推出名为"KATANA"的新一代USV，受到世界主要军事大国的关注。该USV拥有自动导航及自控防撞系统，配备有红外相机、雷达和武器系统，能在保护专属经济区、海上边界等大范围内执行多种任务。该USV通过辨识、追踪和分类远近目标，可提供实时情报图像，并根据指令对目标发动进攻，实现全自动操作和人员遥控操作。

2017年3月，以色列海军成功测试了"海上骑士"无人驾驶导弹艇，该艇是全球首艘具备导弹发射能力的USV。"海上骑士"导弹USV继承了"保护者"号USV的基本装备和高速航行的优点，成为全球首艘作为装备测试且能够发射导弹的USV。"海上骑士"导弹USV最高时速可达75km，艇长扩展至11m，体型更大更长，在大浪中航行比"保护者"号USV更加稳定，续航时间长达12h。通过搭载不同的模块，"海上骑士"导弹USV能够执行海区侦察、目标判别、目标拦截、反恐、水雷战、电子战和精确打击等任务，目前主要用于海域巡逻。"海上骑士"导弹USV还可配合常规舰艇作战，由士兵在舰艇上进行遥控，指挥USV参与海面战斗，甚至具备用火炮攻击直升机的能力。

（3）其他欧洲国家水面无人艇发展历程

除了美国和以色列，一些欧洲发达国家，如法国、德国、挪威、英国、荷兰、俄罗斯、意大利、葡萄牙等也在积极开展USV的研究。

法国Sirehna公司多年来一直专注于自主研发USV，并于2007年成功推出了"Rodeur"高速USV。该艇搭载无人化控制模块，可自主执行多种任务。其主要任务目标是完成监视、保护、猎雷、海洋污染调查、反潜探测等任务。2009年，法国Subsea Tech公司研发的远程操作双体船——"CATAROB T-02",用于多用途无人支持海事调查。2010年,法国研制了"检验者"号USV,为DGA的海军自动化作战解决方案增量评估(ESPADON)计划而设计,在洛里昂下水。

2008年,德国研制的"海獭"MKII USV,可以实现四艘USV在两位操纵员控制下协同完成扫雷任务,在多USV协同作战方面具有领先的技术优势。"SONOBOT5"号是由德国Evo Logics公司研制的USV,集成了Evo Logics宽带单波束回声仪、侧扫描声呐、Hydra 700kHz与Hydra 1MHz回声测深仪,专为内陆水域的水文测量、监测以及搜索和救援需求而设计。该USV能够实现港口和内陆水域的水深测量及海底成像,定位物品,如文物、残骸、失踪者,探索浅水、自然保护区、洪水泛滥、受限或难以到达的地区,以及监控定期检查水下基础设施。

2010年,挪威研发了"水雷狙击手"USV;挪威科技大学研发了Cybership系列USV。Cybership系列是根据特定船型等比例缩小的,用于实验室拖曳水池建模和算法(如动力定位、跟踪控制等)测试的平台。挪威科技大学还研发了一套软件工具包MSS(Marine Systems Simulator),包含各种不同类型的船模型、环境模型和基本控制模块,为海事系统各种数学模型的快速开发提供参考。

2013年,荷兰代尔夫特理工大学研发的"Delfia"号USV,探索了USV在交通运输领域的应用,主要应用于港口、内河等运输场景。

2013年,英国自主水面航行器公司(ASV)应国家海洋研究中心(NOC)的要求,研发了一种长航时无人水面艇(LE-MUSV)——"C-Enduro"号USV。LE-MUSV项目由ASV公司负责,引入超空间引擎公司负责动力选项和动力管理系统,克兰菲尔德大学负责避碰技术研发。ASV公司负责"C-Enduro"USV的详细设计、建造、调试和海试。"C-Enduro"号USV可使用多种能源采集技术,并带有高效自动扶正功能。该USV负载能力强,可在任意一次任务中使用多种组合负载。2017年,英国国防科技试验室利用自己的模块化技术优势,生产研制的"芬里厄"号USV可以取代传统舰载刚性充气船执行高危任务。

俄罗斯正在研究具有"变革海军战争"潜力的未来无人技术。2016年测试了"探索者"号USV,艇上安装了复杂的陀螺稳定监视和搜索系统、光电监视系统、声呐设备、无线链路系统、电子压制、远程视觉系统和自动灭火系统。

2016年,意大利热那亚CNR-ISSIA研究机构研发的USV平台Charlie,采用双层导航与控制方法:内层控制船舶速度,外层在运动层实现导航和路径规划。

近年来,葡萄牙也研发了一系列的USV平台,如Delfim、Caravelas和DelfimX。其中,Delfim系列USV主要用来与海底无人潜器进行协同,并作为无人潜器与水面母船间的通信中继,也可自主完成获取海洋数据的任务。

(4) 我国水面无人艇发展历程

国内USV的研究起步较晚,在USV操纵和自主航行等方面的集成应用上,与发达国家的成熟技术相比,还有很大的差距,仍处于起步阶段。目前,我国进行USV研究的机构主要有上海海事大学、中国船舶重工集团、上海大学、珠海云洲智能科技股份有限公司(以下简称"云洲智能公司")、哈尔滨工程大学、华中科技大学、武汉理工大学等。

从 2006 年起,上海海事大学先后研发出第一代、第二代、第三代 USV,可执行水上救助、水文勘测和水面环境监测等任务。2010 年,该课题组在前三代 USV 的技术基础上,成功研制"海腾 01"号智能高速 USV。该艇配备有雷达、声呐、立体视觉和 360 度监控摄像机等监测设备,共有全自航、半自航和全遥控三种工作模式,可在巡航、测量、水文环境监测、进出港与过境船舶监测监视、水面防污染监测等方面进行无人作业。

2008 年,中国航天科工集团自主研发出国内第一艘无人驾驶海上探测船"天象一号",并用于服务青岛奥帆赛的气象保障工作。

2013 年,上海大学无人艇团队研制的"精海 1 号",经由交通运输部东海航海保障中心组织,成功应用到西南沙诸岛礁的水下地形地貌和水文情况的测量,为我国发展南海岛礁航海保障基础设施,提供了充分的科学依据。上海大学已经成立了无人艇研究院,专门从事 USV 的设计。目前,该研究院已发布"精海"系列 1~4 号 USV。精海系列无人艇技术较为成熟,成功实现了在南海岛礁、南极罗斯海等海域的应用,正在研发的精海号环境监测系列无人艇、精海号生态浮标等将推进海上生态环境监测的智能化、无人化。该团队主要提供水面无人平台,可通过搭载并整合在线水质检测仪、水面安全监察设备、海洋测绘仪等专业仪器,向不同需求提供高效便捷的针对性应用解决方案。2014 年,"精海 2 号"跟随"雪龙"号执行了我国第 31 次南极考察任务。

云洲智能公司推出了可搭载反舰导弹雷达诱饵模块的 L30A 型无人艇,拉开了国内水面 USV 军事运用的大幕。该型艇能够伴随母舰航行,干扰来袭导弹,对母舰提供保护。2013 年,云洲智能公司在世界上率先将 USV 用于环境测量,如"方洲"号为青藏高原科考、南海水质调查等多个国家重点项目提供了技术支持。2017 年,云洲智能公司推出了"方洲"号的升级版——M80B 无人艇,能适应环境恶劣的海上环境,填补了多个恶劣环境水域的数据空白。此外,其研发的"ESM30" USV 和"TC40" USV 具有水质自动采样检测、水底探测等功能,并在多个水污染事件和应急任务中发挥出重要作用。

2017 年底,哈尔滨工程大学和深圳海斯比船艇公司共同推出了世界上速度最快的 USV——"天行一号" USV,其速度可超过 50kn,可用于海上执法和危险环境作业。该 USV 具有高航速、大航程、自主监测等国内领先的技术,采用表面桨作为推进方式,最大航程超过 1000km,具有手操、遥控、半自主和全自主四种工作模式。

2018 年 2 月,华中科技大学工业技术研究院,进行了 USV 编队的航行测试,利用 5 艘 USV 进行编队航行,初步达成了 USV 围捕的测试。

武汉理工大学的水上交通安全与仿真团队(NSSG)研发了 iNav 系列的 USV。其中,iNav-Ⅰ型 USV 在 2016 年进行了 USV 艏向控制和路径跟踪实船试验。2017 年,团队开发的 iNav-Ⅱ

型 USV,是一艘纯电动的玻璃钢制 USV。艇长 3.96m,宽 1.55m,吃水 0.3~0.5m,满载排水量 0.708t。该 USV 的动力推进装置为一台吊舱式推进器,吊舱推进器的偏转角度限制为 -25°~25°,即允许操舵的角度范围在 ±25°之间。"iNav-Ⅱ"型 USV 配备有完善的传感器探测设备,包括探测障碍物的毫米波雷达,感知环境的风速风向仪,感知姿态及位置的惯性导航与差分 GPS(RTK,可达到厘米级定位精度)系统以及用于数据交换和指令传达的船岸无线电通信系统。"iNav-Ⅲ"型 USV 是一艘用于科研试验与环境监测的纯电动双推进器型 USV,质量为 30kg。从 USV 实际航行中受到的运动学和动力学角度出发,该团队提出了考虑风和流影响下的 USV 运动规划方法。更加全面、实用地考虑了 USV 在实际航行过程中受的干扰影响,对 USV 在实际环境中的安全航行有一定的参考意义。该艇的主要参数如表 1-1 所示。

"iNav-Ⅲ"型 USV 主要参数　　　　　　　　　　　表 1-1

参数	单位	数值
艇长/宽	m/m	1.75/0.75
设计吃水	m	0.12
质量	kg	30
最大航速	kn	3.2
螺旋桨螺距	m	0.4

2019 年,武汉理工大学水上交通安全与仿真团队(以下简称"NSSG 团队")研发了"小虎鲸"号,该 USV 是由一艘具备较强稳定性与机动性的折角型滑行艇改装而来,采用舷外机驱动,单机、单螺旋桨的推进形式。该 USV 设计了一套基于机器人操作系统的 USV 分布式控制系统。通过对开源仿真环境的二次开发,使得仿真环境控制接口与"小虎鲸"号 USV 实船控制系统无缝对接,软件算法经仿真测试完毕后可直接部署到实船上,简化了开发过程、提升了开发效率。同时,针对"小虎鲸"号 USV 航向控制问题,提出一种多模型航向控制方案以满足控制需求,在一定程度上提高了航向控制精度。该艇的主要参数如表 1-2 所示。

"小虎鲸"号 USV 主要参数　　　　　　　　　　　表 1-2

参数	单位	数值
艇长/宽	m/m	7.60/2.58
水线长	m	5.88
型深	m	1.19
设计吃水	m	0.37
质量	kg	2400
最大航速	kn	28
推进器最高转速	r/min	5500

2020 年,NSSG 团队研发的"智巡 1 号"USV,整体架构为三体船,推进方式采用双电动舷外机驱动,转舵系统以电推杆及转轴等机械结构组成。团队以多功能、模块化为导向,搭建了

适用于多功能、多任务的 USV 平台，既能满足多种任务需求，也方便后续科研试验，且提供完整的人际交互功能包，简化了 USV 实船试验调试工作。针对"智巡 1 号"USV 航向控制问题，提出了新型的椭圆隶属度二型模糊控制器，并证明了其在控制器中的潜力与研究价值。该艇的主要参数如表 1-3 所示。

"智巡 1 号"USV 主要参数 表 1-3

参数	单位	数值
艇长/宽	m/m	3.98/2.00
型深	m	0.70
设计吃水	m	0.25
质量	kg	1000
最大航速	kn	8
推进器最高转速	r/min	1650

2021 年，NSSG 团队研发了一款用于科研试验的双推进器双体 USV，设计总长 2.5m，型宽 1.5m，高 0.8m。该双体 USV 采用聚氨酯弹性体材料制成，具有一定强度，且最大限度减轻自身重量，提高了 USV 载重能力。该 USV 动力部分采用了锂聚合物电池供电，动力由电动机经齿轮箱传递至双螺旋桨推进器，可依靠双螺旋桨的差速实现 USV 的旋回转向；艇体辅助设备包括桅杆架、主板架和推进器夹具，能可靠搭载及连接 USV 各模块的所有设备；具有远程驾驶、自主避障、路径跟踪等功能，支持自主航行的二次开发。

2022 年，NSSG 团队研发了一款面向多作业任务的高度自适应模块船，针对当前单体、双体等一体化无人艇系统复杂任务适应性不足等突出问题，充分结合模块集成化设计理念，从任务载荷、核心控制、动力系统等多功能模块创新设计了该模块船，并引入域控制器理论和方法构建了兼容性和扩展性强的电子电气架构，提高了系统的灵活性以及任务执行效能，为无人系统技术创新发展提供了一种新思路。

NSSG 团队研发的 USV 见图 1-2。

a)iNav-Ⅰ型无人艇 b)iNav-Ⅱ型无人艇

图 1-2

c) iNav-Ⅲ型无人艇

d) "小虎鲸"号无人艇

e) "智巡1号"无人艇

f) 双体无人艇

g) 模块船

图 1-2　NSSG 团队研发的 USV

1.1.4　研究面临的挑战

USV 因具有无人化、自主化、智能性等显著优点,已应用于水质监测、巡逻执法、测量测绘等多个领域。但随着执行任务的多样化和差异化,USV 在越来越多的应用场景将会面临不同难题,发展受到制约。USV 面临的关键性难题主要有:

①环境高度复杂。USV 需要在多变的海洋环境中执行任务,包括恶劣天气、海浪、潮汐等复杂条件。因此,如何实现稳定的自主导航、保障 USV 的耐久性以及适应不同复杂环境的设计是 USV 研究面临的关键问题。

②应对频繁对抗。在安全应用中,USV 可能面临各种敌对行动,如敌方 USV、舰船或潜艇的干扰、威胁和攻击。如何提升 USV 的对抗能力,保护其安全性和完整性,以及应对对抗行动是一个复杂的问题。

③实施决策挑战。USV 在执行任务时需要迅速做出决策,特别是在突发事件、突发威胁或急需响应的情况下。实现高实时性的 USV 传感器信息的收集、传输、处理以及快速有效地规划和调度 USV 的多个任务是一项技术挑战。

④信息不完全。在复杂的海洋环境中,USV 可能受限于信息获取,部分区域可能缺乏有效传感器覆盖,或者受到通信中断的影响。如何通过合理的路径规划、信息预测和数据融合,克服信息不完全的问题,保证 USV 完成任务是一个关键问题。

⑤边界不确定。USV 在任务中可能需要穿越国际海域、切换不同法律管辖区等,面临边界不确定的问题。确保 USV 在不同区域合规操作、遵守法律法规,以及处理跨境问题是一个挑战。

解决这些关键性问题需要跨学科的合作,涉及自主导航、传感器技术、通信系统、智能决策、对抗能力等多个领域。通过开发先进的技术解决方案,USV 可以更好地应对复杂多变的水上环境,高效、安全地完成任务。此外,基于以上各种难题和挑战,未来 USV 的发展将集中在个体能力增强与集群能力增强两个方面。个体能力增强主要体现在个体认知智能、个体自主作业与算法芯片化等方面;集群能力增强则主要体现在通过通用架构化提升交互操作性,以及跨域协同作战、网络安全与人机混合智能等方面。

1.2 水面无人艇运动规划与控制研究现状

1.2.1 国内外项目研究概述

(1) 国外项目研究

近年来,基于对未来技术应用、军事需求和社会需求的深刻洞察,USV 项目在国外备受关注,并得到日益增加的资源投入。USV 项目的推进不仅代表着技术的进步,更是为许多关键领域的挑战性问题提出了全新的解决途径。USV 项目的发展已经成为推动国外无人系统技

术和产业化发展中的重要一环,现将其中一些典型的科技项目介绍如下:

2007年,美国提出了"美国先进概念技术演示项目"(ACTD),其主要任务是研发了"斯巴达侦察兵"号USV,并在伊拉克战区进行了试验。"斯巴达侦察兵"号USV搭载有先进的通信系统、传感系统以及各种先进武器,主要用于执行情报搜集、目标监视、信息侦察、反水雷和海上安防等任务,具有一定的自主能力。

2010年,美国国防高级研究计划局(DARPA)提出了"反潜持续跟踪无人艇(ACTUV)"项目,该项目的主要目标是开发一种能够自主执行反潜巡逻任务的USV。该USV能够持续追踪潜在的潜艇目标,实现在广阔海域中的自主巡航、目标探测、持续追踪等任务。其设计理念包括使用先进的传感器和自主导航技术,使USV能够独立运行并保持长时间的反潜巡逻。通过部署USV,可以减轻人力需求,提高任务执行的灵活性,并降低执行成本。

2016年,美国海军研究局(ONR)提出了"海上蜂群(Sea Mob)"项目,该项目旨在研究和开发一种能够在海上执行多样任务的USV蜂群系统,以支持未来海军作战任务。"海上蜂群"项目中的USV可以在一定范围内协同工作,执行各种海军作战任务,如搜索、侦察、目标跟踪等。

2016年,美国国防高级研究计划局(DARPA)提出了"海上猎人"号无人艇项目,该项目的目标是开发一种能够自主执行反潜任务的无人舰艇。这种无人舰艇的设计理念旨在利用先进的自主导航和无人系统技术,实现自主巡逻、目标搜索、反潜巡逻等任务。

2016年,美国麻省理工学院(MIT)与荷兰阿姆斯特丹市合作推出了"Roboat"项目,该项目旨在开发具有自主导航和模块化特性的USV系统,可用于执行清洁城市水道、交通管理等任务,在城市规划、交通管理、环境监测等领域具有创新应用。

2016年,欧盟与各参与国的研究机构和大学共同推出了"EU Marine Unmanned Ground Systems(MUGS)"项目,该项目旨在研究USV的运动规划、自主导航、环境感知等关键技术,以实现USV在海洋环境中自主执行任务的能力。

总体而言,国外在USV领域展开了一系列创新性的研究项目,主要探索和开发具备自主性、协同性和多功能性的USV系统。这些项目通过整合先进的自主导航、传感器技术、通信协议和智能决策算法,为水上作业、监测和任务执行带来了新的可能性的同时,也带来了一系列挑战,如自主性能的提升、数据处理和传输的优化、多艘USV的协同控制等。因此,国外的USV研究不仅关注技术突破,也在探讨适用于不同场景的操作模式和规范。

(2)国内项目研究

为了提升自主研发能力,强化水上交通科技实力,确保我国能够更加自信、高效地应对复杂水上挑战,同时推动科技创新、促进经济发展方面发挥着重要作用,自2009年起,我国陆续开展了大量有关USV的项目研究,涵盖USV的环境感知、运动建模、运动规划和运动控制等多个方面。

2009年，刘志林教授受国家青年科学基金项目资助，依托哈尔滨工程大学，以"欠驱动水面艇的运动约束分析及预测控制方法"为题，分析了欠驱动USV的运动约束，并提出相应的预测控制方法，研究涵盖运动分析、控制方法等方面。这是我国学者在USV运动控制方面较早的研究。

随后，国内学者逐渐开始关注USV环境感知技术方面的研究。2011年，马忠丽副教授受国家青年科学基金项目资助，依托哈尔滨工程大学，针对USV自主避障和周围环境感知等难题，以"水面高速无人艇视觉系统信息增强关键技术研究"为题，研究了水面高速USV视觉系统目标跟踪的理论和方法。

2013年，国家自然科学基金先后设立了"水面高速无人艇航行性能综合优化模型及方法""欠驱动水面艇自主航行过程最小风险协调控制研究""水面无人艇无风险操纵运动控制研究""复杂海况下的海事无人艇路径规划研究"和"海洋环境下多无人艇协同航行机制与仿人自适应控制研究"等与USV运动规划和控制相关的项目，主要关注复杂水域下USV的运动建模、运动规划和运动控制等方面的研究内容。

随着传感技术与人工智能技术的不断发展，2014年，国家自然科学基金先后设立了"基于确定学习方法的无人水面艇智能控制研究""基于眼球协同运动机理的海上动目标自动追踪控制""基于多永磁同步电机协同推进的两栖无人艇跟踪控制研究""欠驱动微型无人艇的航迹跟踪方法研究"和"基于航海雷达目标检测与跟踪的无人艇危险规避技术研究"等与USV环境感知和运动控制相关的项目，主要关注将人工智能技术应用在USV的运动控制、USV高精度环境感知等研究内容。

2015年，饶进军副研究员受国家面上项目资助，围绕"基于仿人眼复合运动控制的多艇协同动目标跟踪"项目，针对海面移动目标跟踪过程中所遇到的图像模糊跳动、图像匹配困难、跟踪稳定性差等实际困难，研究了仿人眼复合运动控制机理的多USV协同动目标跟踪技术。

随着多智能体理论和集群控制技术的发展，2016年，国家自然科学基金先后设立了"动态复杂海面机器人自主回收环境感知与仿生控制""全域海面障碍检测研究""群集动力学系统的个体预测智能分析与预测控制研究""复杂海况下多水面高速无人艇编队稳定性及协同避碰方法研究"和"恶劣通航环境下无人水面艇视觉感知增强方法研究"等与USV环境感知和USV编队运动控制相关的项目，主要关注USV编队的协同避碰、协同控制和环境感知等研究内容。

2017年，国家自然科学基金先后设立了"海洋动态环境感知与机器人自主巡逻""自然能驱动无人艇的高抗扰控制方法研究""海洋环境干扰下高速无人艇航迹跟踪齐次控制方法研究"和"水面无人艇的多传感器信息融合环境理解与建模技术研究"等与USV的多传感器信息融合的环境感知技术和复杂环境下的USV运动控制相关的项目，主要关注利用USV的多传感器实现不确定水上环境的理解与建模等研究内容。同年，中国船舶重工集团公司开展了"智能水面舰船技术装备"项目,该项目涵盖了 USV 的智能控制、感知与决策、自主导航等技术研究,以提升 USV 的自主性和智能化水平。

随着网络化系统的发展,国内学者将 USV 编队视为网络化系统进行 USV 集群运动相关的研究。2018 年,国家自然科学基金先后设立了"复杂海洋环境下无人艇自主感知与决策关键技术""自适应事件触发的网络化无人水面舰艇动力定位与故障检测""基于区间观测器的不确定网络化系统的协同行为分析与控制""全自主无人艇编队协同控制理论与应用研究"和"船舶主动干扰下的水面无人艇脱逃机理研究"等与 USV 编队协同控制相关的项目,主要关注 USV 编队的协同避碰和协同控制理论与应用等研究内容。

自 2019 年起,越来越多的国内学者运用深度学习的方法进行了 USV 运动控制相关的研究;关于 USV 集群控制的研究也愈发受到学者们的青睐。2019 年,国家自然科学基金先后设立了"复杂海况无人艇集群智能协同控制决策方法研究""复杂海况无人艇集群控制理论与应用""复杂不确定海况下无人艇自主布放回收系统目标识别与仿生对接""基于积分滑模的模型参考模糊跟踪控制方法及其应用""基于确定学习方法的多无人艇系统协同学习与控制研究""通信限制下多智能体系统的固定时领导-跟随一致性研究""海面移动机器人自主回收仿生捕获与变刚度镇定控制""切换系统的迭代学习观测器设计及其主动容错控制研究"和"基于深度强化学习的无人艇集群类脑决策与控制"等与 USV 集群协同控制相关的项目,主要关注运用深度学习的方法研究 USV 运动控制和集群控制方法等内容。

2020 年,赵金教授受面上项目资助,依托华中科技大学,针对 USV 推进系统易发生故障的问题,以"全电驱无人艇推进系统容错理论与方法研究"为题进行了 USV 容错控制相关的研究。陆海博学者受青年科学基金项目资助,依托鹏城实验室,针对 USV 协同控制的问题,以"面向多地点动态集结任务的空海无人系统智能协同控制研究"为题进行了 USV 运动控制相关研究。刘彬副教授受青年科学基金项目资助,依托华中科技大学,以"异构自主无人艇集群协同作业理论及应用研究"为题进行了 USV 集群运动控制相关的研究。

从我国 USV 项目的发展历程来看,在发展初期,国内学者主要是探索 USV 的运动控制方法。随后,国内学者逐渐开始关注 USV 环境感知技术方面的研究。随着多智能体理论和集群控制技术的发展,国内学者主要关注 USV 编队的协同避碰、协同控制和环境感知等研究内容。近几年,越来越多的国内学者开始运用深度学习的方法进行了 USV 集群运动控制相关的研究。综上,国内关于 USV 的研究主要集中在运动建模、运动规划和运动控制这三个关键领域。运动建模方面,国内学者通过深入分析 USV 的物理特性、环境影响等因素,建立了准确的数学模型,从而更好地理解和描述其运动行为。在运动规划方面,研究致力于开发智能算法和路径规划策略,以使 USV 能够有效地避开障碍物、规划最优路径,并在复杂环境中实现高效地航行。在运动控制方面,国内学者通过引入先进的控制理论和技术,比如智能自适应控制技术、无模型自学习控制技术,不断提升 USV 的稳定性和精确性,确保其在各种工作任务中能够稳健地执行各类运动操作。这些研究为 USV 的实际应用提供了坚实的技术基础,推动了 USV 技术在水上资源开发、水质监测、巡逻执法、测量测绘等多个领域的不断创新与发展。

1.2.2 运动建模

USV 运动模型通常由结构和参数两个要素组成。换句话说,USV 运动系统建模涉及两个主要任务:定义模型结构和识别所涉及的参数。经过几十年的不断研究和改进,船舶领域已经采用了两种主要的机理模型结构来表征 USV 运动:一种是水动力学模型,以 Abkowitz 整体模型和 MMG 分离型模型为代表。美国 Abkowitz 教授于 1964 年提出了 Abkowitz 整体型模型,该模型基于 3 阶泰勒级数展开,建立船舶运动状态变量与推进系统变量之间的函数,以描述作用于船体、螺旋桨、舵,及其相互间作用的水动力和力矩;日本数学模型建模小组(Manoeuvring Mathematical Model Group,MMG)于 20 世纪 70 年代末提出了 MMG 分离型模型,该模型分别对作用于船体、螺旋桨、舵,及其相互作用的力和力矩进行分析建模。另一种是响应模型,俗称 Nomoto 模型。响应型模型描述的是船首对操舵的响应关系,其主要用于船舶控制和自动驾驶仪设计。然而,无论采用何种数学模型来表示 USV 的操纵性,提高 USV 运动数学模型精度的关键是精确地确定水动力系数或模型参数。

当前主流的模型参数确定方法可归为 4 类,包括模型试验法(包括约束船模试验、自航模型试验、静态船模试验以及动态船模试验)、基于流体力学计算(Computational Fluid Dynamics,CFD)的数值计算法、基于数据库的经验公式法以及系统辨识(System Identification,SI)等。最早的方法是通过约束模型试验获得水动力系数,从这些试验中导出的一些经验公式。水动力系数的准确性与试验的范围和数量、试验经验、测量结果的修正等密切相关。当试验条件或船型稍有变化时,就需要重新开始试验,耗时耗力,费用昂贵。通过模型试验的方式改进模型最可靠,但是计算量大,成本较高,又只能精确模拟特定的 USV。对于其他同类 USV,可以依靠经验公式进行估算,但是经验公式法得到的模型参数一般都低于要求的精度。CFD 是另一种足够成熟的建模方法,可以产生比经验公式更精确的模型。但建立合适的 CFD 模型仍需要大量的经验(包括网格模型、边界条件和湍流模型的选择),计算时间特别长,数值计算过程复杂,很难达到实时预测的效果。与此同时,从实船模型试验或 CFD 模型中得出的经验公式受到 USV 大小和形状的限制,这些方法仅针对某一研究对象性能较好,重复试验成本则较高。近年来,基于实测数据建立动态模型,以动态模型输出与实际系统输出之间的误差最小为核心思想的系统辨识,得益于人工智能技术的蓬勃发展,成功地应用于各种与 USV 结构有关的问题中,并在 USV 运动建模领域得到了广泛的应用。系统辨识是根据系统的输入输出数据建立与测量系统等价的数学模型的一种控制工程策略。该方法只需要 USV 运动状态变量和控制输入,通过训练就可以得到相对准确的 USV 运动模型,避免了测量的影响。目前 USV 常用的系统辨识建模方法主要有机理驱动建模、数据驱动建模。

(1) 机理驱动建模

机理模型是由已知的定律、定理和原理根据系统的结构导出的数学模型。该模型具有确定的结构，模型中的未知参数可以通过系统辨识技术得到。对于 USV 操纵运动的预报，首先，水动力模型需要用包含大量线性和非线性水动力系数的微分方程来表示；然后，用算法来识别这些系数；最后，将改进的水动力系数代入 USV 操纵运动方程，对 USV 操纵运动进行预测。日本的 Nomoto 教授通过类比建模方法提出了一阶线性响应 Nomoto 模型，用于船舶控制和自动驾驶仪的设计。Abkowitz 教授基于船舶操纵运动方程中水动力表达式的泰勒级数展开式给出 Abkowitz 模型，并在考虑螺旋桨和方向舵影响的基础上进行了修正。日本机数学建模小组提出 MMG 模型，建立了船体、螺旋桨、方向舵等主要部件的数学模型，分别计算各部件所受的水动力和力矩，并进行下耦校正，使其互不影响。基于上述典型船舶操纵运动模型，一些学者会根据研究的具体需要提出改进或者简化的 USV 运动模型。例如，Zhu 等学者为实现对不同类型 USV 构建准确的运动模型，在矩阵向量模型的基础上，提出了一套高效的描述 USV 平面 3 自由度运动的辨识建模策略，并通过数字仿真和船模试验验证了模型的有效性。定义 USV 运动模型结构后，需要使用系统辨识方法识别所涉及的水动力参数，经典的系统辨识方法被广泛应用于水动力参数辨识，如最大似然(Maximum Likelihood Estimation, MLE)、人工神经网络(Artificial Neural Network, ANN)、支持向量机(Support Vector Machine, SVM)、最小二乘估计(Least Squares Estimation, LS)、扩展卡尔曼滤波(Extended Kalman Filter, EKF)和最小二乘支持向量回归(Least Square Support Vector Regression, LS-SVR)等方法已用于识别模型中的水动力系数。但是，由于模型中各项参数存在相关性，参数抵消效应使得一些水动力系数非常不稳定。针对以上问题，Xu 等学者提出了最优截断最小二乘支持向量回归(T-LSSVR)来降低估计参数的不确定性，降低了计算过程中核矩阵的维数、避免了耗时的矩阵求逆运算，具有更低的辨识复杂度。Wang 等学者提出了一种 v-SVM 辨识方法以解决水平面 3 自由度 USV 操纵运动模型参数估计问题，采用基于网格搜索的交叉验证法优化正则化参数，根据样本结构和计算能力设定超参数，避免了参数选择的盲目性和随意性，提高了辨识的精度。但是，由于机理模型只能使用有限数量的多项式来近似 USV 运动模型，因此模型的精度尚不理想，尤其是在纵荡速度方面。虽然机理建模已经取得了很大的进展，但它仍然存在一些固有的问题，即参数漂移、低外部扰动等未建模动力学以及不同自由度之间的耦合效应。

(2) 数据驱动建模

机理模型所采用的参数化模型往往是 USV 操纵运动的数学模型，无法克服传统方法中所提到的非线性水动力学表达式不完整、环境影响、数据测量噪声等多重不确定、难以有效表达的缺点。在进行 USV 尺度模型试验时，为了尽可能准确地描述水动力，产生了大量的水动力系数,这大大增加了参数化模型的难度。同时,大多数参数辨识技术都存在抵消效应,同一数据中需要辨识的参数越多,辨识成功的可能性就越小。因此,发展了直接研究 USV 运动状态的数据驱动建模方法,即基于前一时刻的 USV 运动状态直接预测当前 USV 运动状态。

数据驱动建模作为系统辨识的一个重要分支,在 USV 操纵运动建模方面取得了重大进展。它几乎不需要先验知识,只依靠输入数据和输出数据建立非线性映射关系,在系统结构和机理未知的情况下,建立输入数据与输出数据之间的黑箱映射关系,用来描述输入和输出信息所反映的动态特性。针对数据驱动模型对训练数据质量的依赖程度较高的特点,Liu 等学者提出了一种基于高斯过程回归(Gaussian Process Regression,GPR)与小波阈值去噪(Wavelet Threshold Denoising,WT)相结合的舰船机动黑盒模型识别方法,该方法更适合于有限噪声环境下的 USV 操纵运动建模。为了得到一个预测不同运动模式的 USV 操纵运动的预训练模型,Zhang 等学者提出了一种多输出的 MO-nu-SVR 算法,比传统的 nu-SVR 算法具有更高的计算效率和更好的可操作性。机器学习(Machine Learning,ML)技术的快速发展开启了 USV 动力学建模中数据驱动方法的新纪元。它旨在通过非参数方式开发数据模型来超越基于机理模型的方法。数据驱动的方法在性能方面取得了巨大的成功,尤其是在高度非线性和复杂的任务方面。它不需要领域知识和专家的帮助,就可以很容易地训练模型。Moreira 等学者首次将循环神经网络(Recurrent Neural Network,RNN)用于水面舰艇机动仿真模型的拟合。Wang 等学者提出了广义椭球基函数模糊神经网络来识别大型油轮的运动动力学。然而,这些人工神经网络方法存在着难以确定网络结构和需要大量数据进行训练等缺点。此外,ANN 算法对噪声数据的鲁棒性不强。基于非线性核的方法包括 SVM、高斯过程(Gaussian Process,GP)等已被用于 USV 动力学模型的非参数辨识,并取得了令人满意的结果。Xue 等学者在系统识别中应用高斯过程回归,该方法更为精确,并且对于输入噪声具有更强的鲁棒性。基于核的支持向量回归也是 USV 动力学非参数建模的有效选择。上述方法一般都是浅层统计方法,仅限于验证复杂的非线性投影,数据驱动建模克服了机理驱动建模的多重共线性和参数漂移等缺点。但是,数据驱动建模未充分利用 USV 的先验知识,物理解释性不高。

1.2.3 运动规划

在错综复杂的环境中,如何安全、高效地操纵 USV,确保其快速、高效地完成控制任务,并根据环境状况规划出一条可行、可靠的轨迹,是实现 USV 智能行驶的关键所在,即 USV 运动规划关键问题。针对该问题,国内外学者已开展了大量研究,并取得了丰富成果。本节将重点阐述多障碍、受限水域环境、风和流等环境因素干扰下的 USV 运动规划研究现状。

(1)面向多障碍物环境和受限水域的路径规划

针对多障碍物和受限水域的运动规划问题,研究者常常从多个角度对 USV 的运动规划进行优化求解,包括但不限于寻求最短距离、最经济、最短时间、路径平滑性等目标的航线优化。

庄家园等利用边缘保持的去噪平滑算法以及自适应阈值法对航海雷达的原始图像进行处理,建立环境模型,并利用 dijskra 算法进行最优局部路线寻优,在一程度上可以利用航海雷达实时构建局部信息以便进行最优的局部路线规划。Liang Hu 等在考虑海上航行规则的前提下,针对多船的避碰路径规划问题,利用粒子群算法,考虑为一个多目标优化问题,并且把安全放在第一位,舵角改变放在第二位,速度改变放在第三位,最终实现路径相对平滑和基于海上避碰规则下的规划路径。杜哲等针对水上交通中复杂环境,如多移动障碍物,提出了动态复杂地图的路线规划方法,该方法主要利用复杂测度理论建立水域地图,最后结合 A 算法,在满足 USV 尺寸要求的环境下,生成较短和较安全的航行路径以避开障碍物。Naeem 等在考虑海上航行规则的前提下,针对单船和多船的避碰路径规划问题,在考虑国际避碰规则的前提下利用人工势场法进行避碰研究。Zhuang 等针对考虑避碰规则情况下的 USV 运动规划问题,提出了一种基于相对坐标的 USV 运动规划方法,定义 USV 的艏向角度和 USV 会遇的碰撞概念,以及定义碰撞概率的可能性,基于相对坐标和速度障碍法进行 USV 的运动规划。Liu 等考虑多障碍物环境进行 USV 路径规划研究,通过结合蚁群算法和集群算法实现动态、自适应的路径搜索,并且在搜索路径的过程中可以尽可能地实现最短路径以及路径的平滑。林蔚青鉴于 USV 的实际航行需求,认为所规划的路径应满足顺滑性及经济性,提出一种基于改进乌鸦搜索算法和新型路径拟合方法的路径规划策略。姚吉宇为实现 USV 在航路上的安全航行,充分考虑 USV 的风险约束,使航行轨迹更加符合航海实践。基于 CBS 的 USV 路径规划算法分为上下两层,上层利用约束树搜索无冲突的节点与路线,下层 A 算法为每一艘 USV 寻找最优路径,并且结合价值函数求解全局最优的 USV 路径方案。应泽光等人针对在复杂环境水域中,USV 的航路规划出现转折点较多、部分路径与障碍物距离过近等问题,提出了一种基于改进 A 算法的路径规划方法,通过设置艇体安全距离和添加障碍物影响因子优化栅格地图,解决了传统 A 算法规划航线与危险区域距离过近的问题;通过 Floyd 算法去除路径点队列中的冗余节点,减少了航线转折点,缩短了航线长度。张一帆等人为使 USV 规划出实时性强、避障精准性高、平滑度优、航程短的路径,在双向快速扩展随机树算法的基础上,设计一种人工势场法引导的 Bi-RRT 算法;改进随机点采样机制,并在新节点生成时引入改进的势场函数,提高路径生成效率;考虑 USV 的操纵性能要求,在节点生成后引入转向角约束,避免出现大角度转向。

(2) 面向风和流等环境干扰的路径规划

面向风和流干扰的路径规划在进行 USV 运动规划的优化求解时,除了以最短距离、最经济和路径平滑性等目标优化以外,考虑了更多的自然环境干扰。因此,面向风和流干扰环境的 USV 路径规划相较于多障碍物环境和受限水域环境会更加复杂。

考虑到风、浪、流等复杂环境干扰对USV运动轨迹的影响,Singh等针对流影响USV的路径规划问题,提出一种基于约束的A算法以求解USV的路径。该方法主要将规划地图映射到二值化的电子地图上,并根据电子地图的约束像素将USV以及障碍物的安全距离设置为一定像素的安全距离,然后在受像素安全距离约束的条件下,求解流影响下的规划路径。其在一定程度上为解决流影响USV的路径规划问题提供一些参考意见,考虑了规划路线的距离性和安全性,具有一定的实际意义;Thakur等针对面向复杂海况环境的USV路径规划问题,提出GPU的状态转移模型模拟了USV的轨迹规划,并在复杂的海况下实现了USV的轨迹规划;Li等研究了USV的动力学和运动学模型,根据USV轨迹的特点对其进行了简化,并提出了USV航行的三自由度运动模型,进一步通过仿真验证了所设计的USV轨迹的有效性。然而,Thakur和LI等研究忽略了USV的动力学约束。Subramani等提出面向强流环境的路径规划方法,其主要通过建立偏微分方程以考虑时变环境的影响,并通过概率模型构建时变环境下的可航行区域。在该文献中,其主要考虑了强流环境影响下的时变最优路径规划,该方法具有一定的实际意义和应用价值。刘源等人为解决复杂海况下USV自主航行算法的设计问题,根据复杂的动力学耦合机理,建立USV非线性动力学模型,并进行精确识别。研究在风、浪、流等外界复杂环境干扰波动下的无人艇航行算法优化问题,优化设计一种基于双惩罚函数的无人艇路径遗传算法。张啸天等人考虑到水流对于USV运动轨迹的影响,提出了一种基于改进IRRT*算法和考虑流场DWA算法的USV混合路径规划算法。在全局路径规划中,通过引入启发式函数对IRRT*算法进行改进,提高了搜索效率,快速给出全局路径。在局部路径规划中,将流场的影响加入DWA算法的评价函数,实现了USV在有流场情况下的实时最优路径规划。徐鹏飞等人针对常规的启发式路径规划算法往往忽视机器人的运动学特性以及环境对路径规划结果的影响问题,提出了基于环境优化LazyTheta*算法的USV全局路径规划方法,从路径安全性和水流适应性两个方面对启发函数和视线检查进行改进,并对路径进行了折角平滑处理。

考虑到不同水深对USV运动轨迹的影响,徐唐进等人针对D*Lite算法存在路径转折点多、难以进行轨迹跟踪控制、没有顾及动态水深变化等不足,引入水深危险度,进行安全路径的选优,以提高所规划路径的安全性,并采用视线检查算法和懒惰更新改进D*Lite算法进行路径规划,提出了LT-D*Lite算法。刘帅对USV在复杂海洋环境下的水深安全路径规划展开研究。通过构建USV水动力计算模型和六自由度运动学模型,进行USV不规则波中的运动模拟,并对航行状态进行了统计分析和评价;提出了USV路径规划考虑水深的栅格环境建模方法,以及结合水动力分析的USV路径水深危险度的定量评价方法,并利用其作为评价指标,采用DRA*算法规划安全最优路径,提高了传统最短路径的水深安全性,实现了提前规避水下障碍物。

1.2.4 运动控制

USV 运动控制系统通过控制算法解算得到控制指令,并传输作用于 USV 控制执行机构,达到控制 USV 减少运动偏差的效果,以提高 USV 自动化、智能化水平,保证航行的安全性、经济性。USV 的运动控制可按任务的不同分为航速与航向控制、轨迹跟踪、路径跟踪等三类。航速与航向控制是指 USV 在复杂的海洋环境下实现对自身速度和艏向角状态量的控制,是实现 USV 运动控制的基础。路径跟踪要求 USV 跟踪某条期望路径,而不必考虑时间约束。轨迹跟踪需要 USV 能够实时跟踪期望轨迹,且该估计随时间变化。

(1) 航速与航向控制

航速与航向控制是 USV 运动控制中最基本的问题之一,解决方法主要有基于模型的控制方法和基于数据驱动的控制方法。

基于模型的控制器需要建立 USV 的运动动力模型。一般来说,USV 的控制问题都能转化为最优控制问题,如 Peng 等在经典野本建模理论的基础上,利用系统辨识技术,间接建立线性自回归时间序列模型,描述等效舵角与 USV 航向角偏差之间的动态关系。基于该模型设计了线性二次型调节器(LQR),并与经典 PID 控制策略和传统模糊控制策略进行了详细的实时控制比较,如 Zhou 等利用双曲正切函数构造滑模曲面,保证了系统的稳定时间与初始状态无关。为了适应未知的系统动力学和扰动,采用了基于最小学习参数的神经网络和自适应更新律。如 Qin 等提出将 RBF 神经网络应用于拟合 USV 模型的不确定性,从而在一定程度上削弱系统不确定性引起的抖振;Wen 等利用最小参数二乘法估计 USV 数学模型,并用全系数自适应控制器实现对双体 USV 的航速与航向控制。

基于数据驱动的控制器中应用最为广泛的是 PID、ADRC 控制器,但如若存在较强的风、浪、流等外界干扰时,此时的控制参数确定后就会面临应变能力不足,从而导致控制的稳定性和精确性下降,因此有一些学者希望通过以下两方面来处理这些干扰:一是建立带有不确定性干扰项的状态方程,从而设计鲁棒性更强的控制率;二是利用人工智能算法实现自适应整定控制参数,从而提高算法的稳定性和精度。Fan 等在 ADRC 算法的基础上,提出了基于模糊自整定的 ADRC 航向控制方法,并设计了相应的航向控制器;Shuai 等改进传统 PID 方法,引入粒子群算法对 PID 参数进行优化,有效降低了实际工程应用中参数整定的难度。上述的一些控制算法均实现了 USV 的航向与航速控制,但是设计的流程复杂,控制参数众多,且多采用仿真试验的方法验证控制算法的有效性,较少涉及 USV 在实际工程应用中的控制技术设计。如何用先进的控制算法满足 USV 在工程实践中对计算能力、精度以及抗干扰的要求,仍然是研究的难点之一。

(2) 路径跟踪

针对 USV 路径跟踪问题，Qu 等提出了一种自适应噪声滤波系统，在不使用测量噪声统计特性的任何先验知识的情况下，对每个被噪声污染的估计状态进行滤波，以补偿其失真，并将其应用于 USV 的变速路径跟踪控制任务，取得了良好的效果。Li 等人利用有限时间观测器识别 USV 的未测速度和模型的不确定性，设计了一种 LOS 制导律，实现了路径跟踪误差的有限时间收敛。Fan 等结合定时扩展状态观测器(FESO)和定时微分器，提出了一种定时滑模控制(FTSMC)律，利用 FESO 估计不可测速度和集总扰动，实现了 USV 的路径跟踪控制。Han 等提出了深度确定性策略梯度(DDPG)方法来确定每个 USV 所需的航向和速度命令。我们考虑了现实的动力学模型和输入饱和问题。采用径向基函数神经网络(RBF-NNs)来逼近 USV 的流体力学和未知外部干扰。Wang 等提出了一种有限时间非奇异的快速终端滑行控制方案，提出了一种有限时间扰动观测器用来估计来自复杂海洋风、波和洋流的未知外部扰动。文元桥等设计了一种基于特征模型的全系数自适应控制算法和矢量场(VF)制导算法的 USV 自适应路径跟踪控制器，实现了在线精确估计 USV 模型，并结合 VF 制导算法实现路径跟踪控制。

上述多数研究需要建立精确的 USV 模型，才能获得更高精度的控制效果。但 USV 的运动模型极其复杂且带有不确定性，难以对其进行精确建模，尽管有些方法如滑模控制对模型精度要求较低，但仍然难以解决控制器本身抖振的问题。因此，有必要深入地研究基于数据驱动的无模型控制器。其中，PID 控制器结构简单，应用范围广，但控制器自适应性较差，面对不确定干扰精度较低；结合人工智能的 PID 控制器精度提高，具有自适应性，但在实艇中难以保证其实时性。因此，模糊逻辑系统因其设计简单、对非线性系统有着较强的鲁棒性、在工程上有着广泛的应用。模糊控制器的结构和参数包含隶属度函数的建立、模糊规则的划分以及模糊推理机制的选择。模糊规则的细化能增加模糊控制器的精度，但同时也会大大提高模糊系统的计算复杂度。随着二型模糊系统的提出，一种新型的解决思路也逐渐被应用。二型模糊系统有着比一型模糊系统更强的设计自由度，对不确定性更强的处理能力。本文着重从控制器的鲁棒性上研究这种控制系统的潜力，具有实际的工程意义。

(3) 轨迹跟踪

许多学者深入地探讨了轨迹跟踪问题，主要方法有：Backstepping 设计法、Lyapunov 直接法、切换控制、滑模控制、反馈线性化、级联控制、智能控制，以及它们的结合方法等。Wang 等人通过选择合适的控制器参数，提出了一种固定时间预测器来近似干扰引起的侧滑，使预测误差在固定时间内收敛到零；还提出了一种定时视距制导律和定时航向控制器。由制导律和航向控制器组成的串级系统具有定时稳定性。在前人研究的基础上，Qin 等结合辅助动态系统、自适应技术、一阶命令滤波技术和事件触发条件，提出了一种新的自适应有限时间事件触发控制(AFETC)方案。翁昱等人针对 USV 在狭窄湖泊、涵洞作业时存在精度保持难和航迹控制难的问题,构建欠驱动 USV 非线性状态空间模型,并设计基于模型预测控制和改进的粒子群算法的预测控制器,在线决策、优化每一时刻的性能指标,并纠正预测状态。文元桥等根据 PID 神经网络自学习和滑模控制对参数变化及扰动不灵敏、无须系统在线辨识的特点,提出一种由外环的轨迹控制和内环的航速舵摇角速度控制组成的双闭环轨迹跟踪控制方法。张强等人针对 USV 在轨迹跟踪中存在的动态不确定和未知扰动问题,利用运动学虚拟控制律变换和有界限制的方法进行欠驱动变化。在 Backstepping 的框架下,利用神经网络重构未知动态实现前馈补偿。

1.2.5　水面无人艇运动规划与控制技术发展趋势

全面系统分析 USV 的运动建模、运动规划和运动控制研究现状,不难发现,当前围绕 USV 运动规划与控制取得了较快发展,也有一些推广应用,但面对科技的日益更新、需求的日益提升,相关技术仍需不断发展迭代,具体分析如下:

(1)辨识模型的性能在很大程度上取决于输入信号是否包含足够多的 USV 运动特征。目前,关于 USV 运动模型辨识的数据来源主要包括 Z 形和旋回试验。这些数据相对容易获得,但标准操纵试验是为了评估 USV 的操纵性,而不是为系统辨识提供数据。利用这些标准操纵试验的数据训练模型,可能无法得到能够充分反映 USV 运动特性的模型。仅在这些标准操纵试验上验证辨识出的模型,也不能正确地评价模型在各种运动模式下的性能。可以预见,研究如何提高 USV 运动试验产生数据的质量,将会是一个重要发展的方向。

(2)无论是采用整体型模型、分离型模型、向量矩阵型模型,还是响应型模型,均能高度概括 USV 运动过程内的操纵特性,但是高耦合、强非线性、时变性、多不确定性等显著特性,致使模型在应用前需结合原型船特性对模型做出修改调整。此外,当前已有的 USV 运动建模研究,主要以模拟白噪声干扰模型不确定性影响,无法满足真实场景下的建模要求。考虑操纵性和耐波性构建的运动模型则更为复杂,模型中会包含大量参数,不利于实现高效的参数估计。目前,新型 USV 设计除了具有常规特性外,部分 USV 的船体外形以及模块设计均具有明显差异性。因此,USV 运动建模应将新型船体设计特性差异化分析纳入考虑问题中。

(3)系统辨识作为一种实用有效、迁移性强的动态输入与输出映射关系表征与建模方法,已在 USV 运动建模领域得到了广泛的研究。但面对 USV 运动建模可能存在的工况复杂化、模型差异化等特点,将该技术真正应用于 USV 系统依然存在一些有待解决的问题,如辨识数据可测、辨识实时性、参数漂移、复杂运动下的可辨识性等问题。此外,随着人工智能技术的快速发展,深度强化学习(Deep Reinforcement Learning,DRL)因其强非线性映射特性备受各行业及研究机构的高度关注。DRL 具有很强的非线性学习、自组织和抗不确定性干扰能力,未来基于 DRL 的辨识方法将会成为复杂场景下 USV 运动建模的研究思路。

(4) 随着 USV 的不断深入发展,应用范围的不断扩大,作业环境的复杂程度也不断提高,对于 USV 运动规划模型的精确性和实时性提出了更高的要求。现有研究环境建模忽略了风、浪、流对 USV 的影响,环境模型不够完善,算法在实际航行中的表现会与理论存在偏差的问题。同时,现有的危险规避仿真中,障碍物通常是静态或者半动态,或者障碍物的运动仅限于直线,不会改变运动的方向。另外,算法求解速度过慢,无法适应未来 USV 运动规划中对于精确性、实时性的要求。

(5) 对 USV 在航行时遇到的内部和外部不确定因素的精确估计。为了实现 USV 在复杂的海洋环境下的高精度快速完成任务,针对 USV 在航行过程中受到的不确定因素进行估计。不确定因素分为内部因素和外部因素,对于内部因素而言,主要是模型摄动和模型不确定性,目前多数的控制方法基于对 USV 的模型有较为全面地了解。然而,随着艇速的提升,USV 的模型会产生突变,目前的神经网络拟合方法与深度强化学习方法,仍然无法准确实现实时高效地精确构建高速 USV 的模型,导致根据标称模型设计的控制算法无法适用于高速艇的运动控制,来提高 USV 的自主航行能力和适应环境变化的水平。对于外部因素而言,USV 受到环境干扰的影响,通过干扰观测器、神经网络拟合等方法实现对干扰的估计,仅在仿真环境中进行了测试,对于真实场景下的拟合能力仍然有待进一步验证。

(6) 提升 USV 在无结构化环境下的控制鲁棒性。针对海洋动力环境中风、浪、流对 USV 的影响,开发运动控制算法,实现如高精度循线航行、高海况自主航行等功能。USV 体量小、推力有限,且属于典型的欠驱动运动体,容易受到海面动力因素的扰动,出现偏航距超限、航向不稳定、失速及大幅度摇动,导致甲板上浪甚至倾覆的情况。在 USV 运动控制方面,需要设计基于定位、姿态数据的前馈控制进行运动补偿,通过 USV 实时位置、航速、艏向、横纵摇、升沉数据,判断风、流的恒定扰动以及波浪周期性扰动的强度、方向,结合 USV 惯性力、阻力、复原力模型,提前干预推力矢量输出,确保 USV 能够以较高精度的循线航行,或在高海况下,通过调节艏向、推力,确保 USV 不失速及发生大幅度的横摇。如何提升控制算法的鲁棒性,使得 USV 在面对多场景、复杂环境下,仍能维持一定的控制精度和效果,仍然是一个热点课题。

本章参考文献

[1] 侯瑞超,唐智诚,王博,等. 水面无人艇智能化技术的发展现状和趋势[J]. 中国造船, 2020,61(S1):211-220.

[2] 王耀南,安果维,王传成,等. 智能无人系统技术应用与发展趋势[J]. 中国舰船研究, 2022,17(5):9-26.

[3] CORFIELD S J, YOUNG J M. Unmanned surface vehicles-game changing technology for naval operations[J]. IEE Control Engineering Series, 2006, 69:311.

[4] Waterborne: Vision 2025, the Support Group and the Mirror Group of the European Technology Platform Waterborne. Brussels, Belgium, December2007［R/OL］. Available: http: // www. waterborne-tp. org.

[5] BERTRAM V. Unmanned surface vehicles-a survey［J］. Skibsteknisk Selskab, Copenhagen, Denmark, 2008, 1:1-14.

[6] ROBERTS G N. Trends in marine control systems［J］. Annual reviews in control, 2008, 32（2）:263-269.

[7] ZAMAN I, PAZOUKI K, NORMAN R, et al. Challenges and opportunities of big data analytics for upcoming regulations and future transformation of the shipping industry［J］. Procedia engineering, 2017, 194:537-544.

[8] 彭艳,葛磊,李小毛,等.无人水面艇研究现状与发展趋势［J］.上海大学学报(自然科学版),2019,25(5):645-654.

[9] 张申,季自力,王文华.美军智能武器装备发展概况［J］.军事文摘,2019(17):43-46.

[10] 李伟,李天伟,张尚悦,等.水面无人艇技术发展及展望［J］.舰船电子工程,2021,41(4):1-3+12.

[11] 申云磊,高霄鹏.无人艇的研究现状与进展［J］.船电技术,2018,38(9):7-10. DOI:10.13632/j. meee. 2018.09.002.

[12] FALTINSEN O M.海上高速船水动力学［M］.北京:国防工业出版社,2007.

[13] YANG S, XIANG D, BRYANT A, et al. Condition monitoring for device reliability in power electronic converters: A review［J］. IEEE transactions on power electronics, 2010, 25(11): 2734-2752.

[14] 李家良.水面无人艇发展与应用［J］.火力与指挥控制,2012, 6(37):203-207.

[15] CHUNG S, LIM J, NOH K J, et al. Sensor data acquisition and multimodal sensor fusion for human activity recognition using deep learning［J］. Sensors, 2019, 19(7):1716.

[16] ZHU H, YUEN K V, MIHAYLOVA L, et al. Overview of environment perception for intelligent vehicles［J］. IEEE Transactions on Intelligent Transportation Systems, 2017, 18（10）: 2584-2601.

[17] Brož P, Kolingerová I, Zítka P, et al. Path planning in dynamic environment using an adaptive mesh［C］// Proceedings of the 23rd Spring Conference on Computer Graphics. 2007: 233-239.

[18] QU Y J. Research on deep-integrated technology of satellite and inertial navigation［C］// 2017 Seventh Inter national Conference on Information Science and Tech nology (ICIST). Da Nang, Vietnam:IEEE, 2017:422-428.

[19] 孔维玮,冯伟强,诸葛文章,等.美军大中型水面无人艇发展现状及启示[J].指挥控制与仿真,2022,44(5):14-18.

[20] NEWMAN P. MOOS-mission orientated operating suite, Massachusetts Institute of Technology[R]. Tech. Rep, 2299(8), 2008.

[21] HERNANDEZ T G B. Women Leaders in STEM:A Case Study of Naval Surface Warfare Center Corona Division[D]. California:California Baptist University, 2022.

[22] BRIZZOLARA S, BRIZZOLARA R A. Autonomous sea surface vehicles[J]. Springer Handbook of Ocean Engineering, 2016:323-340.

[23] Unmanned naval patrol vehicle, Rafael Advanced Defense Systems Ltd., Isreal, Tech. Rep., December 2010. [R/OL]. Available:http://www.rafael.co.il/Marketing/358-1037-en/Marketing.aspx.

[24] 郑华荣,魏艳,瞿逢重.水面无人艇研究现状[J].中国造船,2020,61(S1):228-240.

[25] MAJOHR J, BUCH T. Modelling, simulation and control of an autonomous surface marine vehicle for surveying applications Measuring Dolphin MESSIN[J]. IEE Control Engineering Series, 2006, 69:329.

[26] PEREZ T, SMOGELI O, FOSSEN T, et al. An overview of the marine systems simulator (MSS):A simulink toolbox for marine control systems[J]. Modeling, identification and Control, 2006, 27(4):259-275.

[27] NAEEM W, XU T, SUTTON R, et al. The design of a navigation, guidance, and control system for an unmanned surface vehicle for environmental monitoring[J]. Proceedings of the Institution of Mechanical Engineers, Part M:Journal of Engineering for the Maritime Environment, 2008, 222(2):67-79.

[28] CACCIA M, BIBULI M, BONO R, et al. Basic navigation, guidance and control of an unmanned surface vehicle[J]. Autonomous Robots, 2008, 25(4):349-365.

[29] 秦梓荷.水面无人艇运动控制及集群协调规划方法研究[D].哈尔滨:哈尔滨工程大学,2019.

[30] WANG J, LI Z, REN F, et al. Calibration of vision system used on Unmanned Surface Vehicle[C]// OCEANS 2016-Shanghai. Shanghai, China, 2016:1-4.

[31] 平洋,刘文斌,缪正元,等.智能无人艇研究现状及关键问题发展趋势[J].船舶工程,2023,45(02):61-69. DOI:10.13788/j.cnki.cbgc.2023.02.08.

[32] TIAN Y, HUANG L, CHEN L, et al. System identification based parameter identification of responding type ship motion model[C]//2019 5th International Conference on Transportation Information and Safety. IEEE, 2019:542-547.

[33] ABKOWITZ M A. Lectures on ship hydrodynamics——Steering and manoeuvrability[R].

Stevens Institute of Technology Report/Paper Numbers:HY-5,1964.

[34] YASUKAWA H, YOSHIMURA Y. Introduction of MMG standard method for ship maneuvering predictions[J]. Journal of marine science and technology, 2015, 20:37-52.

[35] NOMOTO K, TAGUCHI K, HONDA K, et al. On the steering qualities of ships[J]. Journal of Zosen Kiokai, 1956, 1956(99):75-82.

[36] ZHU M, HAHN A, WEN Y Q, et al. Optimized support vector regression algorithm-based modeling of ship dynamics[J]. Applied Ocean Research, 2019, 90:101842.

[37] 祝添权,初秀民,田国昊,等.基于LS-SVM的船舶操纵响应模型参数辨识及应用[J].武汉理工大学学报,2021,43(12):28-36.

[38] 张海胜,董早鹏,杨莲,等.基于加权遗忘多新息RLS的无人艇响应模型在线参数辨识[J].大连海事大学学报,2023,1-7.

[39] XU H, HASSANI V, SOARES C G, et al. Uncertainty analysis of the hydrodynamic coefficients estimation of a nonlinear manoeuvring model based on planar motion mechanism tests[J]. Ocean Engineering, 2019, 173:450-459.

[40] WANG X, ZOU Z, YU L, et al. System identification modeling of ship manoeuvring motion in 4 degrees of freedom based on support vector machines[J]. China Ocean Engineering, 2015, 29(4):519-534.

[41] JIANG Y, HOU X R, WANG X G, et al. Identification modeling and prediction of ship maneuvering motion based on LSTM deep neural network[J]. Journal of Marine Science and Technology, 2022, 27(1):125-137.

[42] LIU S Y, OUYANG Z L, CHEN G, et al. Black-box modeling of ship maneuvering motion based on Gaussian process regression with wavelet threshold denoising[J]. Ocean Engineering, 2023, 271:113765.

[43] ZHANG Y Y, WANG Z H, ZOU Z J. Black-box modeling of ship maneuvering motion based on multi-output nu-support vector regression with random excitation signal[J]. Ocean Engineering, 2022, 257:111279.

[44] 朱曼,文元桥,孙吴强,等,Axel HAHN.船舶运动模型参数辨识研究综述[J].交通信息与安全,2022,40(05):1-11+155.

[45] SUN Q, TANG Z, GAO J, et al. Short-term ship motion attitude prediction based on LSTM and GPR[J]. Applied Ocean Research, 2022, 118:102927.

[46] MOREIRA L, SOARES C G. Dynamic model of manoeuvrability using recursive neural networks[J]. Ocean Engineering, 2003, 30(13):1669-1697.

[47] WANG N, ER M J, HAN M. Large tanker motion model identification using generalized ellipsoi-

dal basis function-based fuzzy neural networks[J]. IEEE Transactions on Cybernetics, 2015, 45(12):2732-2743.

[48] WANG X, ZOU Z, YU L, et al. System identification modeling of ship manoeuvring motion in 4 degrees of freedom based on support vector machines[J]. China Ocean Engineering, 2015, 29(4):519-534.

[49] RAMIREZ W A, LEONG Z Q, NGUYEN H, et al. Non-parametric dynamic system identification of ships using multi-output Gaussian Processes[J]. Ocean Engineering, 2018, 166:26-36.

[50] XUE Y, LIU Y, JI C, et al. Hydrodynamic parameter identification for ship manoeuvring mathematical models using a Bayesian approach [J]. Ocean Engineering, 2020, 195:106612.

[51] WANG Z, XU H, XIA L, et al. Kernel-based support vector regression for nonparametric modeling of ship maneuvering motion[J]. Ocean Engineering, 2020, 216:107994.

[52] 庄佳园,苏玉民,廖煜雷,等. 基于航海雷达的水面无人艇局部路径规划[J]. 上海交通大学学报, 2012, 46(9):1371-1375.

[53] HU L, NAEEM W, RAJABALLY E, et al. A multiobjective optimization approach for COLREGs-compliant path planning of autonomous surface vehicles verified on networked bridge simulators[J]. IEEE Transactions on Intelligent Transportation Systems, 2019, 99:1-13.

[54] 杜哲,文元桥,黄亮,等.基于动态复杂度地图的船舶航迹规划[J]. 系统仿真学报,2018, 30(6):2390-2398.

[55] NAEEM W, HENRIQUE S C, HU L, et al. A reactive colregs-compliant navigation strategy for autonomous maritime navigation[J]. IFAC-PapersOnLine, 2016, 49(23):207-213.

[56] ZHUANG J Y, SU Y M, LIAO Y L, et al. Motion Planning of USV Based on Marine Rules [J]. Procedia Engineering, 2011, 15:269-276.

[57] LIU X, LI Y, ZHANG J, et al. Self-adaptive dynamic obstacle avoidance and path planning for USV under complex maritime environment[J]. IEEE Access, 2019, 7:114945-114954.

[58] 林蔚青,林秀芳,陈国童,等.基于改进乌鸦搜索算法的无人艇新型路径规划策略[J/OL]. 重庆大学学报,1-10[2023-08-20]. http://kns.cnki.net/kcms/detail.

[59] 姚吉宇,江龙晖.基于改进的CBS算法的USV路径规划[J].中国航海,2023,46(2):1-8+16.

[60] 应泽光,何琪.基于改进A算法的无人艇复杂水域路径规划[J].机电技术.2022(5):33-35.

[61] 张一帆,史国友,徐家晨.基于人工势场法引导的Bi-RRT的水面无人艇路径规划算法[J].上海海事大学学报,2022,43(4):16-22. DOI:10.13340/j.jsmu.2022.04.003.

[62] SINGH Y, SHARMA S, SUTTON R, et al. A constrained A approach towards optimal path planning for an unmanned surface vehicle in a maritime environment containing dynamic obstacles and ocean currents[J]. Ocean Engineering, 2018, 169:187-201.

[63] THAKUR A, SVEC P, GUPTA S K. GPU based generation of state transition models using simulations for unmanned surface vehicle trajectory planning[J]. Robotics and Autonomous Systems, 2012, 60(12):1457-1471.

[64] 李旺. 水面无人艇航迹规划与跟踪技术研究[D]. 哈尔滨:哈尔滨工程大学, 2016.

[65] SUBRAMANI D N, WEI Q J, LERMUSIAUX P F. Stochastic time-optimal path-planning in uncertain, strong, and dynamic flows[J]. Computer Methods in Applied Mechanics and Engineering, 2018, 333:218-237.

[66] 刘源,顾因,李夏. 复杂海况下水面无人艇路径算法优化设计[J]. 军事交通学院学报, 2021,23(1):83-87. DOI:10.16807/j.cnki.12-1372/e.2021.01.017.

[67] 张啸天,陈熙源. 基于IRRT~*和DWA的无人艇混合路径规划方法[J]. 传感技术学报, 2022,35(11):1469-1474.

[68] 徐鹏飞,丁延旭,曹清波. 基于环境优化的无人艇全局路径规划研究[J]. 中国造船, 2022,63(5):206-220.

[69] 徐唐进,张安民,高邈,等. 动态水深环境下的无人艇路径规划[J]. 测绘科学,2021, 46(6):180-189.

[70] 刘帅. 复杂海洋环境无人艇路径规划算法研究[D]. 天津:天津大学,2022.

[71] FENG P, WU J, YANG X, et al. Design and Realization of LQR Course Keeping Control for Small Unmanned Surface Vehicle[C]//2021 China Automation Congress (CAC). IEEE, 2021:6640-6645.

[72] ZHOU B, HUANG B, SU Y, et al. Fixed-time neural network trajectory tracking control for underactuated surface vessels[J]. Ocean Engineering, 2021, 236:109416.

[73] QIN H, TAN P, CHEN Z, et al. Deep reinforcement learning based active disturbance rejection control for ship course control[J]. Neurocomputing, 2022, 484:99-108.

[74] WEN Y, TAO W, ZHU M, et al. Characteristic model-based path following controller design for the unmanned surface vessel[J]. Applied Ocean Research, 2020, 101:102293.

[75] FAN Y, LIU L, YANG Y. ADRC course control for USV based on fuzzy self-tuning[C]// 2021 4th International Conference on Intelligent Autonomous Systems (ICoIAS). IEEE, 2021:307-311.

[76] SHUAI Z, ZI Y H, ENHUA Z. Finite-time Disturbance Observer Based Parameter Self-tuning PID Path-following Controller Design[C]//2021 IEEE International Conference on Unmanned

Systems (ICUS). IEEE, 2021:735-740.

[77] QU Y, CAI L. An adaptive delay-compensated filtering system and the application to path following control for unmanned surface vehicles[J]. ISA transactions, 2023, 136:548-559.

[78] LI M, GUO C, YU H, et al. Line-of-sight-based global finite-time stable path following control of unmanned surface vehicles with actuator saturation[J]. ISA transactions, 2022, 125:306-317.

[79] FAN Y, QIU B, LIU L, et al. Global fixed-time trajectory tracking control of underactuated USV based on fixed-time extended state observer[J]. ISA transactions, 2023, 132:267-277.

[80] HAN Z, WANG Y, SUN Q. Straight-path following and formation control of USVs using distributed deep reinforcement learning and adaptive neural network[J]. IEEE/CAA Journal of Automatica Sinica, 2023, 10(2):572-574.

[81] WANG N, KARIMI H R, LI H, et al. Accurate Trajectory Tracking of Disturbed Surface Vehicles:A Finite-Time Control Approach[J]. IEEE/ASME Transactions on Mechatronics, 2019:1064-1074.

[82] QIN H, SI J, WANG N, et al. Disturbance Estimator-Based Nonsingular Fast Fuzzy Terminal Sliding-Mode Formation Control of Autonomous Underwater Vehicles[J]. International Journal of Fuzzy Systems, 2023, 25(1):395-406.

[83] LIN Y, WANG N, HUI X, et al. Finite-time cascade-like tracking control of direct-drive wave energy converters[J]. Ocean Engineering, 2022, 266:112622.

[84] 文元桥,陶威,周杰,等. 无人艇自适应路径跟踪控制方法设计与验证[J]. 哈尔滨工程大学学报, 2020, 41(4):512-518.

[85] WANG S, SUN M, XU Y, et al. Predictor-Based Fixed-Time LOS Path Following Control of Underactuated USV With Unknown Disturbances[J]. IEEE Transactions on Intelligent Vehicles, 2023:84-85.

[86] QIN J, DU J, LI J. Adaptive finite-time trajectory tracking event-triggered control scheme for underactuated surface vessels subject to input saturation[J]. IEEE Transactions on Intelligent Transportation Systems, 2023:91-93.

[87] 翁昱,曾庆军,李维,等. 基于智能预测控制的鱼雷状小型无人艇轨迹跟踪研究[J]. 中国舰船研究, 2022.

[88] 文元桥,周阳,高欣国,等. 双推进无人艇轨迹跟踪控制系统设计[J]. 船海工程, 2019, 4.

[89] 张强,朱雅萍,孟祥飞,等. 欠驱动船舶自适应神经网络有限时间轨迹跟踪[J]. 中国舰船研究, 2022, 17(4):24-31.

第 2 章
Chapter 02

水面无人艇运动建模

USV 航行于水空交界的开放环境中，操纵运动状态不可避免地受到多重不确定性因素的影响，表现出非线性、不确定性以及高度耦合性等运动特征。建立 USV 运动的数学模型能够高度概括 USV 这一动态系统，为研究 USV 的操纵性提供模型依据，同时为 USV 控制方法提供模型支撑。本章主要介绍常见的 USV 三自由度运动数学模型、响应型运动数学模型、特征模型，以及基于系统辨识技术的 USV 运动模型辨识。

2.1 水面无人艇操纵运动数学模型

2.1.1 基础知识与假设

针对 USV 建立的坐标系一般分为两种，一是空间坐标系（大地坐标系），二是运动坐标系（附体坐标系）。如图 2-1 所示，空间坐标系 $O - x_0 y_0 z_0$ 一般取地球表面任意一点作为坐标原点，以正北为 x_0，以正东为 y_0。USV 运动坐标系 $O_b - x_b y_b z_b$ 一般取 USV 的重心或中心为原点，以指向船首为 x_b 轴，垂直于 USV 中心横剖面为 y_b 轴，垂直于水面且指向龙骨为 z_b 轴。该坐标系会随 USV 的运动而改变，也称作附体坐标系。

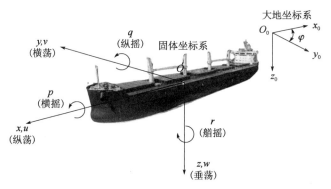

图 2-1　USV 六自由度运动坐标系

通常将 USV 的运动分解为两部分，一是围绕附体坐标系原点 O_b 的转动；二是随 O_b 的平动，将这称为 USV 六自由度运动，其符号定义见表 2-1。随 O_b 的平动有随 $O_b x_b$ 轴的纵荡速度 u、随 $O_b y_b$ 轴的横荡速度 v、随 $O_b z_b$ 轴的垂荡速度 w，绕 O_b 转动的有绕 $O_b x_b$ 轴横摇角速度 p、绕 $O_b y_b$ 轴纵摇角速度 q 和绕 $O_b z_b$ 轴艏摇速度 r。

USV 符号定义表　　　　表 2-1

名称	力/力矩	线/角速度	位置和欧拉角
纵荡	X	u	X

续上表

名称	力/力矩	线/角速度	位置和欧拉角
横荡	Y	v	Y
垂荡	Z	w	Z
纵摇	K	p	φ
横摇	M	q	θ
艏摇	N	r	ψ

依据沿质心的动量定理和绕质心的动量矩定理,可得出 USV 在空间六个自由度上运动方程的表达形式如式(2-1)所示:

$$\begin{cases} m(\dot{u} - vr + wq) = X \\ m(\dot{v} + ur - wp) = Y \\ m(\dot{w} - uq + vp) = Z \\ J_{xx}\dot{p} + (J_{zz} - J_{yy})qr = K \\ J_{yy}\dot{q} + (J_{xx} - J_{zz})rp = M \\ J_{zz}\dot{r} + (J_{yy} - J_{xx})pq = N \end{cases} \quad (2\text{-}1)$$

式中,m 表示 USV 的质量;J_{xx}、J_{yy}、J_{zz} 分别表示无人艇相对于 o_x、o_y、o_z 三个轴的转动惯量,可将坐标轴 o_x、o_y、o_z 视为 USV 的惯性主轴;X、Y、Z 分别表示作用在 USV 上 o_x、o_y、o_z 方向的合外力;K、M、N 分别表示作用在 USV 艇体上 o_x、o_y、o_z 方向的合外力矩。

在船舶运动和控制领域,通常需要关注航向角及航行轨迹的变化,因此可以单独研究 USV 在水平面内的运动。对于大多数船来说,垂荡、纵摇和横摇运动对水平面内的运动影响并不大,因此可以将六自由度运动简化为三自由度的运动。因而,USV 的艏向角 ψ、航行轨迹 USV(x,y) 可以认为只取决于 USV 的 u、v、r。如图 2-2 所示,将 USV 的六自由度运动简化为平面三自由度运动。USV 在水平面上的运动可以由以下方程组表示:

$$\begin{cases} X = m(\dot{u} - vr - x_G r^2) \\ Y = m(\dot{v} + ur + x_G r^2) \\ N = I_Z \dot{r} + m x_G (\dot{v} + ur) \end{cases} \quad (2\text{-}2)$$

式中,I_Z 是船体绕 z 轴的惯性矩;x_G 为船体重心在附体坐标系中的纵坐标。

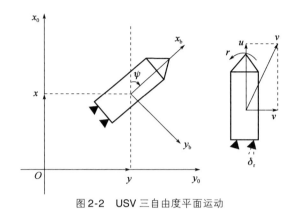

图 2-2　USV 三自由度平面运动

2.1.2　水面无人艇三自由度操纵运动模型

(1) 整体型运动模型

Abkowitz 于 1964 年提出船舶操纵运动的整体型数学模型,即将船—桨—舵看作一个整体,将作用在船上的水动力 F 视为运动输入和控制输入的函数,即 $F=f(u,v,r,\dot{u},\dot{v},\dot{r},\delta)$,并在匀速直航状态下以泰勒级数展开。通常将泰勒级数展开式保留到三阶项,Abkowitz 整体型模型如下所示:

$$\begin{cases}(m-X_{\dot{u}})\dot{u}=f_1(u,v,r,\delta)\\(m-Y_{\dot{v}})\dot{v}+(mx_G-Y_{\dot{r}})\dot{r}=f_2(u,v,r,\delta)\\(mx_G-N_{\dot{v}})\dot{v}+(I_Z-N_{\dot{r}})\dot{r}=f_3(u,v,r,\delta)\end{cases} \quad (2-3)$$

式中,$X_{\dot{u}}$、$Y_{\dot{v}}$、$Y_{\dot{r}}$、$N_{\dot{v}}$、$Y_{\dot{r}}$、$N_{\dot{r}}$ 为流体的加速度(角加速度)导数;f_1、f_2、f_3 为关于速度(角速度)和舵角的非线性函数,包含一阶到三阶的水动力导数。

式(2-3)中的运动输入和控制输入可以表示为:

$$\begin{cases}u=u_0+\Delta u\\v=\Delta v\\r=\Delta r\\\delta=\Delta\delta\\\dot{u}=\Delta\dot{u}\\\dot{v}=\Delta\dot{v}\\\dot{r}=\Delta\dot{r}\end{cases} \quad (2-4)$$

式中,Δu、Δv 为速度;Δr 为角速度;$\Delta \delta$ 为舵角;$\Delta \dot{u}$、$\Delta \dot{v}$ 为加速度;$\Delta \dot{r}$ 为角速度。以上均为扰动量。

为了便于船模与实船的换算,可以按式(2-5)对物理量进行无因次化表达:

$$\begin{cases} m' = \dfrac{m}{\dfrac{1}{2}\rho L^3}, x'_G = \dfrac{x_G}{L}, I'_Z = \dfrac{I_Z}{\dfrac{1}{2}\rho L^3} \\ \Delta u' = \dfrac{\Delta u}{U}, \Delta v' = \dfrac{\Delta v}{U}, \Delta r' = \dfrac{L\Delta r}{U}, \Delta \delta' = \Delta \delta \\ \Delta \dot{u}' = \dfrac{\Delta \dot{u}}{(U^2/L)}, \Delta \dot{v}' = \dfrac{\Delta \dot{v}}{(U^2/L)}, \Delta \dot{r}' = \dfrac{\Delta \dot{r}}{(U^2/L^2)} \\ X'_{\dot{u}} = \dfrac{X_{\dot{u}}}{\dfrac{1}{2}\rho L^3}, Y'_{\dot{v}} = \dfrac{Y_{\dot{v}}}{\dfrac{1}{2}\rho L^3}, Y'_{\dot{r}} = \dfrac{Y_{\dot{r}}}{\dfrac{1}{2}\rho L^4}, N'_{\dot{v}} = \dfrac{N_{\dot{v}}}{\dfrac{1}{2}\rho L^4}, N'_{\dot{r}} = \dfrac{N_{\dot{r}}}{\dfrac{1}{2}\rho L^5} \end{cases} \quad (2\text{-}5)$$

式中,ρ 为流体质量密度;L 为船长。

因此,可以得到整体型模型的无因次化表达:

$$\begin{bmatrix} m' - X'_{\dot{u}} & 0 & 0 \\ 0 & m' - Y'_{\dot{v}} & m'x'_G - Y'_{\dot{r}} \\ 0 & m'x'_G - N'_{\dot{v}} & I'_Z - N'_{\dot{r}} \end{bmatrix} \begin{bmatrix} \Delta \dot{u}' \\ \Delta \dot{v}' \\ \Delta \dot{r}' \end{bmatrix} = \begin{bmatrix} \Delta f'_1 \\ \Delta f'_2 \\ \Delta f'_3 \end{bmatrix} \quad (2\text{-}6)$$

$$\begin{cases} \begin{aligned} \Delta f'_1 = {}& X'_u \Delta u' + X'_{uu} \Delta u'^2 + X'_{uuu} \Delta u'^3 + X'_{vv} \Delta v'^2 + X'_{rr} \Delta r'^2 + \\ & X'_{\delta\delta} \Delta \delta'^2 + X'_{\delta\delta u} \Delta \delta'^2 \Delta u' + X'_{vr} \Delta v' \Delta r' + X'_{v\delta} \Delta v' \Delta \delta' + \\ & X'_{v\delta u} \Delta v' \Delta \delta' \Delta u' + X'_{uvv} \Delta u' \Delta v'^2 + X'_{urr} \Delta u' \Delta r'^2 + X'_{uvr} \Delta u' \Delta v' \Delta r' + \\ & X'_{r\delta} \Delta r' \Delta \delta' + X'_{uv\delta} \Delta u' \Delta v' \Delta \delta' + X'_0 \end{aligned} \\ \begin{aligned} \Delta f'_2 = {}& Y'_{0u} \Delta u' + Y'_{uu} \Delta u'^2 + Y'_v \Delta v' + Y'_r \Delta r' + Y'_\delta \Delta \delta' + Y'_{vvv} \Delta v'^3 + Y'_{\delta\delta\delta} \Delta \delta'^3 + \\ & Y'_{vvR} \Delta v'^2 \Delta r' + Y'_{vv\delta} \Delta v'^2 \Delta \delta' + Y'_{v\delta\delta} \Delta v' \Delta \delta'^2 + Y'_{\delta u} \Delta \delta' \Delta u' + Y'_{vu} \Delta v' \Delta u' + \\ & Y'_{ru} \Delta r' \Delta u' + Y'_{\delta uu} \Delta \delta' \Delta u'^2 + Y'_{rrr} \Delta r'^3 + Y'_{vrr} \Delta v' \Delta r'^2 + Y'_{vuu} \Delta v' \Delta u'^2 + \\ & Y'_{ruu} \Delta r' \Delta u'^2 + Y'_{r\delta\delta} \Delta r' \Delta \delta'^2 + Y'_{rr\delta} \Delta r'^2 \Delta \delta' + Y'_{rv\delta} \Delta r' \Delta v' \Delta \delta' + Y'_0 \end{aligned} \\ \begin{aligned} \Delta f'_3 = {}& N'_{0u} \Delta u' + N'_{uu} \Delta u'^2 + N'_v \Delta v' + N'_r \Delta r' + N'_\delta \Delta \delta' + N'_{vvv} \Delta v'^3 + \\ & N'_{\delta\delta\delta} \Delta \delta'^3 + N'_{vvR} \Delta v'^2 \Delta r' + N'_{vv\delta} \Delta v'^2 \Delta \delta' + N'_{v\delta\delta} \Delta v' \Delta \delta'^2 + \\ & N'_{\delta u} \Delta \delta' \Delta u' + N'_{vu} \Delta v' \Delta u' + N'_{ru} \Delta r' \Delta u' + N'_{\delta uu} \Delta \delta' \Delta u'^2 + \\ & N'_{rrr} \Delta r'^3 + N'_{vrr} \Delta v' \Delta r'^2 + N'_{vuu} \Delta v' \Delta u'^2 \end{aligned} \end{cases} \quad (2\text{-}7)$$

Abkowitz 整体型模型本质上将水动力表达为各种影响因素的函数,并按泰勒级数展开,将船—桨—舵看作一个整体,不需要考虑其间的相互干扰问题。但是模型中包含的水动力导数数量很多,存在有些参数物理意义不明确的问题,且使得船模试验的负担十分繁重。从应用层面来说,建立 USV 操纵运动数学模型应当尽可能准确地描述实际 USV 的动态行为,且数学模型的表现形式应该尽可能简单、包含尽量少的参数。因此,有必要对 Abkowitz 整体型模型进行改进。

(2) 分离型运动模型

船舶的分离型数学模型,也称为 MMG 模型,是日本数学建模小组(MMG)于 20 世纪 70 年代末提出的,可以看作是对 Abkowitz 整体型模型的简化。不同的是,MMG 模型认为船舶运动数学模型中的各个水动力导数应有明确的物理意义,并且为了便于处理模型与实船的相关问题以及进行设计上的局部修改,数学模型中的各项系数应可以通过试验容易获取,既能用于常规操纵模拟,又可适应更大范围的运动及浅水中的操纵。

分离型 USV 运动数学模型如下所示:

$$\begin{cases} (m - X_{\dot{u}})\dot{u} - (m - Y_{\dot{v}})vr - mx_G r^2 = X_H + X_P + X_R \\ (m - Y_{\dot{v}})\dot{v} - (m - X_{\dot{u}})ur - mx_G \dot{r} = Y_H + Y_P + Y_R \\ (I_Z - N_{\dot{r}})\dot{r} + mx_G(ur + \dot{v}) = N_H + N_P + N_R \end{cases} \quad (2\text{-}8)$$

式中,X_H、Y_H、N_H 分别为纵向、横向的 USV 黏性类流体动力和转艏力矩;X_P、Y_P、N_P 为相应的桨力(力矩);X_R、Y_R、N_R 为相应的舵力(力矩)。

USV 的黏性类流体动力(力矩)模型为:

$$\begin{cases} X_H = X(u) + X_{vv}v^2 + X_{vr}vr + X_{rr}r^2 + X_{vvvv}v^4 + X_{vvvr}v^3 r \\ Y_H = Y_v v + Y_r r + \int_{-\frac{L}{2}}^{\frac{L}{2}} (v + xr) |v + xr| C_D(x) \mathrm{d}x \\ N_H = N_v v + N_r r + \int_{-\frac{L}{2}}^{\frac{L}{2}} x(v + xr) |v + xr| C_D(x) \mathrm{d}x \end{cases} \quad (2\text{-}9)$$

其无因次化的表达式为:

$$\begin{cases} X'_H = X'_{\beta r} r' \sin\beta + X'_{uu} \cos^2\beta \\ Y'_H = Y'_\beta \beta + Y'_r r' + Y'_{\beta\beta} |\beta|\beta + Y'_{rr} |r'|r' + Y'_{\beta\beta r}\beta^2 r' + Y'_{\beta rr}\beta r'^2 \\ N'_H = N'_v v' + N'_r r' + N'_{\beta\beta} |\beta|\beta + N'_{rr} |r'|r' + N'_{\beta\beta r}\beta^2 r' + N'_{\beta rr}\beta r'^2 \end{cases} \quad (2\text{-}10)$$

桨力(力矩)模型为:

$$\begin{cases} X_P = (1 - t_P)\rho n^2 D_P^4 k_T(J_P) \\ Y_P = 0 \\ N_P = 0 \end{cases} \quad (2\text{-}11)$$

式中,t_P 为桨的推力减额分数;D_P 为桨的直径;J_P 为进速系数;$k_T(J_P)$ 是螺旋桨的推力系数。

舵力(力矩)模型为:

$$\begin{cases} X_R = (1 - t_R)F_N\sin\delta \\ Y_R = (1 + \alpha_H)F_N\cos\delta \\ N_R = (x_R + \alpha_H x_H)F_N\cos\delta \end{cases} \tag{2-12}$$

式中,t_R 为舵力减额分数;F_N 为舵法向压力;α_H 为操舵诱导船体横向力的修正因子;x_R 为舵力作用中心至船重心的纵向距离;x_H 为操舵诱导船体横向力作用点至船重心的纵向距离。

MMG 模型以船、桨、舵的单独性能为基础,单独地表示了 USV 部位之间的干涉效应,并且合理地表达了作用于船上各种流体力。

(3) 矩阵向量运动模型

矩阵向量模型由 Fossen 提出,以矩阵向量的形式描述作用于船舶的力和力矩,方便分析船舶的稳定性和被动性,便于船舶运动控制器的设计。三自由度水面 USV 非线性运动 Fossen 模型方程如下式所示:

$$\begin{cases} \dot{\boldsymbol{\eta}} = \boldsymbol{J}(\boldsymbol{\psi})\boldsymbol{v} \\ \boldsymbol{M}\dot{\boldsymbol{v}} + \boldsymbol{C}(\boldsymbol{v})\boldsymbol{v} + \boldsymbol{D}(\boldsymbol{v})\boldsymbol{v} = \boldsymbol{\tau} \end{cases} \tag{2-13}$$

式中,$\boldsymbol{J}(\boldsymbol{\psi})$ 为将附体坐标系转换为惯性坐标系的旋转矩阵;$\dot{\boldsymbol{\eta}} = [x, y, \psi]^T$ 为位置向量;$\boldsymbol{v} = [u, v, r]^T$ 为速度向量;$\boldsymbol{M}$ 是 USV 的惯性系数矩阵,有 $\boldsymbol{M} = \boldsymbol{M}^T$;$\boldsymbol{C}(\boldsymbol{v})$ 是科式向心矩阵,有 $\boldsymbol{C} = -\boldsymbol{C}^T$;$\boldsymbol{D}(\boldsymbol{v})$ 是线性的阻尼系数矩阵,有 $\boldsymbol{D}(\boldsymbol{v}) \neq \boldsymbol{D}^T(\boldsymbol{v})$,$\boldsymbol{D}(\boldsymbol{v}) > 0$。

由于输入仅来自左舷和右舷电机,USV 是一艘欠驱动水面舰艇。考虑 T_{port} 为左舷推力,T_{stbd} 为右舷推力,每一个纵荡方向上的控制输入矢量变为:

$$\boldsymbol{\tau} = [\tau_u, \tau_v, \tau_r]^T = \left[(T_{port} + T_{stbd}), 0, (T_{port} - T_{stbd}) \cdot \frac{B}{2} \right] \tag{2-14}$$

式中,$\boldsymbol{\tau}$ 是控制输入的矢量,包括三个方向的力和力矩;B 是两个推进动力源之间的距离。差速转向对 USV 施加力矩,使其转动。这种类型 USV 系统的转弯半径大大减小,并且无须前进速度即可增加转向能力。

$$\boldsymbol{J}(\boldsymbol{\psi}) = \begin{bmatrix} \cos\psi & -\sin\psi & 0 \\ \sin\psi & \cos\psi & 0 \\ 0 & 0 & 1 \end{bmatrix} \tag{2-15}$$

$\boldsymbol{M}$、$\boldsymbol{C}(\boldsymbol{v})$、$\boldsymbol{D}(\boldsymbol{v})$ 的表达式如式(2-16)所示:

$$M = \begin{bmatrix} m_{11} & 0 & 0 \\ 0 & m_{22} & 0 \\ 0 & 0 & m_{33} \end{bmatrix}$$

$$D(v) = \begin{bmatrix} d_{11} & 0 & 0 \\ 0 & d_{22} & 0 \\ 0 & 0 & d_{33} \end{bmatrix} \tag{2-16}$$

$$C(v) = \begin{bmatrix} 0 & 0 & -m_{22}v \\ 0 & 0 & m_{11}u \\ m_{22}v & -m_{11}u & 0 \end{bmatrix}$$

联合上式,可以推导出 USV 三自由度运动学方程,如式(2-17)所示:

$$\begin{cases} \dot{x} = u\cos(\psi) - v\sin(\psi) \\ \dot{y} = u\sin(\psi) + v\cos(\psi) \\ \dot{\psi} = r \\ \dot{u} = \dfrac{m_{22}}{m_{11}}vr - \dfrac{d_{11}}{m_{11}}u + \dfrac{1}{m_{11}}\delta_\text{T} \\ \dot{v} = \dfrac{m_{11}}{m_{22}}ur - \dfrac{d_{22}}{m_{11}}v \\ \dot{r} = \dfrac{m_{11}-m_{22}}{m_{22}}uv - \dfrac{d_{33}}{m_{33}}r + \dfrac{1}{m_{33}}\delta_\text{r} \end{cases} \tag{2-17}$$

2.1.3 水面无人艇响应型操纵运动模型

野本谦作在 20 世纪 50 年代末提出了船舶响应型模型(Nomoto),为船舶运动数学模型的研究开辟了新的领域。野本谦作从控制的观点出发,将船舶看作一个动态系统,系统输入为舵角,输出为艏向角。航向控制是船舶控制中重要的一环,为了控制器的设计简便化,建立了一阶响应模型来描述系统输入输出间的关系;从状态空间型的线性船舶运动数学模型出发,建立了二阶响应模型;根据不同的需要,建立了非线性响应型模型。这些模型的特点是:模型参数可直接从规定的实船试验中获得,避免了状态空间型的模型(如 MMG 模型)参数需用模型试验获得的缺陷,自动消除了尺度效应。因此,响应型船舶运动数学模型在早期的航海模拟器、操纵模拟器研制中,都得到了广泛的应用。

利用 MMG 分离型建模的优点,直接由船型参数计算流体动力导数,在此基础上响应模型参数的计算也相对简单。由此可以得到线性 USV 运动数学模型,如式(2-18)所示:

$$\begin{cases} (m+m_y)\dot{v} = Y_v v + [Y_r - (m+m_x)u_0]r + Y_\delta \delta \\ (I_{zz}+J_{zz})\dot{r} = N_v v + N_r r + N_\delta \delta \end{cases} \quad (2\text{-}18)$$

通过拉普拉斯变换可以得到 USV 的响应型模型，假设 USV 的初始状态为匀速直线运动，则 $\Delta u(0) = v(0) = r(0) = \dot{v}(0) = \dot{r}(0) = \delta(0) = \dot{\delta}(0) = 0$，那么上式可变换为：

$$\begin{cases} (m+m_y)sv(s) = Y_v v(s) + [Y_r - (m+m_x)u_0]r(s) + Y_\delta \delta(s) \\ (I_{zz}+J_{zz})sr(s) = N_v v(s) + N_r r(s) + N_\delta \delta(s) \end{cases} \quad (2\text{-}19)$$

式中，$v(s) = L[v(t)]$；$r(s) = L[r(t)]$；$\delta(s) = L[\delta(s)]$。由此可以得出舵角到转艏角速度的传递函数：

$$H(s) = \frac{r(s)}{\delta(s)} = \frac{K(1+T_3 S)}{(1+T_1 S)(1+T_2 S)} \quad (2\text{-}20)$$

$$\begin{cases} T_1 T_2 = \dfrac{(m+m_y)(I_{zz}+J_{zz})}{C} \\ T_1 + T_2 = \dfrac{-(m+m_y)N_r - (I_{zz}+J_{zz})Y_v}{C} \\ K = \dfrac{N_v Y_\delta - N_\delta Y_v}{C} \\ T_3 = \dfrac{(m+m_y)N_\delta}{N_v Y_\delta - N_\delta Y_v} \\ C = Y_v N_r - N_v [Y_r - (m+m_y)u_0] \end{cases} \quad (2\text{-}21)$$

经拉普拉斯逆变换，可以得到 USV 艏向角速度对操舵响应的二阶响应模型：

$$T_1 T_2 \ddot{r} + (T_1+T_2)\dot{r} + r = K(\delta + T_3 \dot{\delta}) \quad (2\text{-}22)$$

式中，T_1、T_2、T_3 为时间常数；K 为增益系数。

然而，由于 USV 运动时惯性非常大，并且操舵机构能够提供的舵叶运动速度通常低于 3°/s，因此 USV 具有低频特性。在低频条件下，舵角到转艏角速度的传递函数可以近似为一阶传递函数：

$$H(s) = \frac{r(s)}{\delta(s)} \approx \frac{K}{Ts+1} \quad (2\text{-}23)$$

式中，$T = T_1 + T_2 - T_3$。经过拉普拉斯逆变换，可以得到 USV 的一阶响应型模型，即野本方程：

$$T\dot{r} + r = K\delta \quad (2\text{-}24)$$

Norrbin 为了使方程适应大的舵偏转角度，在假设船体左右对称的前提下，向一阶线性模型式(2-24)中加入了非线性项 $H(r) = \alpha r + \beta r^3$，得到 USV 运动一阶非线性响应模型：

$$T\dot{r} + n_1 r + n_3 r^3 = K\delta \quad (2\text{-}25)$$

2.1.4 水面无人艇运动特征模型

20世纪90年代,针对复杂对象建模难题,航空航天飞行器领域提出了特征建模的方法,针对非线性系统设计一个相对简单的低阶控制器。特征建模方法从系统综合观点出发,根据被控对象的动力学特征、环境特征,结合控制目标和性能要求,克服只考虑动力学分析建模的不足,建立利于控制器设计的模型。特征模型具有如下四大特点:

(1) 在同样输入控制作用下,对象特征模型和实际对象在输出上是等价的。

(2) 特征模型的形式和阶次除考虑对象特征外,主要取决于控制性能要求。

(3) 特征模型建立的形式应比原对象的动力学方程简单,易于控制器设计,工程实现容易、方便。

(4) 与高阶系统的降阶模型不同,特征模型把高阶模型有关信息都压缩到几个特征参量之中,并不丢失信息。

为了获得形式简洁而精度较高的USV运动数学模型,将航空航天领域的特征模型移植到船舶领域,特征建模的过程如下:

对于工程上常见的高阶对象,在不考虑噪声情况下,其动力学模型可表示为:

$$X^{(n)}(t) + A_{n-1}X^{(n-1)}(t) + A_{n-2}X^{(n-2)}(t) + \cdots +$$
$$A_2 X^{(2)}(t) + A_1 X^{(1)}(t) + A_0 X(t)$$
$$= B_m(t)U^{(m)}(t) + B_{m-1}(t)U^{(m-1)}(t) + \cdots +$$
$$B_2(t)U^{(2)}(t) + B_1(t)U^{(1)}(t) + B_0(t)U(t) \tag{2-26}$$

$$\begin{cases} X(t) = [x_1(t), \cdots, x_n(t)]^\mathrm{T} \\ U(t) = [u_1(t), \cdots, u_n(t)]^\mathrm{T} \\ A_l(t) = [\alpha_{l,ij}(t)]_{n \times n} \quad (l = 0,1,2,\cdots,n-1) \\ B_h(t) = [b_{h,ij}(t)]_{n \times n} \quad (h = 0,1,2,\cdots,m; m \leq n-1) \end{cases} \tag{2-27}$$

当上述系统可逆时,可建立输出解耦型特征模型。对于多输入多输出线性时变系统,当要实现位置保持或位置跟踪控制时,在采样周期满足一定条件下,若$A_0(t)$可逆,其特征模型可用如下输出解耦型二阶差分方程组描述:

$$X(k+1) = F_1 \times X(k) + F_2 \times X(k-1) + G_0 \times u(k) + G_1 \times u(k-1) \tag{2-28}$$

式中,F_1、F_2、G_0、G_1为可辨识特征模型参数。

特征模型与对象动力学模型不同,特征模型主要体现的是控制量与要求输出量之间的特征关系,是由特征变量与参数组成的模型。当$A_0(t)$可逆,将式(2-26)两边相乘$A_0^{-1}(t)$,则为:

$$A_0^{-1}(t)X^{(n)}(t) + A_0^{-1}(t)A_{n-1}(t)X^{(n-1)}(t) + A_0^{-1}(t)A_{n-2}(t)X^{(n-2)}(t) + \cdots +$$
$$A_0^{-1}(t)A_2(t)X^{(2)}(t) + A_0^{-1}(t)A_1(t)X^{(1)}(t) + X(t)$$
$$= A_0^{-1}(t)B_m(t)U^{(m)}(t) + A_0^{-1}(t)B_{m-1}(t)U^{(m-1)}(t) + \cdots +$$
$$A_0^{-1}(t)B_2(t)U^{(2)}(t) + A_0^{-1}(t)B_1(t)U^1(t) + A_0^{-1}(t)B_0(t)U(t) \tag{2-29}$$

整理可得:

$$X(k+1) = \overline{F}_1(k)X(k) + \overline{F}_2(k)X(k-1) + \overline{G}_0(k)U(k) + \overline{G}_1(k)U(k-1) + W(k) \tag{2-30}$$

且任一回路的特征方程为:

$$x_j(k+1) = \overline{f}_{1j}(k)x_j(k) + \overline{f}_{2j}(k)x_j(k-1) + \overline{g}_{0j}(k)u(k) + \overline{g}_{1j}(k)u(k-1) + w_j(k) \tag{2-31}$$

$$\begin{cases} B_{j0}(k) = \dfrac{w_j(k)x_j(k)}{x_j^2(k) + x_j^2(k-1) + \sum\limits_{h=1}^{n}[u_h^2(k) + u_h^2(k-1)]} \\ B_{j1}(k) = \dfrac{w_j(k)x_j(k-1)}{x_j^2(k) + x_j^2(k-1) + \sum\limits_{h=1}^{n}[u_h^2(k) + u_h^2(k-1)]} \\ C_{jh0}(k) = \dfrac{w_j(k)u_h(k)}{x_j^2(k) + x_j^2(k-1) + \sum\limits_{h=1}^{n}[u_h^2(k) + u_h^2(k-1)]} \\ C_{jh1}(k) = \dfrac{w_j(k)u_h(k-1)}{x_j^2(k) + x_j^2(k-1) + \sum\limits_{h=1}^{n}[u_h^2(k) + u_h^2(k-1)]} \\ f_{1j}(k) = \overline{f}_{1j}(k) + B_{j0}(k) = [2 - 2\Delta t d(k) + \Delta t d(k-1) - \Delta t - \Delta t^2 d(k)] + B_{j0}(k) \\ f_{2j}(k) = \overline{f}_{2j}(k) + B_{j1}(k) = [-1 + \Delta t d(k) + \Delta t] + B_{j1}(k) \end{cases} \tag{2-32}$$

输出 $X(k)$ 回路之间是解耦的,即 $F_1(k)$ 和 $F_2(k)$ 两个矩阵均为对角线矩阵。在稳态时, $x(k) = x(\infty)$,则各输出回路系数 $f_{1j}(k)$ 和 $f_{2j}(k)$ 分别相等,即:

$$\begin{cases} f_{11}(\infty) = f_{12}(\infty) = \cdots = f_{1n}(\infty) = \overline{f}_j(\infty) = 2 - 2\Delta t d(k) + \Delta t d(k-1) - \Delta t - \Delta t^2 d(k) \\ f_{21}(\infty) = f_{22}(\infty) = \cdots = f_{2n}(\infty) = \overline{f}_{2j}(\infty) = -1 + \Delta t d(k) + \Delta t \end{cases} \tag{2-33}$$

由于 $w_j(k)$ 是 $X^{(l)}(t)$ 和 $U^{(l)}(t)$ 等微分项之函数,所以在稳态时 $w_j(k)$ 的值为 0,由此可得:

$$\begin{cases} B_{j0}(\infty) = 0 \\ C_{jh0}(\infty) = 0 \\ B_{j1}(\infty) = 0 \\ C_{jh1}(\infty) = 0 \\ f_{1j}(k) = \bar{f}_{1j}(k) + B_{j1}(k) \mid k \to \infty = \bar{f}_{1j}(\infty) \\ f_{0j}(n) = \bar{f}_{0j}(k) + B_{j0}(k) \mid k \to \infty = \bar{f}_{0j}(\infty) \end{cases} \quad (2\text{-}34)$$

第 j 行回路与第 h 列之系数 $g_{0,jh}(k)$ 为:

$$g_{0jh}(k) = \Delta t \left\{ \sum_{i=2}^{n} [\Delta t A_{0ji}(k) b_{ih}(k) + a A_{0ji}(k) b_{ih}(k) - A_{0ji}(k-1) b_{ih}(k-1)] \right\} = \Delta t g_{0jh}^{1}(k)$$

(2-35)

式中,$A_{0ji}(k)$ 为矩阵 $A_{0}(k)$ 中的元素。

同理可得:

$$\begin{cases} g_{0jh}(k) = \bar{g}_{0jk}(k) + C_{jh0}(k) \mid k \to \infty = \bar{g}_{ojk}(\infty) \\ g_{1jh}(k) = \bar{g}_{1jk}(k) + C_{jh1}(k) \mid k \to \infty = \bar{g}_{1jk}(\infty) \end{cases} \quad (2\text{-}36)$$

当 USV 在执行任务时,USV 装备模块化、燃料能源变化,以及任务负载变化、风等外界环境影响,均会引起动力学结构和系数发生变化。从数学上讲,动力学方程的阶次、系数变化是一个连续的慢时变过程,并且难以预测。针对这种情况,特征模型相较于传统的动力学建模具有极大的优势。建立的特征模型结构中的系数发生变化时,并不会引起特征模型的结构发生变化,只是系数在一定的范围内变化,因此特征模型设计控制器也十分方便。

USV 在风、浪、流及外界干扰下,其运动数学模型是一个非线性高阶方程。对于采用整体型模型结构下的 USV 运动数学模型,常见的处理方法是从整体的角度把作用在船体上的流体动力对每个运动变量按泰勒级数展开,进行线性化处理,忽略高阶小量,简化至二阶或三阶所得的降阶模型。无论是简化后的二阶模型还是三阶模型,都会使原高阶模型里包含的信息丢失。与高阶系统的降阶模型不同,特征模型把高阶模型有关信息都压缩到几个特征参量之中,并不会使原系统中的信息丢失。

在整体模型结构建模线性化处理后,双推进器型 USV 可以看作是一个多输入多输出的线性时变系统。考虑对象动力学特征、环境特征和控制性能要求,进行如下设计:

如图 2-3 所示,ψ 为 USV 艏向角,u 和 v 分别为在 USV 附体坐标系下船体 ob_x 轴和 ob_y 轴上的速度,f_1 和 f_2 分别为 USV 左右电机的推力。双输入双输出 USV 的特征模型方程表示为:

$$X(k+1) = F_1 \times X(k) + F_2 \times X(k-1) + G_0 \times u(k) + G_1 \times u(k-1) \quad (2\text{-}37)$$

式中,F_1、F_2、G_0、G_1 为可辨识特征模型参数。

$$\begin{bmatrix} x_1(k+1) \\ x_2(k+1) \end{bmatrix} = F_1 \times \begin{bmatrix} x_1(k) \\ x_2(k) \end{bmatrix} + F_2 \times \begin{bmatrix} x_1(k-1) \\ x_2(k-1) \end{bmatrix} + G_0 \times \begin{bmatrix} u_1(k) \\ u_2(k) \end{bmatrix} + G_1 \times \begin{bmatrix} u_1(k-1) \\ u_2(k-1) \end{bmatrix}$$

(2-38)

式中，$x_1(k)$ 表示 k 时刻艏向角；$x_2(k)$ 表示 k 时刻速度；$u_1(k)$ 表示 k 时刻左推进器电机指令；$u_2(k)$ 表示 k 时刻右推进器电机指令。

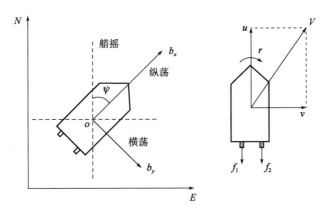

图 2-3 双推进器型 USV 平面运动示意图

2.2 水面无人艇操纵运动模型辨识

2.2.1 概述

系统辨识是根据系统的输入数据、输出数据，建立与测量系统等价的数学模型的一种控制工程策略。根据 Ljung 等学者有关参数辨识的研究，系统辨识是指在系统数学模型已知的情况下，通过最优输入试验获取富含系统动态特性的输入输出数据，基于一定的优化原则，利用合适的辨识算法，计算得出系统模型中未知参数值的过程。系统辨识成本低、效率高，被认为是建立可靠的 USV 动力学模型的一种有效方法，在 USV 运动建模领域得到了广泛的应用。

在 USV 操纵运动建模方法中，系统辨识建模只需要在自由模型试验或全尺寸试验中收集易于测量的 USV 的状态信息和惯性量，不需要测量力和力矩。与约束模型试验方法相比，系统辨识建模可以节省试验成本。与 CFD 方法相比，系统辨识建模可以降低计算成本。此外，系统辨识建模还可以应用于实船，能有效克服船模与实船雷诺系数不同引起的尺度效应问题，辨识结果表现出较好的可迁移性和泛化性。更重要的是，它是唯一一种能够对 USV 动态特征和环境扰动时变的 USV 操纵运动进行在线建模的方法。因此，它更适合于 USV 动力学模型的快速建立和更新，被认为是一种易于实现的 USV 操纵运动建模方法。

当前,广泛应用于 USV 运动特征描述的辨识建模主要流程包括:最优输入设计、模型结构确定、参数估计算法和模型验证。系统动态辨识建模流程如图 2-4 所示。

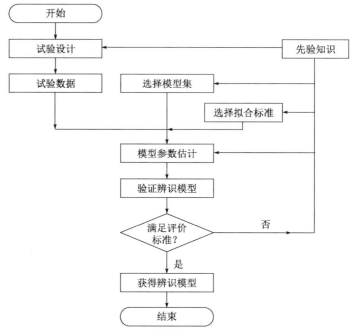

图 2-4 系统动态辨识建模流程图

(1) 最优输入设计

在 USV 运动模型辨识中,只有利用富含 USV 操纵运动特性信息的数据集才能有效辨识出可靠的模型。Levin 于 1960 年系统地提出了最优输入设计(Optimal Input Design,OID)的概念,在考虑噪声情况下,研究了离散时间线性系统脉冲响应的最优参数估计问题,得出在观测噪声为白噪声及一定输入功率或幅值约束条件下,脉冲型自相关函数输入激励能使辨识参数的协方差矩阵达到最小值。

对于 USV 来说,OID 获取的数据集主要来自特定输入信号的自由航行测试。在这个过程中,输入信号决定了系统如何被激励,从而确定训练样本中包含的信息量。现有关 USV 操纵运动辨识研究所采用的激励信号大多提取于 Z 形试验或旋回试验等标准操纵。这些操纵试验满足 USV 操作性标准的要求,在可用的数据库中可较容易地提取辨识数据集。但一些研究指出,这些数据集不仅不能准确估计非线性模型的参数,还不能保证在噪声干扰下辨识模型的可靠性。Wang 等从多重共线性的角度分析,认为 USV 不同舵角范围下产生的数据集可能包含不同的运动特性,应同时使用多个标准操纵的数据集以提高噪声干扰下的性能。

为了提高 USV 辨识模型的可靠性,从优化设计输入信号的角度着手,通过引入优化方法,合理设计输入信号,成为一种应对噪声干扰问题的有效方法。目前,关于 USV 运动模型辨识的最优输入设计方式较为单一,主要包括 Z 形试验和旋回试验,以及伪随机二进制序列(Pseudo-

Random Binary Sequence,PRBS)及其通过优化后的变形 bang-bang 序列。Yoon 等设计了基于伪随机二进制序列的输入信号,得到了 bang-bang 型的舵角序列,将优化后的舵角序列应用于 USV 自由航行试验,并验证了该方法的有效性。Yeon 等通过比较基于穷举搜索的 A 和 D 最优准则,设计了侧推进器的输入信号,得到了 bang-bang 型的信号,并发现应用该类信号能抑制低速 USV 运动模型中各参数间的共线性。Sutulo 等提出了一种基于调整 Mitchell 算法的试验设计方法,并将该方法成功应用于约束船模拖曳试验的操纵输入优化设计。针对 USV 运动辨识建模问题的研究,大多使用了 1~2 个振幅的转向序列,但实际上这类信号不足以包含能够揭示 USV 非线性运动系统的动态行为信息,并不适合具有非线性特性的 USV 运动的辨识。适合于辨识非线性动态系统的激励信号,应尽可能覆盖所有输入幅度和相关频率,例如多级伪随机序列、正弦信号和线性调频信号。但 USV 要实现这些输入信号具有较大难度,特别是正弦信号和线性调频信号的产生需要频繁操车。

(2)模型结构确定

USV 运动建模首先需要定义模型结构。将船体假设为刚体,基于刚体运动理论,研究 USV 操纵运动建模问题,建立的模型主要有 Abkowitz 整体型模型、MMG 分离型模型、矩阵向量模型、响应型模型等四个类型。Abkowitz 整体型模型是基于 3 阶泰勒级数展开,建立船舶运动状态变量与推进系统参数之间的函数,以描述作用于船体、螺旋桨、舵,及其相互间作用的水动力和力矩。该模型在描述 USV 操纵运动上具有较高精度,但模型极其复杂,涉及大量参数,并且有些参数无法辨识。MMG 分离型模型分别对作用于船体、螺旋桨、舵,及其相互作用的力和力矩进行分析建模,模型中的参数均具有物理意义。但在保证足够精度的前提下,MMG 分离型模型有较多参数且非线性强,模型参数辨识变得困难。Fossen 提出的矩阵向量模型,以矩阵向量的形式描述作用于 USV 的力和力矩,方便分析 USV 的稳定性和被动性,便于 USV 运动控制器的设计。响应型模型描述的是船舶对操舵的响应关系,最具代表的是 Nomoto 一阶、二阶线性和非线性模型。

基于上述典型 USV 运动模型,可以根据研究的具体需要提出改进或者简化的模型。例如,Abkowitz 教授基于船舶操纵运动方程中水动力表达式的泰勒级数展开式,在考虑螺旋桨和方向舵影响的基础上进行了修正,运用 EKF 法证明了其对非线性船舶运动模型辨识的可行性。Zhu 等为实现对不同类型 USV 构建准确的运动模型,在矩阵向量模型的基础上,提出了一套高效的描述 USV 平面三自由度运动的辨识建模策略,并通过数字仿真和船模试验验证了模型的有效性。Liu 等在分析了内河船舶多桨多舵推进系统特点的基础上,以双桨双舵船作为具体研究对象,探讨了其桨舵互扰的关系,结合先验知识和 MMG 分离模型建立了相应的操纵运动模型,并利用 CFD 平台验证了模型的准确性。Sutulo 等采用 MMG 分离型模型与先验知识相结合的建模方法,通过模拟 KVLCC2 基准船的标准操纵,对十六种混合组合构建的模型进行了数值试验验证。

综合上述分析,无论是采用哪种类型的 USV 运动模型,均能高度概括和抽象表达 USV 整个运动过程内的运动特性,但每一模型也受到不确定性因素的影响。因此,在模型应用前需结合原型船特性对模型进行修改调整。

(3) 参数估计算法

USV 运动模型的高精度除了受模型结构决定外,准确获得模型中的水动力系数或其他相关参数,也是提高预测精度的关键。现有研究方法主要有试验测定法(包括约束船模试验、自航模型试验、静态船模试验、动态船模试验)、基于流体力学计算软件 CFD 的数值计算法、系统辨识法,以及基于数据库的经验估算法。其中,基于自由航行试验和船模试验的系统辨识方法最为实用有效、可重复性强、试验时间短且成本低。常用的参数估计算法可归纳为传统算法、智能算法、混合算法三类。

模型参考法、扩展 Kalman 滤波法、最小二乘法(Least Squares Method,LS)、极大似然法等传统的辨识方法,被广泛应用于 USV 操纵运动建模研究。LS 是智能算法出现之前最常用的经典辨识算法之一,但是该方法在辨识过程中对训练样本中的异常值敏感,容易出现过拟合、存在不一致估计等问题。为了提高最小二乘法辨识的适用性和可靠性,一些研究提出了多种变形 LS。例如,非线性最小二乘法(Nonlinear LS,NLS)、拟合最小二乘法(Fitting LS,FLS)以及多新息最小二乘法(Multi-Innovation LS,MILS)等算法。Chen 等利用 NLS 和 FLS,研究浅水效应下的 USV 横摇响应模型辨识问题,并对比分析辨识方法的结果和性能。卡尔曼滤波算法(Kalman Filter,KF)及其变型算法在辨识 USV 运动模型参数研究中也备受青睐。Hayes 较早地将 KF 用于解决 USV 操纵运动建模问题。但是,这些方法对研究对象的数学模型和变量估计的初值有很高的依赖性,使系统辨识方法陷入了瓶颈。

随着计算机的发展和智能算法的推广应用,已经出现了许多基于仿生学的智能算法,即通过模拟自然界的生物系统来实现。这类算法完全依赖于生物体自身的本能,通过无意识巡游行为来优化其生态状态以适应环境需要,代表性的算法有遗传算法、蚁群算法、人工鱼群算法、粒子群优化算法等。智能仿生算法因其自身的局限性,通常选择与其他算法或智能仿生算法相互结合,对算法中的参数进行寻优。例如,梁利亭使用改进蚁群算法,对 USV 纵向运动参数进行了辨识,提高了参数辨识的精度;蔡长征使用遗传算法对 USV 横向水动力参数进行了辨识。

随着智能算法的发展,神经网络、支持向量机及一系列混合算法出现,为系统辨识注入了新鲜的血液。神经网络方法不需要依赖研究对象的数学模型,可以实现非线性映射。该算法的稳定性和精度对变量估计初值和参数估计初值的依赖性小,因此能够有效地建立描述 USV 操纵运动动态系统的输入输出响应特性模型。支持向量机(Support Vector Machine,SVM)作为监督学习算法,在有限样本情况下,遵循结构风险最小化准则,将机器学习问题转变为一个二次凸规划问题,能得到全局唯一最优解,提高模型的泛化能力,成为系统辨识的热门研究方法。Xu 等研究基于 LS-SVM 的辨识方法，采用线性核函数，利用粒子滤波优化算法优化了 LS-SVM 的结构参数，成功地应用该方法辨识了 Nomoto 一阶线性模型的参数。Zhang 等以 Abkowitz 模型为研究对象，应用 ε-SVM 算法辨识 USV 运动模型中的非线性参数，首次提出基于切比雪夫正交基的神经网络，并将其应用到 Abkowitz 模型的参数辨识中。

利用传统、智能及混合辨识算法能实现较高精度的 USV 运动模型参数的辨识，避免了尺度效应等限制。智能算法及混合算法对噪声干扰数据下的辨识，具有较好的适用性。

(4) 模型验证

在完成系统辨识和参数估计之后，需要验证辨识所得的模型或系统是否与真实的过程特性相吻合。验证方式的设计则取决于使用的辨识算法和评价形式。模型验证是检验辨识算法的先验假设（如时不变性、是否容许扰动、核函数、辨识参数的协方差矩阵等）以及辨识所得模型与实测系统的输入输出特性之间的吻合程度。

针对 USV 操纵运动模型参数的辨识，当前在设计参数估计算法时已经考虑了辨识算法先验假设的检验条件。SVM 算法具有较强的鲁棒性，能对有扰动、参数时变的 USV 操纵运动模型进行辨识。基于机器学习的辨识算法不依赖于参数初始值，对参数摄动、测量噪声等问题具有较好的适用性。

在验证辨识模型的输入输出特性与实测系统输入输出特性的吻合程度方面，Zhu 等采用计算辨识模型的预测结果与验证数据之间的均方误差（Mean Square Error, MSE）来实现，Xu 等则采用 R^2 拟合优度指标评价辨识模型的准确性。部分研究在已知模型参数的情况下，通过计算估计参数与已知参数之间的相对误差来判断所辨识模型的准确性。此外，还有部分研究使用均方根误差（Root Mean Square Error, RMSE）用以判断回归模型的误差大小。在模型验证过程中，还需区分验证模型的数据与训练模型的数据。对于数据集通常分为训练集、验证集和测试集。训练集是模型用于训练和学习的数据集。验证集是用于评估模型性能的数据集，通常从原始数据集中划分出来，用于在训练过程中调整模型的参数和超参数，以提高模型的性能。而测试集是用于评估模型最终性能的数据集，通常是从原始数据集中划分出来，与训练集和验证集互不重叠。此外，交叉验证也广泛应用于 USV 运动模型辨识中，如 K 折交叉验证法可以减少过拟合现象。

2.2.2 MI-LSSVR 法应用于水面无人艇操纵运动模型辨识

(1) MI-LSSVR 法的理论基础

支持向量机（Support Vector Machine, SVM）是一种基于统计学习理论的机器学习算法，通过寻求结构风险最小化来实现实际风险最小化，具有优秀的泛化能力，能够较好地解决非线性数据、小样本和维数灾难等问题。SVM 是针对二分类问题提出的,而支持向量回归机(Support Vector Regression,SVR)是其中一个重要的应用分支。

对于 SVR 而言,给定一组训练样本:

$$T = \{(X_1,y_1),(X_2,y_2),\cdots,(X_i,y_i)\} \quad (2-39)$$

式中,$X_i \in R^n$,是一个 n 维向量,表示系统的输入值;$y_i \in R$,表示系统的输出。假设选取一个高维映射函数 $\Phi(x)$,SVR 的目的就是寻求输入输出样本间拟合得最优的函数关系 $f(x) = \omega \cdot \Phi(x) + b$。其中,$\omega$ 为数值向量,b 称为偏值。

最小二乘支持向量回归机(Least Square Support Vector Regression,LS-SVR)是一种基于统计理论的改进型支持向量机。LS-SVR 从机器学习损失函数着手,在优化问题的目标函数中使用了二范数,且用等式约束条件代替 SVM 标准算法中的不等式约束条件,使问题转换为线性方程组的求解。与传统的支持向量机相比,LS-SVR 能够大大简化运算,并提高学习速度。从参数辨识的角度来说,LS-SVR 本质上是一种离线辨识方法,不适用于在线辨识。

根据定义,LS-SVR 的目标函数可以定义如下:

$$\min_{w,b,\xi} J(w,\xi) = \frac{1}{2}w^{\mathrm{T}}w + \frac{1}{2}C\sum_{i=1}^{l}\xi_i^2$$
$$\text{s.t.} \quad y_i - [w^{\mathrm{T}}\boldsymbol{\Phi}(x_i) + b] = \xi_i \quad (2-40)$$

定义拉格朗日函数如式(2-41)所示:

$$L(w,b,\xi,\alpha) = \frac{1}{2}w^{\mathrm{T}}w + \frac{1}{2}C\sum_{i=1}^{l}\xi_i^2 - \sum_{i=1}^{l}\alpha_i\{\xi_i - y_i + [w^{\mathrm{T}}\boldsymbol{\phi}(x_i) + b]\} \quad (2-41)$$

分别对变量求偏导,可以得到:

$$\begin{cases} \dfrac{\partial L}{\partial w} = 0 \Rightarrow w = \sum_{i=1}^{l}\alpha_i \phi(x_i) \\ \dfrac{\partial L}{\partial b} = 0 \Rightarrow \sum_{i=1}^{l}\alpha_i = 0 \\ \dfrac{\partial L}{\partial \xi_i} = 0 \Rightarrow C \cdot \xi_i = \alpha_i \\ \dfrac{\partial L}{\partial \alpha_i} = 0 \Rightarrow w^{\mathrm{T}}\boldsymbol{\phi}(x_i) + b + \xi_i - y_i = 0 \end{cases} \quad (2-42)$$

可以得到 LS-SVR 的等价线性方程组:

$$\begin{bmatrix} 0 & 1 & \cdots & 1 \\ 1 & \Phi(x_1) \cdot \Phi(x_1) + \dfrac{1}{C} & \cdots & \Phi(x_1) \cdot \Phi(x_1) \\ \vdots & & & \\ 1 & \Phi(x_1) \cdot \Phi(x_1) & \cdots & \Phi(x_1) \cdot \Phi(x_1) + \dfrac{1}{C} \end{bmatrix} \begin{bmatrix} b \\ \alpha_1 \\ \vdots \\ \alpha_1 \end{bmatrix} = \begin{bmatrix} 0 \\ y_1 \\ \vdots \\ y_1 \end{bmatrix} \quad (2-43)$$

使用以下形式代替：

$$\begin{bmatrix} 0 & 1 \\ 1 & \Omega + \dfrac{I}{\gamma} \end{bmatrix}^T \begin{bmatrix} b \\ \alpha \end{bmatrix} = \begin{bmatrix} 0 \\ y \end{bmatrix} \tag{2-44}$$

式中，核函数矩阵 Ω 为：

$$\begin{aligned} \Omega_{ij} &= \Phi(x_i)^T \cdot \Phi(x_j) \\ &= K(x_i, x_j) \quad (i,j = 1, \cdots, l) \end{aligned} \tag{2-45}$$

式中，$K(\cdot)$ 为选取的核函数，求解上述方程组可以得到 LS-SVR 回归函数：

$$f(x) = \sum_{i=1}^{l} \alpha_i K(x_i, x) + b \tag{2-46}$$

而待辨识的参数矩阵可以通过式(2-47)求得：

$$\hat{\theta} = \sum_{i=1}^{l} \alpha_i x_i \tag{2-47}$$

式中，$\hat{\theta}$ 为待辨识参数；α_i 为拉格朗日乘子，为系统输入值。

多新息辨识理论拓展了新息长度，能够充分利用 USV 的运动数据。为了验证基于多新息辨识理论的支持向量回归机(Multi Innovation Least Square Support Vector Regression，MI-LSSVR) 在 USV 运动模型辨识中的有效性以及对算法性能的提升，概述基于 MI-LSSVR 的 USV 响应性模型参数辨识方法如下：

多新息辨识方法是对单新息辨识方法的推广，现有的辨识算法如最小二乘法、卡尔曼滤波法等，都是使用单新息修正的单新息辨识方法，即 k 时刻的参数估计 $\tilde{\theta}_k$ 是在上一时刻参数估计的基础上，依靠增益 L_k 与新息 e_k 的乘积来修正，即：

$$\tilde{\theta}_k = \tilde{\theta}_{k-1} + L_k e_k \tag{2-48}$$

由于此时的新息为当前时刻获取的数据，对辨识的结果有很大的影响，同时会降低算法的收敛速度，因此采用多新息理论对当前时刻的新息进行拓展，将单新息的 e_k 拓展为多新息的 $E(p,t) \in R^p$，其中 p 代表新息长度，需要根据经验选取，相应地也将 L_k 拓展为 $\Gamma(p,t) \in R^{n*p}$，那么 k 时刻的参数估计就可以表示为式(2-49)：

$$\tilde{\theta}_k = \tilde{\theta}_{k-1} + \Gamma(p,t) E(p,t) \tag{2-49}$$

假设单新息的 LS-SVR 辨识得到的线性方程组为：

$$\begin{bmatrix} 0 & 1 & \cdots & 1 \\ 1 & \Phi(1)^T \cdot \Phi(1) + \dfrac{1}{C} & \cdots & \Phi(1)^T \cdot \Phi(l) \\ \vdots & \vdots & & \vdots \\ 1 & \Phi(l)^T \cdot \Phi(1) & \cdots & \Phi(l)^T \cdot \Phi(l) + \dfrac{1}{C} \end{bmatrix} \begin{bmatrix} b \\ \alpha_1 \\ \vdots \\ \alpha_l \end{bmatrix} = \begin{bmatrix} 0 \\ y_1 \\ \vdots \\ y_l \end{bmatrix} \tag{2-50}$$

应用多新息辨识理论,可以重新定义单新息 LS-SVR 的矩阵:

$$\begin{cases} \varphi_k = \begin{bmatrix} 0 & 1 & \cdots & 1 \\ 1 & \Phi(k)^{\mathrm{T}} \cdot \Phi(k) + \dfrac{1}{C} & \cdots & \Phi(k)^{\mathrm{T}} \cdot \Phi(k+l-1) \\ \vdots & \vdots & & \vdots \\ 1 & \Phi(k+l-1)^{\mathrm{T}} \cdot \Phi(1) & \cdots & \Phi(k+l-1)^{\mathrm{T}} \cdot \Phi(k+l-1) + \dfrac{1}{C} \end{bmatrix} \\ \theta'_k = \begin{bmatrix} b & \alpha_1 & \cdots & \alpha_1 \end{bmatrix}^{\mathrm{T}} \\ y_k = \begin{bmatrix} 0 & y(k) & \cdots & y(k+l-1) \end{bmatrix}^{\mathrm{T}} \end{cases} \quad (2\text{-}51)$$

由此可以得到如式(2-52)的线性方程组:

$$\varphi_k \theta'_k = y_k \quad (2\text{-}52)$$

则 LS-SVR 的损失函数可以按如式(2-52)的形式定义:

$$J(\theta') = \| y - \varphi \theta' \|^2 \quad (2\text{-}53)$$

使用梯度下降法对参数进行递推,设第 k 次递推时辨识的参数为 $\hat{\theta}'_k$,假设 $\theta' = \hat{\theta}'$ 时损失函数的值最小,那么辨识参数的更新公式如下:

$$\hat{\theta}'_{k+1} = \hat{\theta}'_k - \mu_{k+1} \frac{\partial J(\theta'_{k+1})}{\partial \theta'_{k+1}} = \hat{\theta}'_k + \mu_{k+1} \varphi_{k+1} \quad (2\text{-}54)$$

式中,μ_{k+1} 是梯度下降的学习步长。令 $J(\hat{\theta}'_{k+1})$ 对 μ_{k+1} 的一阶偏导数为零,则可以得到 μ_{k+1} 的更新公式,如式(2-55)所示:

$$\mu_{k+1} = (\varphi_{k+1} \varphi_{k+1})^{-1} (y_{k+1} - \varphi_{k+1} \theta'_k) \quad (2\text{-}55)$$

将式(2-55)带入辨识参数的更新公式(2-54)中,可以得到辨识参数的递推公式:

$$\theta'_{k+1} = \theta'_k + (\varphi_{k+1})^{-1} [y_{k+1} - \varphi_{k+1} \theta'_k] \quad (2\text{-}56)$$

对于 USV 运动一阶非线性方程 $T\dot{r} + n_1 r + n_3 r^3 = K\delta$,写为时域的形式,有:

$$T\dot{r}(t) + n_1 r(t) + n_3 r^3(t) = K\delta(t) \quad (2\text{-}57)$$

对于式(2-57)中的微分项使用欧拉前向差分,即:

$$\dot{y}(x_n) \approx \frac{y(x_{n+1}) - y(x_n)}{h} \quad (2\text{-}58)$$

式中,h 代表离散间隔,与采样的频率有关。

差分得到的方程可以表示为以下的矩阵形式:

$$\Delta r(k+1) = \theta Z(k) \quad (2\text{-}59)$$

式中,r 表示转艏角速度;k 为采样点;等式左侧 $\Delta r(k+1)$ 表示转艏角速度在 $k+1$ 时刻相较于 k 时刻的变化量,右侧 $Z(k) = [\Delta r(k)^3, \Delta r(k), \Delta \delta(k)]^{\mathrm{T}}$。$n_1$ 是根据 USV 航向稳定性确定的系数,对于航向稳定的 USV,$n_1 = 1$;对于航向不稳定的 USV,则 $n_1 = -1$。θ 为输入输出之

间的线性关系式,表示如式:

$$\theta = \left[\frac{-\Delta t n_3}{T}, \frac{T - \Delta t}{T}, \frac{\Delta t n_1 K}{T}\right] \tag{2-60}$$

通过 LS-SVR 算法中辨识参数的递推公式可以得到待辨识参数 θ 的值,进而通过数值转换可以计算得到 T、K 和 n_3 的数值,从而得到 USV 的一阶非线性方程。

在 MI-LSSVR 辨识方法中,由于参数增加且有耦合关系,不便于调整。为了使辨识的结果更加精准,使用天牛须搜索算法(Beetle Antennae Search,BAS)来确定支持向量机中的惩罚系数。天牛须搜索算法是一种智能仿生优化算法,主要模拟了天牛觅食时的探测和搜寻行为。天牛使用左右两须来寻找食物的大致方向,通过左右两侧食物浓度的强弱来判断食物在自身的左右位置。如果左侧触须探测到的气味强度大于右侧,则天牛向左触须方向移动一段距离。否则,天牛向右侧触须方向移动一段距离。移动一段距离后,天牛再次使用左右触须进行探测并移动,直至找到气味最强即食物的位置。在整个移动过程中,天牛的位置会不断的调整,直到达到全局最优。

与模拟退火算法、粒子群算法、遗传算法等智能优化算法类似,BAS 算法无须知道函数的具体形式及梯度信息,就可实现高效寻优。但与其他算法相比,BAS 算法通过个体即一只天牛就可以实现寻优,大大降低了算法的计算量,提高了算法效率。BAS 算法的具体实现步骤如下:

步骤 1:初始化参数。对于一个 n 维优化问题,初始化迭代次数 $k = 0$,初始化天牛质心的随机位置,由于天牛搜索的方向是随机的,因此根据式(2-61)对方向进行初始化:

$$V = \frac{rands(n,1)}{\|rands(n,1)\|} \tag{2-61}$$

式中,$rands(n,1)$ 是 0~1 之间随机生成的 n 维向量。

步骤 2:计算天牛个体当前所在位置对应的适应度值 $f(x)$。

步骤 3:根据式(2-62)计算左、右须的位置 x_{left},x_{right},并计算左右须对应的适应度值 $f(x_{\text{left}})$ 和 $f(x_{\text{right}})$。

$$\begin{cases} x_{\text{left}} = x + d \times V \\ x_{\text{right}} = x - d \times V \end{cases} \tag{2-62}$$

式中,d 是天牛左右两个触须间的距离。

步骤 4:模拟天牛的探测,比较左右两须的食物气味浓度及适应度值的大小,即与上一步的适应度值进行比较,得出下一时刻的天牛位置。

当 $f(x_{\text{left}}) < f(x_{\text{right}})$ 时,有:

$$x_{t+1} = x_t + \text{step} \times \frac{x_{\text{left}} - x_{\text{right}}}{\|x_{\text{left}} - x_{\text{right}}\|} \tag{2-63}$$

当时 $f(x_{\text{left}}) \geq f(x_{\text{right}})$，有：

$$x_{t+1} = x_t - \text{step} \times \frac{x_{\text{left}} - x_{\text{right}}}{\|x_{\text{left}} - x_{\text{right}}\|} \quad (2\text{-}64)$$

式（2-63）、式（2-64）中，step 是天牛的移动步长。

步骤5：判断是否移动天牛的位置，比较 x_t 和 x_{t+1} 两个位置的适应度值 $f(x_t)$ 和 $f(x_{t+1})$，若 $f(x_t) \leq f(x_{t+1})$，则将天牛移动到新位置 x_{t+1}，否则保持当前位置不变。

步骤6：更新步长及搜索距离。

步骤7：若达到设置的终止条件，则算法结束，输出最优解；否则返回步骤2，并更新迭代次数 $k = k + 1$。

（2）改进 MI-LSSVR 法

在实际 USV 运动过程中所采集的数据会受到系统噪声、环境噪声甚至人为因素的干扰，造成数据的污染，影响到辨识建模的准确性。为了避免污染数据对辨识效果造成影响，可以使用鲁棒估计方法改善现有的辨识算法。

估计量就其性质而言可以分为鲁棒和非鲁棒两类。其中，鲁棒估计是在误差不可避免的情况下，选择适当的估计方法，使未知量估计尽可能减少数据污染的影响，得出正常模式下的最佳估计或者接近最佳的估计。鲁棒估计与经典估计理论的根本区别在于，前者是把鲁棒估计理论建立在符合于观测数据的实际分布模式，而后者则是建立某种理想的分布模式。

对于支持向量机而言，使用 L2 范数作为代价函数，便构成了最小二乘支持向量机；使用 Vapnik 损失函数作为代价函数，便构成 ε-支持向量回归机；使用 r-范数作为代价函数，则构成 r-支持向量机。这三者都不具有鲁棒性。实际上代价函数的种类很多。通过改变支持向量机的代价函数，可以提升算法的鲁棒性。

最小二乘支持向量机是基于结构风险最小化原则提出的学习工具，使用 L2 范数作为代价函数，来降低回归模型的预测误差。这样的构造方式使得 LS-SVM 计算方便，有较好的局部逼近能力。但是，由于使用 L2 范数作为损失函数，使得 LS-SVM 不具有鲁棒性，对训练数据中的噪声和粗差十分敏感。使用鲁棒代价函数可以有效地避免粗差的影响。在支持向量机中，典型的损失函数有 r 范数损失函数、ε 不敏感损失函数和 Huber 损失函数。其中，r 范数损失函数根据参数 r 数值的不同可以构成两种损失函数，即 $r = 2$ 时为平方损失函数，$r = 1$ 时为 Laplace 损失函数。在支持向量机回归的研究中，已经引入了鲁棒代价函数，例如 Vapnik 损失函数、Huber 鲁棒损失函数和岭回归方法。

以 Huber 损失函数为例，表达式如式（2-65）所示：

$$\rho(\xi) = \begin{cases} \dfrac{\xi^2}{2} & (|\xi| \leq k) \\ k|\xi| - \dfrac{k^2}{2} & (|\xi| > k) \end{cases} \quad (2\text{-}65)$$

式中,k 为损失函数的参数;ξ 是实测值与预测值的偏差。
Huber 损失函数的图像如图 2-5 所示。

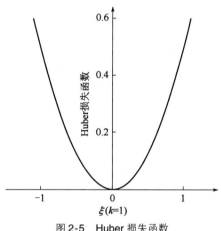

图 2-5 Huber 损失函数

以 Huber 损失函数替代 LS-SVR 中的损失函数,支持向量机的原始问题变成了如下形式:

$$\min_{W,b} P = \frac{1}{2} W^{\mathrm{T}} W + C \sum_{i=1}^{l} [\rho(\xi_i) + \rho(\xi_i^*)]$$

$$\mathrm{s.t.} \begin{cases} y_i - [W^{\mathrm{T}} \boldsymbol{\phi}(\boldsymbol{x}_i) + b] \leqslant \xi_i \\ W^{\mathrm{T}} \boldsymbol{\phi}(\boldsymbol{x}_i) + b - y_i \leqslant \xi_i^* \\ \xi_i, \xi_i^* \geqslant 0 \\ i = 1, \cdots, l \end{cases} \quad (2\text{-}66)$$

将 Huber 函数带入约束条件中,将 SVM 模型简化为下面的二次规划问题:

$$\begin{cases} \min_{\beta} \frac{1}{2} \sum_{i=1}^{l} \sum_{j=1}^{l} \alpha_i \alpha_j K(x_i, y_j) - \sum_{i=1}^{l} \alpha_i y_i + \frac{1}{2C} \sum_{i=1}^{l} \alpha_i^2 \mu \\ -C \leqslant \alpha_i \leqslant C \quad (i = 1, \cdots, l) \\ \sum_{i=1}^{l} \alpha_i = 0 \end{cases} \quad (2\text{-}67)$$

式中:$K(x_i, y_i)$ 为选取的核函数。

求解上述的二次规划问题的拉格朗日乘子的值,可以求得回归函数。由于 Huber 损失函数在统计学习中具有鲁棒性,因此学习得到的模型对训练中的噪声和异常值不敏感,适用于实际的 USV 运动过程。

Vapnik 损失函数、Huber 鲁棒损失函数可以共同表示为以下普适的形式:

$$L_{\text{SVM}}(e_n) = \begin{cases} 0 & (|e_n| \leq \varepsilon) \\ \dfrac{1}{2\gamma}(|e_n| - \varepsilon)^2 & (\varepsilon \leq |e_n| \leq e_c) \\ c(|e_n| - \varepsilon) - \dfrac{1}{2\gamma}c^2 & (|e_n| \geq e_c) \end{cases} \quad (2\text{-}68)$$

当 $\varepsilon = 0$ 时,式(2-68)为 Huber 损失函数;$\gamma = 0$ 时,式(2-68)则表示 Vapnik 损失函数。

从形式上来看,鲁棒损失函数是一个分段函数,对应不同噪声分为三段,即当 $|e_n| \leq \varepsilon$ 时,为不敏感区,针对低频变量;当 $\varepsilon \leq |e_n| \leq e_c$ 时,为二次函数残差损失区,主要针对高斯噪声;当 $|e_n| \geq e_c$ 时,为线性区,针对离群点以及尖点噪声。分段函数的图像如图 2-6 所示。

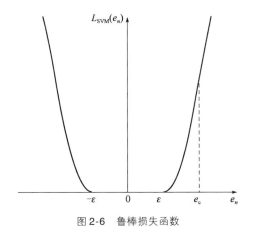

图 2-6 鲁棒损失函数

以上所示的损失函数具有鲁棒性,但是存在四个自由参数 ε、γ、c、e_c 都需要人为设定及调整,参数的选择对支持向量机的回归效果影响较大,选择合适的参数才能充分体现鲁棒性。因此,选择一种用双曲正切函数作为鲁棒代价函数的方式:

$$L_R(e_n) = \begin{cases} \dfrac{1}{2}e^2 & (|e_n| \leq \varepsilon) \\ \dfrac{1}{2}a^2 + \dfrac{c_1}{c_2}\ln\left\{\dfrac{\cosh[c_2(b-a)]}{\cosh[c_2(b-|e|)]}\right\} & (\varepsilon \leq |e_n| \leq e_c) \\ \dfrac{1}{2}a^2 + \dfrac{c_1}{c_2}\ln\{\cosh[c_2(b-a)]\} & (|e_n| > e_c) \end{cases} \quad (2\text{-}69)$$

式中,a、b 是区间端点;c_1、c_2 是常数,为预先设定。

根据上式,双曲正切鲁棒代价函数也是一个分段函数,根据误差的大小可以分为三段,即当 $|e_n| \leq \varepsilon$ 时,误差小,采用最小二乘代价函数;$\varepsilon < |e_n| < e_c$ 时,误差较大,主要针对高斯噪声进行抑制;$|e_n| \geq e_c$ 时,主要针对一些误差太大的离群点等,选择不考虑这些点对于模型的作用。因此,可以消除掉大误差点对模型的影响。双曲正切鲁棒代价函数图像如图 2-7 所示。

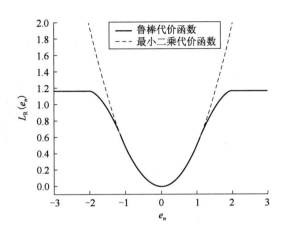

图 2-7　双曲正切鲁棒代价函数

从函数的公式来看,双曲正切鲁棒代价函数中,也存在需要人为设定的常量。其中,a 和 b 是分段函数的区间端点,对于算法的效果有较大影响,通常可以选择经验法或者固定值法来设定。但是,这样的方式需要多次调整,不能很好地适应实时变化的对象。因此,选择基于离群点检测的端点更新方法。

对于 i 维训练样本 $T = \{(X_1, y_1), (X_2, y_2), \cdots, (X_i, y_i)\}$,在 k 时刻使用模型预测得到的结果与实测值的误差为 e_k,令 E_k 为 k 时刻及以前时刻的误差组成的一组数,即 $E_k = \{e_1, e_2, \cdots, e_k\}$。计算该组数的中位数和绝对偏差的中位值:

$$\begin{cases} e_{\text{med}} = median\{E_k\} \\ S_{\text{med}} = 1.4826 \times median(|e_1 - e_{\text{med}}|, \cdots, |e_k - e_{\text{med}}|) \end{cases} \quad (2\text{-}70)$$

假设 k 时刻的样本偏差 $d_i = |e_i - e_{\text{med}}|$,设定离群点的判定规则为:若 $d_k > 3S_{\text{med}}$,则该点是离群点,不考虑其对模型的影响;若 $1.5S_{\text{med}} \leq d_k \leq 3S_{\text{med}}$,则该点是非显著离群点;若 $d_k < 1.5S_{\text{med}}$,则该点是正常的数据点。因此,规定鲁棒代价函数的区间端点 a 和 b 按式(2-71)计算:

$$\begin{cases} a = 1.5S_{\text{med}} \\ b = 3S_{\text{med}} \end{cases} \quad (2\text{-}71)$$

通过以上对鲁棒代价函数形式以及图像的分析,得出区间端点是和训练误差相关的函数,而区间端点更新时,鲁棒代价函数也会发生变化。例如,当训练误差变大时,根据式(2-71)可以得到 a 和 b 的值也相应增大,鲁棒代价函数的值就会发生如图 2-8 所示的变化,对于噪声的抑制作用就会增强。

显然,鲁棒代价函数是和训练误差 e 相关的函数。因此,这样的方式能够更好地跟踪模型误差的变化,减小离群点对辨识效果的影响。

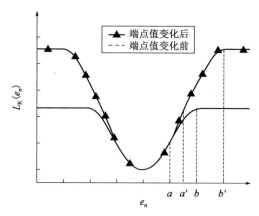

图 2-8 鲁棒代价函数端点变化

由于 a 和 b 的值可以根据误差实时计算来确定,这样自由参数中就只有 c_1 和 c_2 需要人为设定,减少了常数值设定对算法效果的影响。由于损失函数的变化,需要重新推导系数的更新率。同样使用梯度下降法对系数进行更新,即:

$$\alpha_k(t+1) = \alpha_k(t) - \eta \nabla \alpha_k(t) \tag{2-72}$$

式中,t 为迭代次数;η 为步长;$\nabla \alpha_k(t)$ 为梯度,通过式(2-73)进行计算:

$$\nabla \alpha_k(t) = \frac{\partial R_e(t)}{\partial \alpha_k(t)} = -\frac{1}{n}\sum_{i=1}^{n} \psi[e_i(t)] k(x_k, x_i) \tag{2-73}$$

式中,$k(x_k, x_i)$ 表示核函数,可以根据需要选取;$\psi[e_i(t)]$ 为鲁棒代价函数对误差的导数,按下式求解:

$$\psi[e_i(t)] = \frac{\partial \sigma[e_i(t)]}{\partial e_i(t)} = \begin{cases} e_i(t) & |e_i(t)| < a(t) \\ c_1 \tanh\{c_2[b(t) - |e_i(t)|]\} \operatorname{sgn}[e_i(t)] & a(t) \leqslant |e_i(t)| \leqslant b(t) \\ 0 & b(t) < |e_i(t)| \end{cases}$$

(2-74)

而 $R_e(t)$ 表示鲁棒代价函数的均值,即:

$$R_e(t) = \frac{1}{n}\sum_{i=1}^{n} \sigma[e_i(t)] \tag{2-75}$$

由推导过程可以看出,系数的更新与代价函数的导数相关,在 LS-SVR 中,代价函数的导数 $\psi(e) = e$,是一个和训练误差正相关的函数。因此,离群点处系数增大,对模型的影响也会更大,影响模型精度。而双曲正切函数能够避免这样的问题。当训练误差 e 增大到一定程度,$\psi(e)$ 由增长较快的正比例变化变为增长相对缓慢的双曲正切曲线变化,从而对离群点在建模过程中的影响起到了限制作用,能够提高模型的鲁棒性。

以 USV 运动一阶非线性响应模型作为辨识试验的研究对象,使用上文提到的多新息鲁棒支持向量机对参数进行辨识,给出使用双曲正切函数作为鲁棒代价函数的 LS-SVR 算法辨识的步骤,见图 2-9。

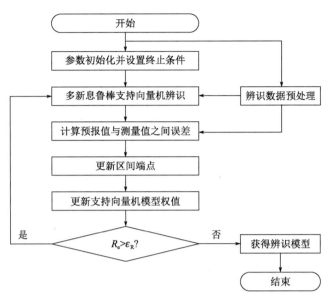

图 2-9　多新息鲁棒支持向量机辨识流程图

步骤 1：初始化。确定 LS-SVR 算法的核函数类型及核函数涉及的参数，确定鲁棒代价函数的区间端点初始值 $a(0)$ 和 $b(0)$ 及算法终止条件 ε_R。

步骤 2：计算误差。根据采集到的历史数据，使用 LS-SVM 算法建立 USV 响应型模型，使用模型预测输出值 $f[x_i,\alpha(t)]$，通过计算当前采样的实测数据与预报的输出值之差得到预测误差 $e_j(t)=y_j(t)-f[x_i,\alpha(t)]$，其中 $j=1,\cdots,N$。

步骤 3：自由参数设定。根据步骤 2 计算出的预测误差，确定区间端点 a 和 b 的值，通过经验法设定 c_1 和 c_2 的值。

步骤 4：更新权值。使用梯度下降法更新 LS-SVR 模型的权值。

步骤 5：判断循环是否终止。若不满足循环终止条件，即 $R_e>\varepsilon_R$，则返回步骤 2，否则终止循环学习，得到最终的鲁棒 LS-SVR 模型。

（3）MI-LSSVR 法的实现

为了验证 MI-LSSVR 在辨识研究中的有效性，本节在仿真试验和实船试验分别设计了 Z 形试验来获取试验数据，并选取部分数据作为训练样本，完成辨识训练，使用辨识模型预报 USV 运动。为了说明多新息的辨识方法对原始算法性能的提升，设计对比试验，从预报精度的角度分析了两种辨识方法的效果。

USV 辨识建模中，辨识数据处于核心地位。根据试验方式的不同，辨识数据的来源分为仿真试验数据、船模试验数据和实船试验数据三种。在提出新的算法时，往往不能直接用于实船试验，需要通过仿真试验来验证算法的有效性。本节选用 Mariner 船作为仿真对象，开展 Z 形操纵运动仿真试验，采集艏向角、转艏角速度和舵角等数据。

标准的 Z 形试验包括 10°/10°Z 形试验和 20°/20°Z 形试验,本文仿真试验使用 10°/10°Z 形试验来获取试验数据。同时,从工程的角度出发,由于 USV 实际航行过程中不可避免地受到噪声干扰,为了能够更加贴合实际的数据并验证算法的鲁棒性,对采集数据通过以下的方式加入噪声:

$$\zeta_i = \zeta_{0i} + \zeta_{\max} k_0 k_\zeta \xi_i \tag{2-76}$$

式中,ζ 为加入噪声的数据;ζ_{0i} 是没有加入噪声的数据,即原始数据;$\zeta_{\max}$ 是原始数据最大值的绝对值;k_0 是范围在 0%～100% 的常量,由人为设定,称为一般衰减因子;k_ζ 为特定响应的衰减因子;ξ_i 是一个离散的随机变量,可以设定为方差为单位方差的高斯分布,也可以设置为均匀分布在区间 $[-\sqrt{3}, \sqrt{3}]$ 内、且具有单位方差的变量。通常,由于传感器的不同,记录的舵角和船速的信息比偏航率和漂移角的信息噪声要小得多。因此,舵角相应的 k_ζ 设置为 0.05,而纵荡速度相应的 k_ζ 设置为 0.2,将 k_ζ 设置为 1.0。

通常,USV 运动中的干扰可以分为外部干扰和测量噪声两部分。以上述方式引入的噪声对应于所谓的"测量噪声",而真实的试验记录也可能受到作用在 USV 或缩放模型上的通常未知的外部干扰的影响。但是,在仿真阶段,只考虑测量噪声对数据造成的影响。仿真试验中选取的数值如表 2-2 所示。

测量噪声仿真数据设置　　　　　　　表 2-2

信息	k_ζ	ξ_i	k_0
舵角	0.05	符合均值为 0 的高斯分布	10%
纵荡	0.2	符合均值为 0 的高斯分布	10%
其他	1.0	符合均值为 0 的高斯分布	10%

节选一段加入了噪声的艏向角和船速如图 2-10 所示,USV 操纵持续 500s,采样频率为 10Hz。

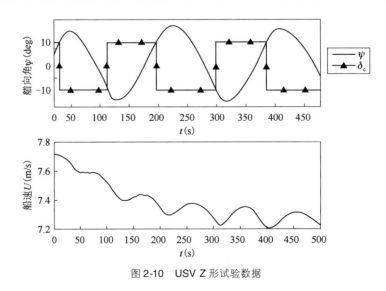

图 2-10　USV Z 形试验数据

使用多新息 LS-SVM 对一阶响应模型进行辨识,并用辨识得到的参数构建 USV 响应模型。为讨论多新息方法对辨识结果的改进效果,选取 LS-SVM 和多新息 LS-SVM 辨识方法分别进行辨识试验。给出参数辨识及操纵预报的结果,从辨识结果的准确性和在线递推收敛性两方面进行分析。

辨识算法最终是为了研究在线辨识算法在 USV 实际航行过程中的有效性,需要进行实船试验来验证。将"智巡 1 号"USV 作为试验对象,用于试验数据的获取及辨识算法的验证。"智巡 1 号"USV 是东湖上的一艘巡航艇,具有远程控制功能,同时也能够实现手动操纵。无人船主控计算机单元为一台工控机,根据传感器采集的信息做出控制决策,由于工控机放置于岸端,因此通过一套分布式通信系统实现船岸间的通信,在船端使用推进装置和电动舵机实现运动控制功能。

USV 上配备定位传感器、姿态测量传感器、摄像头、航海雷达等传感器,能验证辨识算法提供可靠的数据支持。该 USV 的主要参数如表 2-3 所示。

"智巡 1 号"USV 参数　　　　　　　　　　　　　　　　　　　　表 2-3

参数	单位	数值
艇长/宽	m/m	3.98/2.00
型深	m	0.70
设计吃水	m	0.25
质量	kg	1000
最大航速	kn	8
推进器最高转速	r/min	1650

USV 操纵性通常通过回转试验、Z 形试验和制动试验来获取。其中,制动试验可以用来评估制动能力,回转试验能评估回转性。回转性是操纵性能的重要指标之一,也是 USV 在避让、靠离泊和灵活转向等情况下必需的能力之一。但是,从实际操纵 USV 的经验来看,保持满舵操纵且长时间保持的情况并不多,取而代之是以较小的舵角左右不断地操舵。Z 形操纵试验模拟了此种操纵,可以在回转试验的基础上得到 USV 的转艏纠偏能力和方向稳定性。因此,将 Z 形试验作为辨识数据来源。

岸端和船端需要通过通信系统来实现 USV 的控制功能,时间上可能存在一定的延迟,这导致测量数据不够准确。因此,采用手动的方式控制 USV 进行 20°/20°和 10°/10°Z 形试验,其中 20°/20°Z 形试验具体操作如下,10°/10°Z 形试验也同理:

步骤 1:在 USV 按设定的航速进行匀速直线运动的条件下,以此时的艏向角为基准,下舵令快速操舵至右侧 20°,并保持不变。

步骤 2:当 USV 艏向角偏离原方向达到了基准角度右侧 20°时,下舵令匀速操舵至基准角度左侧 20°,并保持舵角不变。

步骤 3:当 USV 艏向角回正并转向相应左侧 20°时,再下舵令匀速操舵至右侧 20°,并保持舵角不变。

步骤4：重复步骤2~3多次并记录传感器采样得到的数据，Z形试验完毕，停止数据记录。

在整个Z形试验过程中，通过传感器采集数据，需要记录USV的舵角、艏向角、航速、航向的离散数据。采集到的舵角和艏向角速度数据如图2-11所示，采样时间为1800s，采样频率为10Hz。

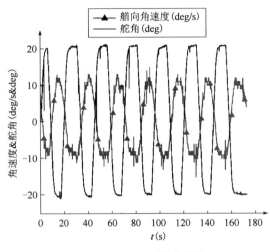

图2-11　USV Z形试验数据

由图2-11可以看出，实船采集到的数据明显没有仿真数据平滑，有些值由于测量噪声的影响偏离了正常的范围，属于离群值。为了得到更精确的辨识结果，需要去除离群值。使用中位数绝对偏差（MAD）法对离群点进行检测，具体做法是：

（1）用以下公式计算出训练数据集的中位数和中位数绝对偏差：

$$\begin{cases} x_{med} = median(x_1, x_2, \cdots, x_n) = \dfrac{x_{\left(\frac{n+1}{2}\right):n} + x_{\left(\frac{n}{2}+1\right):n}}{2} \\ S_{MAD} = b \times median(|x_1 - x_{med}|, \cdots, |x_n - x_{med}|) \end{cases} \quad (2\text{-}77)$$

式中，x_{med}是整组数据的中位数；S_{MAD}是中位数绝对偏差；b是一个与数据正态性假设有关的常数，通常设置为1.4826。

（2）一般情况下，在中位数上下3倍MAD值范围内波动是正常数据，超过3倍MAD值被认为是离群值。以此为条件，对训练数据中的每个数据进行判断，找出离群值。

（3）将离群点从训练数据中剔除，对于剔除位置的数据利用二次插值法将数据修复，最终得到新的训练数据集。

为了验证多新息辨识方法对LS-SVM辨识的改进效果，分别从两个角度进行比较。

（1）比较LS-SVM和基于多新息的LS-SVM的参数辨识效果。使用辨识出的参数值更新模型，获得实时预报结果，艏向角速度的预报结果如图2-12所示。

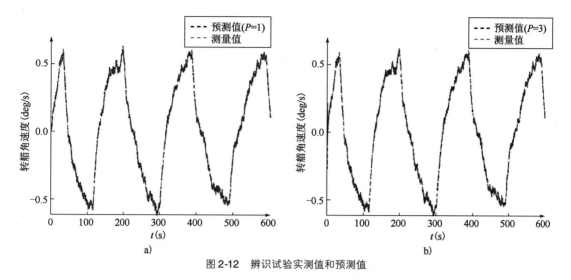

图 2-12 辨识试验实测值和预测值

图 2-12 中,图 2-12a)为新息长度 $P=1$ 时艏向角速度的预测值,即单新息辨识时的预测值,图 2-12b)是新息长度 $P=3$ 时转艏角速度的预测值。

计算测量值和预测值的均方根误差和相关系数,如表 2-4 所示。

测量值和预测值辨识结果　　　　　表 2-4

评价指标	单新息辨识	多新息辨识($P=3$)
RMSE	0.0378	0.0163
R	0.6375	0.8917

从预测图和数值指标来看,多新息辨识方法均优于单新息的辨识方法。具体表现为使用多新息辨识方法时,曲线重合的区域较大,且多新息的辨识方法能够提高算法的准确性,降低预测误差,取得更好的预测结果。

(2)比较不同多新息长度对辨识效果的影响,改变新息长度,分别使用不同的新息长度辨识出的参数,建立实时的 USV 运动方程,并对 USV 运动进行预测,预测结果如图 2-13 所示。

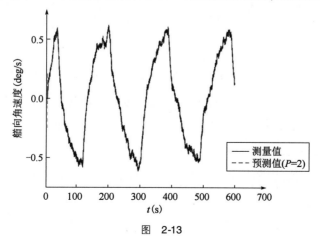

图 2-13

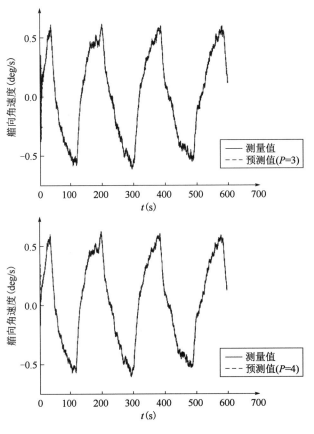

图 2-13 不同新息长度预测值

计算测量值和预测值的均方根误差和相关系数,如表 2-5 所示。

测量值和预测值辨识结果 表 2-5

评价指标	多新息辨识($P=2$)	多新息辨识($P=3$)	多新息辨识($P=4$)
RMSE	0.0154	0.0163	0.0194
R	0.9038	0.8917	0.8651

由图 2-13 可以看出,选取不同的新息长度,影响辨识结果的准确性,但是效果并没有很大的区别。从评价指标来看,数值也比较接近,但是存在新息长度越长辨识效果越好的趋势。在实际使用时,要根据实际情况选取合适的新息长度,以达到最优的辨识效果。

从以上的仿真试验及结果分析可以看出,相较于 LS-SVM 在线辨识算法,基于多新息的辨识算法对 Z 形试验数据的预报误差更小,以此验证了算法在仿真试验中的可行性。但是,算法最终要服务于工程实践,为了验证辨识算法在工程中的适用性,需要使用实船上采集的数据进行辨识分析。

同样,为了验证多新息辨识方法对 LS-SVM 辨识的改进效果,分别从两个角度进行比较。

(1) 首先,比较 LS-SVM 和基于多新息的 LS-SVM 的参数辨识效果,预报结果如图 2-14 所示。

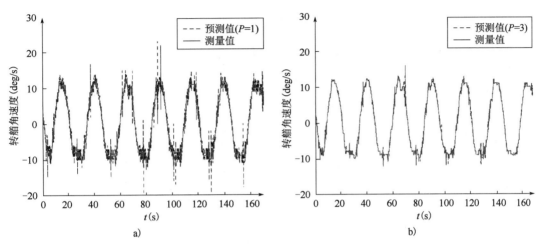

图 2-14　两种辨识算法预报结果对比

图 2-14a) 为新息长度 $P=1$ 时对实船转艏角速度的预测值,即使用单新息辨识方法时的预测值;图 2-14b) 是新息长度 $P=3$ 时对实船转艏角速度的预测值,即使用多新息辨识方法时的预测值。

计算测量值和预测值的均方根误差和相关系数,如表 2-6 所示。

表 2-6　测量值和预测值辨识结果

评价指标	单新息辨识	多新息辨识($P=3$)
RMSE	1.3704	1.3315
R	0.9705	0.9724

(2) 比较不同多新息长度对辨识效果的影响,结果如图 2-15 所示。

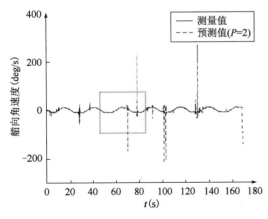
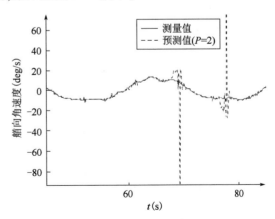

图 2-15

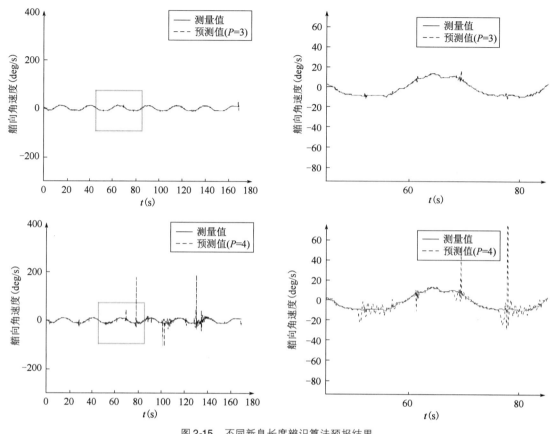

图 2-15 不同新息长度辨识算法预报结果

计算测量值和预测值的均方根误差和相关系数,如表 2-7 所示。

测量值和预测值辨识结果　　　　　　　　　　　　　　　　　表 2-7

评价指标	多新息辨识($P=2$)	多新息辨识($P=3$)	多新息辨识($P=4$)
RMSE	2.4524	1.3315	1.4901
R	0.9607	0.9724	0.9688

在实际工程使用中,由于 USV 在运动过程中会受到风、浪、流因素的影响,且传感器自身也存在一定的误差,导致采集到的数据十分不平滑,存在比较多的离群点,不对这些值进行处理就会导致辨识结果欠佳。多新息辨识方法利用了历史数据,相比单新息的辨识方法鲁棒性更高,预报的结果也更加准确。

(4) 改进 MI-LSSVR 法的实现

支持向量回归机在辨识中,由于采取损失函数,训练模型对数据中的噪声异常敏感,只有在噪声符合高斯噪声的要求时,才能够得到问题的无偏估计。然而,在实际的 USV 运动过程中,噪声不会服从于某一规律。因此,需要使用鲁棒损失函数来提高支持向量机抗干扰的能力。本节分别采用改进 MI-LSSVR 法和原始的方法对 USV 运动响应型模型进行辨识,通过对比辨识的效果,来说明改变损失函数对于支持向量机抵抗干扰和异常值能力的改变。

为了验证辨识算法的可行性,使用仿真数据进行辨识。同样,使用10°/10°Z形试验来获取试验数据,使用上一节中相同的方法加入噪声。同时,为了体现新的算法对于离群点的处理效果,并验证算法的鲁棒性,向数据中随机地加入离群值,加入离群值的数据如图2-16所示。

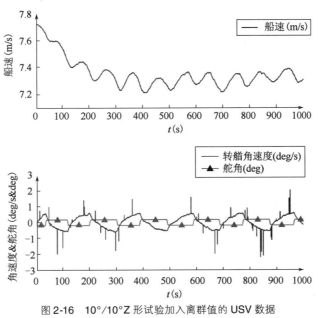

图2-16　10°/10°Z形试验加入离群值的USV数据

在转艏角速度的数据中加入了若干个离群值,在不进行数据预处理的情况下,使用改进MI-LSSVR法对USV运动模型参数进行辨识,验证算法处理离群值的能力,并证明算法具有比改进前更好的鲁棒性。实船采集的数据在不经过预处理的情况下,受传感器的测量误差和试验环境干扰的影响,记录的USV数据中本身就存在离群值,未经数据预处理的20°/20°Z形试验数据如图2-17所示。

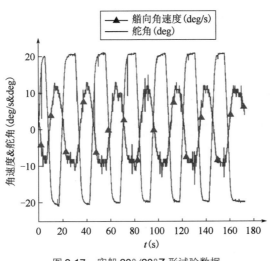

图2-17　实船20°/20°Z形试验数据

艏向角速度和舵角中均存在离群值,在实际使用中无法通过传统的方式进行数据的预处理,需要在线辨识的算法具有离群值的处理能力。使用改进的多新息鲁棒最小二乘支持向量机对 mariner 船模的响应型运动模型进行在线辨识,USV 操纵的过程持续 800s,采样频率为 10Hz。根据辨识结果实时建立 USV 响应型运动模型,并预测转艏角速度。

使用上一节方法向试验数据中添加了噪声干扰,并加入了离群值构成试验数据,使用多新息 LS-SVR 方法对 USV 运动模型进行辨识,新息长度 $P=3$,作为对照组,预测结果如图 2-18 所示。

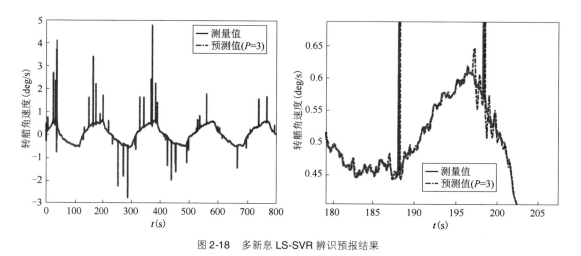

图 2-18 多新息 LS-SVR 辨识预报结果

从预测结果来看,由于离群值的加入,辨识的参数结果发生了很大的变化,从而构建了不合理的 USV 运动模型,并导致预测结果出现很大的偏差。下面使用改进的辨识方法对这组数据进行辨识。为了找到最适合的新息长度,分别选取新息长度 $P=2,3,4$ 进行在线辨识,得到图 2-19 所示结果。

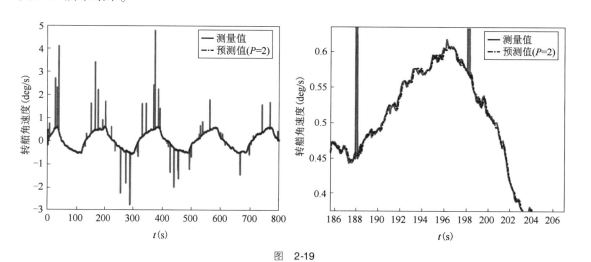

图 2-19

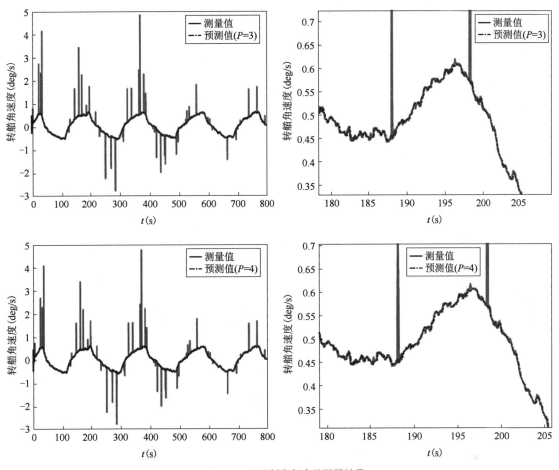

图 2-19 不同新息长度的预报结果

在添加了离群点的数据处,预测值没有产生很大的偏差,说明改进的辨识算法基本不受离群值的影响,可以预测出比较精确的数值,具有较好的鲁棒性。下面通过计算测量值和预测值的均方根误差和相关系数来比较不同新息长度对辨识效果的影响,如表 2-8 所示。

不同新息长度辨识结果　　　　　　　　　　表 2-8

评价指标	多新息辨识($P=2$)	多新息辨识($P=3$)	多新息辨识($P=4$)
RMSE	0.00799	0.01031	0.01398
R	0.99953	0.99901	0.99816

通过比较原始方法与改进的方法辨识结果的均方根误差和相关系数得出,改进方法能够提高辨识算法的准确性,并且具有很好的鲁棒性。

为了验证改进的方法在实际工程中的可行性,使用改进的多新息鲁棒最小二乘支持向量机对实船的响应型运动模型进行在线辨识,使用在线辨识的参数建立 USV 运动模型,并对转艏角速度进行预测,整个过程持续 1800s。同时为了找到最适合的新息长度,分别选取新息长度 $P=2,3,4$ 进行在线辨识,得到图 2-20 所示预测结果。

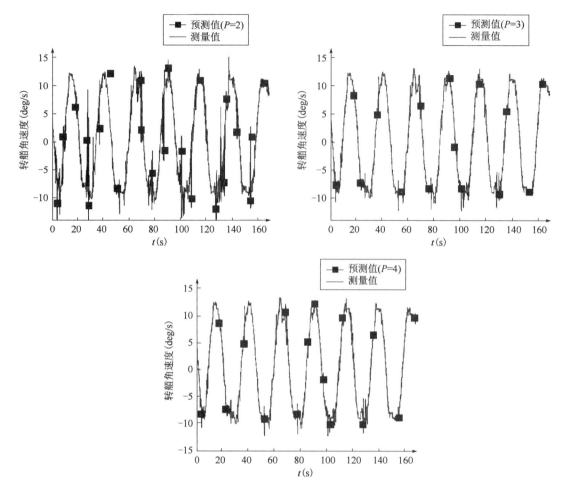

图 2-20 不同新息长度预报结果

实船中记录数据的离群值对于辨识结果的影响,通过该算法可以大大降低。测量值和预测值的均方根误差和相关系数如表 2-9 所示。

不同新息长度辨识结果　　　　　　　　　　　　　　　　　　表 2-9

评价指标	多新息辨识($P=2$)	多新息辨识($P=3$)	多新息辨识($P=4$)
RMSE	1.79399	0.88498	0.89363
R	0.95003	0.98756	0.98732

从表 2-9 和图 2-20 能够看出,当新息长度取值 $P=3$ 时,均方根误差最小且相关系数最大,此时的辨识误差小且相关度高,辨识效果最好。

2.2.3　事件触发机制法应用于水面无人艇操纵运动模型辨识

上述 USV 运动模型的辨识都是基于算法的计算速度能够与采样频率相匹配的基础上提出的,即在采样的间隔时间内辨识算法的程序就能够完成计算。这是一种理想且易于实现的情况,但没有考虑实际中的硬件条件和环境干扰。在实际使用时,由于硬件限制和噪声干扰等影响,会发生与理想状态下不同的情况。显然,采样频率并不是越高越好。采样频率过高,会造成运算中的矩阵规模增大,从而增加辨识算法耗时,在实际应用中对系统硬件提出更高的要求,甚至由于计算不及时而增加辨识的误差。

因此,辨识的频率不用与采样频率保持一致,而是选取基于实时测量数据,分析实时量测数据中所反映出的模型参数变化,判断是否有必要进行模型参数的更新,以及何种驱动模型参数更新的方式更为合理。这种辨识机制可以称为基于事件触发的辨识机制。

(1)事件触发机制法的理论基础

将事件触发机制运用到 USV 运动模型参数辨识时,需要对机制进行提前设定。对于不同系统和不同精度需求,事件触发的条件会有所不同。事件触发在线辨识机制的设定,主要需要考虑两个方面,一是参数何时需要更新,即对象发生何种变化时需要对参数进行更新,应该对哪些指标进行考量;二是如何更新指标的阈值。

对于 USV 航行而言,为了使用最少的能量、最短的时间到达目的地,驾驶人员总是力求使 USV 以一定的速度保持直线航行。只有在预定的航线上遇到其他 USV 或障碍物时,驾驶人员才需及时改变 USV 航向或航速。因此,USV 的运动状态通常不会有大幅度的改变,只是小幅度地左右操舵。

根据船舶弗劳德数(Froude number,Fr),可以将 USV 的运动状态划分为三种。F_r 计算公式如下:

$$F_r = \frac{U}{\sqrt{gL}} \tag{2-78}$$

式中,U 为 USV 航速;g 为重力加速度;L 为船长。可以看出,对于同一艘 USV 来说,F_r 数值大小主要与航速有关,而在 USV 驾驶的过程中航速不会恒定。同时,舵角的改变会对 USV 的航向等产生影响。

下面以两组仿真试验来说明船速和舵角变化对 USV 响应型模型参数的影响,分别通过改变 USV 的操舵角和航速来获取试验数据,使用最简单的最小二乘法对 USV 数学模型的参数进行辨识。

对于 mariner 船模分别做操舵角为 5°、8°、10°、15°、17°、20°、25°、30°、35°,改舵角为 20°的 Z 形试验,记录 1000s 的数据,采样频率为 10Hz。目的是探究操舵角变化对 USV 响应模型的影响。同样地,记录 USV 运动中的舵角、艏向角速度和船速的离散数据,采集到的艏向角和舵角数据如图 2-21 所示。

使用采集到的数据作为训练数据,运用最小二乘法分别对不同操舵角下的 K、T 值进行辨识,结果如图 2-22 所示。

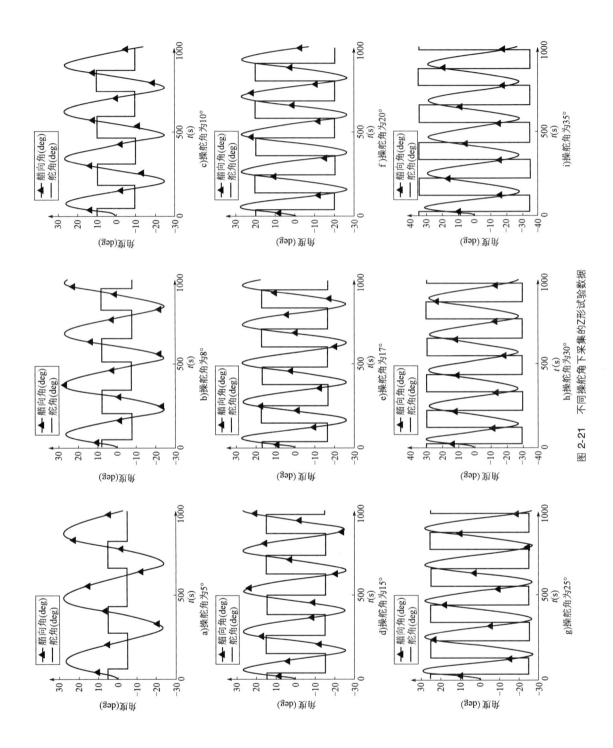

图 2-21 不同操舵角下采集的Z形试验数据

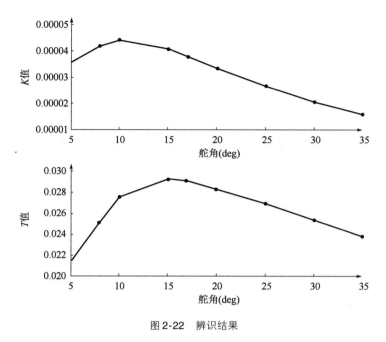

图 2-22 辨识结果

由图 2-22 可以看出,随着操舵角的增大,K 和 T 的值都呈现一个先增大再减小的趋势。

对于 container 船模,改变 USV 速度做 $10°/25°$ 的 Z 形试验。在仿真中,改变 USV 的速度即改变螺旋桨转速,从 50r/min 开始,以 10r/min 为一个步长增加到 140r/min。目的是为了探究船速对 USV 运动响应型模型的影响。记录 USV 运动中的舵角、艏向角速度和船速的离散数据,采集到的艏向角和舵角数据如图 2-23 所示。

将采集到的数据作为训练数据,运用最小二乘法分别对不同螺旋桨转速下的 K、T 值进行辨识,辨识结果如图 2-24 所示。

由图 2-24 可以看出,不同的船速也会对 K、T 值产生较大的影响。随着船速的增加,T 值先增大后下降。

综上所述,舵角和船速都会对 USV 的运动响应型模型造成比较大的影响,因此将船速和舵角作为事件触发辨识策略的触发指标。在 USV 航行的过程中,仅当船速或舵角的变化超出一定的范围时,对 USV 的操纵性参数进行辨识计算,更新 USV 运动模型,优化控制决策。

将事件触发的辨识策略设定为:在每一采样时刻都计算此时的船速和舵角与上一时刻之差,以差值是否大于设定值作为参数辨识的触发条件。例如,在 k 时刻,船速为 U_k,舵角为 δ_k,触发条件如下:

$$\begin{cases} \Delta U_k = \mathrm{abs}(U_k - U_{k-1}) > U_{\mathrm{set}} \\ \Delta \delta_k = \mathrm{abs}(\delta_k - \delta_{k-1}) > \delta_{\mathrm{set}} \end{cases} \quad (2\text{-}79)$$

式中,U_{set}、δ_{set} 为设定的阈值;abs 表示取绝对值。

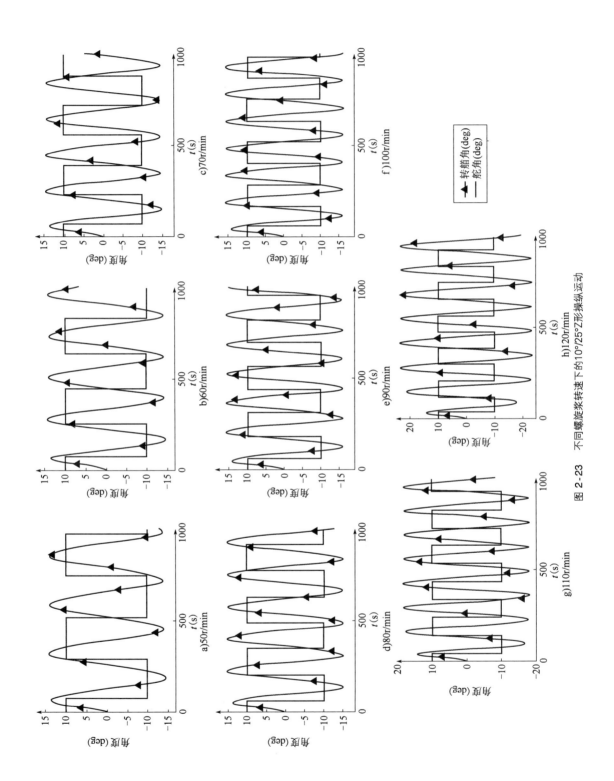

图 2-23 不同螺旋桨转速下的10°/25°Z形操纵运动

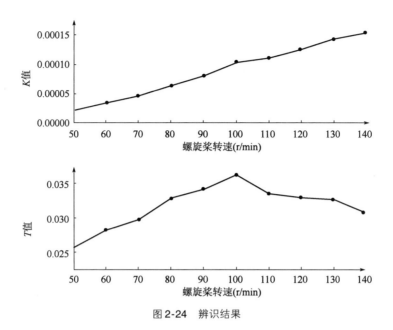

图 2-24　辨识结果

事件触发机制中采用的 U_{set} 和 δ_{set} 阈值设置有静态的事件触发机制和动态的阈值设定机制两种方式。静态的事件触发机制预先设置一个常量作为事件触发的阈值，当触发函数超过设定的静态阈值便产生一个新的事件。这种方式物理含义明显，且设计过程简便，但是静态阈值设定方式需要提前设置阈值，对先验知识具有一定的依赖性，不能适应系统的实时变化，尤其是变化较大的系统更为明显。因此，在静态阈值的基础上产生了动态的阈值设定机制，即根据系统的变化情况来动态调整阈值，这种方式具有更加广阔的应用前景。

将事件触发的辨识策略应用到 USV 运动响应型模型辨识中，结合多新息鲁棒支持向量机算法，设计基于事件触发的辨识算法。根据上一节所述，将基于事件触发的 USV 响应型运动模型的在线辨识步骤归纳如下：

步骤1：初始化。设置事件触发机制，即设定阈值。对辨识算法进行初始化，设定算法中的可调节参数，结合历史数据设置合适的初值和 USV 响应型模型。

步骤2：触发条件的判定。使用 USV 响应型模型和实时采集的数据，预测 USV 未来的运动数据，并通过事件触发机制中的判断机制来决定是否重新辨识。若被触发则需要对参数重新辨识，进入步骤3，否则重复步骤2。

步骤3：参数辨识。启动在线辨识算法对 USV 响应型运动模型进行辨识，得到参数的估计值。合理评估参数的估计值，避免使用异常的训练数据而辨识产生异常的参数。

步骤4：建立新的模型。使用重新辨识得到的参数，建立新的 USV 运动模型，并返回步骤2。

(2) 事件触发机制法的实现

为了验证事件触发机制在 USV 辨识领域的可行性，设计 USV Z 形试验获取试验数据。选取部分试验数据作为训练数据集,应用基于事件触发的辨识算法对 USV 一阶非线性响应型模型进行辨识。通过比较实测值和预测值的误差,评判算法的使用效果,说明事件触发策略对计算资源的影响。

使用 mariner 船舶模型,开展设计航速下 10°/10°Z 形试验,将采集到的数据作为基于事件触发的在线辨识建模的数据来源。为了更加贴合 USV 实际运动情况,在采集的数据中加入噪声干扰。应用辨识得到的响应模型参数,构建实时变化的 USV 运动数学模型,预报 USV 转艏角速度,并与实测数据对比,验证所提出的辨识算法的有效性。

为了验证基于事件触发的辨识策略的效果,分别采用多新息 LS-SVR 和基于事件触发的多新息 LS-SVR 对 USV 一阶非线性响应模型进行参数辨识。同时,为了找到最合适的新息长度,辨识中分别取新息长度 $P=1,2,3,4$。其中,新息长度 $P=1$ 时,等同于单新息的辨识。根据天牛须算法寻优的结果,惩罚因子选取为定值,即 $C=10$。使用基于事件触发的多新息 LS-SVR 辨识的参数,预测结果如图 2-25 所示。

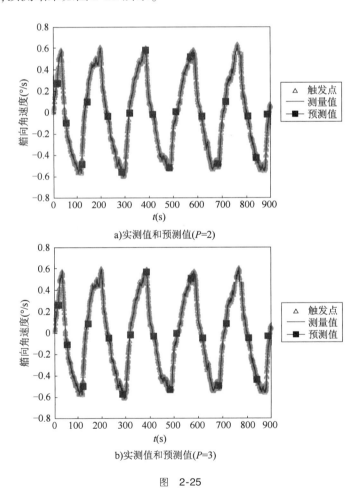

图 2-25

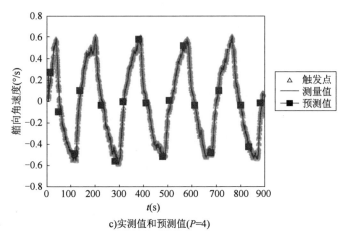

c）实测值和预测值（$P=4$）

图 2-25 基于事件触发的多新息 LS-SVR 辨识结果

通过计算预测值和实测值之间的均方根误差 RMSE 和相关系数 R 来说明辨识方法的可行性，并分别计算两种辨识方法下的辨识率。辨识率按式（2-80）计算：

$$辨识率 = \frac{需要重新辨识的数据点个数}{训练样本的长度} \times 100\% \quad (2\text{-}80)$$

计算结果如图 2-26 所示，辨识率的数值标于柱状图之上。

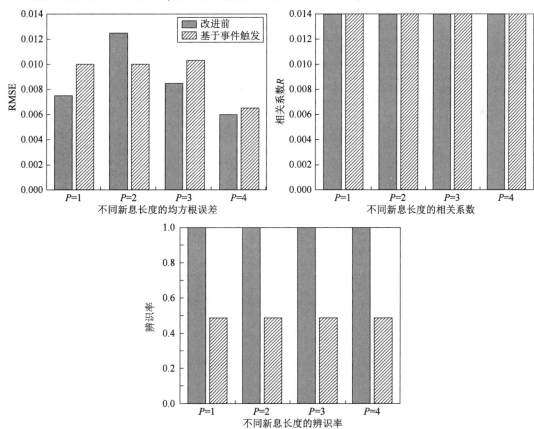

图 2-26 辨识效果评价指标

从图 2-26 中可以看出,多新息的在线辨识方法能够得到较为准确的 USV 操纵性运动模型,进而得到较为准确的预测值。随着新息长度的增加,预测结果的均方根误差(RMSE)的值有所降低,而相关系数(R)一直处于接近 1 的状态,新息长度为 4 时辨识的效果最好。这说明多新息的辨识方法能够提升支持向量机的准确性。

通过对比基于事件触发的辨识方法和未使用事件触发的辨识方法可以说明,使用事件触发的辨识方法对计算精度有一定的影响,但是这种影响在允许的范围之内。通过比较辨识率,可以看出事件触发的辨识方法能够降低一半以上的辨识计算,在很大程度上节省了计算量。

为了验证基于事件触发的辨识算法在实际工程中的可行性,使用"智巡 1 号"USV 作为试验对象,进行 20°/20°Z 形试验。采样频率为 10Hz。为了寻找最适合的新息长度,分别取 $P = 2, 3, 4$ 进行辨识,结果如图 2-27 所示。

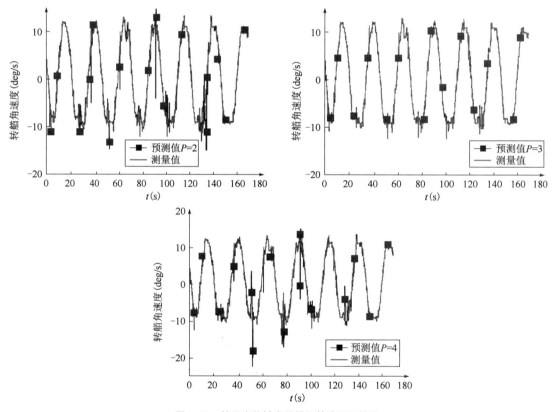

图 2-27 基于事件触发的辨识算法预测结果

通过计算预测值和测量值之间的均方根误差 RMSE 和相关系数 R 来说明辨识方法的可行性,分别计算两种辨识方法下的辨识率,结果如柱状图如图 2-28 所示。

从辨识结果可以看出,当新息长度 $P = 3$ 时,算法辨识效果最好。通过应用事件触发的辨识机制,可以减少一半以上的辨识计算,节约了计算资源。

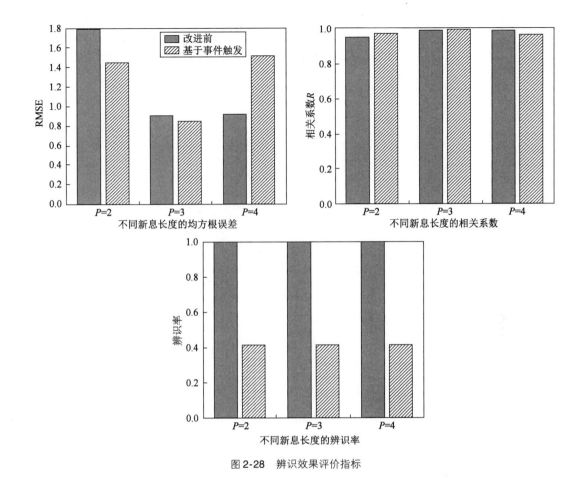

图 2-28 辨识效果评价指标

2.2.4 RLS 法在水面无人艇操纵运动模型辨识的应用

(1) RLS 法的理论基础

最小二乘法是基础的辨识建模算法,结构简单,应用广泛,但因存在过拟合、计算量较大等问题,实践应用受到限制。因此,可以提出利用递推最小二乘法来避免矩阵求逆,进行在线辨识,利用新息误差对上一时刻的估计值进行反复修正,从而提高辨识的精确度以及收敛速度。一般来讲,USV 离线辨识的数据来自标准操纵性试验,数据质量较高,保证了辨识结果的精度。但 USV 在实际水上环境上并不会按照操纵性辨识试验操作运行,且受外界干扰较大,此时 USV 自身模型参数也会发生变化,导致离线辨识的模型参数将不再适用。递推最小二乘法是一种常用在线估计方法,具有算法简单、易于理解、计算量少等优点。递推最小二乘法对 USV 的航向航速响应型模型进行辨识的整体流程如图 2-29 所示。

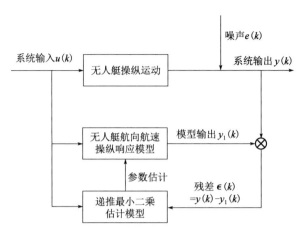

图 2-29 基于 RLS 的 USV 操纵响应模型辨识流程图

假设存在一个单输入单输出系统，其最小二乘格式如下：

$$y(k) = \delta^{\mathrm{T}}(k)\theta + e(k) \tag{2-81}$$

式中，$\delta^{\mathrm{T}}(k)$ 为输入输出的观测向量表达：

$$\delta^{\mathrm{T}}(k) = [-y(k-1), -y(k-2), \cdots, -y(k-n_a), u(k-d), u(k-d-1), \cdots, u(k-d-n_b)]$$

$e(k)$ 为噪声，θ 为需要辨识的参数向量集，θ 表示为：

$$\theta = [a_1, a_2, \cdots, a_{n_a}, b_0, b_1, \cdots, b_{n_b}]^{\mathrm{T}} \tag{2-82}$$

对观测到的数据进行初步估计，其中观测数据为 $\{y(i), u(i): i = 1, 2, \cdots, N, N \geqslant n_a + n_b + 1\}$

对辨识的参数 θ 的估计值为 θ^*，第 k 次的模型估计值与实测值之间的偏差可以表示为残差 $\epsilon(k)$：

$$\epsilon(k) = y(k) - \delta^{\mathrm{T}}(k)\theta^* = \delta^{\mathrm{T}}(k)(\theta - \theta^*) + e(k) \tag{2-83}$$

构建目标函数 J：

$$J = \sum_{k=1}^{\infty} \epsilon^2(k) = \sum_{k=1}^{\infty} [y(k) - \delta^{\mathrm{T}}(k)\theta^*]^2 \tag{2-84}$$

假设：

$$\begin{cases} y = [y(1), y(2), \cdots, y(N)]^{\mathrm{T}} \\ \delta = [\delta^{\mathrm{T}}(1), \delta^{\mathrm{T}}(2), \cdots \delta^{\mathrm{T}}(N)]^{\mathrm{T}} \\ e = [e(1), e(2), \cdots, e(N)]^{\mathrm{T}} \\ \epsilon = [\epsilon(1), \epsilon(2), \cdots, \epsilon(N)]^{\mathrm{T}} \end{cases}$$

目标函数可以改写为：

$$J = (y - \delta\theta^*)^{\mathrm{T}}(y - \delta\theta^*) \tag{2-85}$$

满足 $J(\theta)$ 最小值的估计值 θ 记为 θ_{LS}^*，并且称 θ_{LS}^* 为参数 θ 的最小二乘估计值。利用极值法可以得到：

$$\theta_{\mathrm{LS}}^* = (\delta^{\mathrm{T}}\delta)^{-1}\delta^{\mathrm{T}}y \tag{2-86}$$

以上是最小二乘法一次完整估计参数的计算,但具体使用时会出现占用内存的问题,也不能用于在线辨识。由于 USV 在航行过程中模型参数是时变的,因此需要在线辨识来重新估计参数。递推最小二乘法的优势在于不需要储存所有相关的数据,取得一次观测值后,估计出当次的估计值,每次估计值都在上次的估计值上进行更新,所需的计算量和内存都较小,能实现在线辨识。

递推最小二乘法的公式如式(2-87)所示:

$$\begin{cases} P(k) = P(k-1) - K(k)\delta^{\mathrm{T}}(k)P(k-1) \\ K(k) = P(k-1)\delta(k)[\delta^{\mathrm{T}}(k)P(k-1)\delta(k)]^{-1} \\ \theta^*(k) = \theta^*(k-1) + K(k)[y(k) - \delta^{\mathrm{T}}(k)\theta^*(k-1)] \end{cases} \quad (2\text{-}87)$$

为获取 USV 响应模型的控制方程,假设系统采样时间为 Δt,为得到艏摇角速度 r 的控制方程,利用前向差分方式将 USV 的微分方程离散化,将式(2-24)中艏向角 ψ 去除,可得到:

$$r(k+1) = \left(1 - \frac{1}{T}\right)r(k)\Delta t - \frac{K}{T}\delta_{\mathrm{r}}(k)\Delta t \quad (2\text{-}88)$$

对于 USV 前进运动响应模型的建立,其关系如式(2-89)所示:

$$\dot{u} = a_u u + b_u T_m \quad (2\text{-}89)$$

即建立纵荡运动中加速度与推力之间的直接关系,式(2-89)中:$a_u = \dfrac{X_u}{m - X_{\dot{u}}}$、$b_u = \dfrac{1}{m - X_{\dot{u}}}$,其中 $T_m = X_T \delta_r$ 为无人艇受到推力的纵向分解量。

同理,为了获取前进速度控制方程,将式(2-89)所示的前向速度模型离散化处理,得到:

$$u(k+1) = (1 + a_u)u(k)\Delta t + b_u \delta_{\mathrm{T}}(k)\Delta t \quad (2\text{-}90)$$

运用式(2-90)辨识出各响应模型中需要辨识的参数后,即可得到 USV 操纵运动响应模型。

(2) RLS 法的实现

以"智巡 1 号"USV 为研究对象,为辨识式(2-90)所示的 USV 前进速度响应模型,设计了不同工况下的 5 组直行加速试验。试验步骤如下:

①USV 处于安全水域状态后,将舵角 δ_r 设置为 0°,油门 δ_T 设置为 0。

②油门 δ_T 的输入信号指令在 −127~127 之间,令油门每秒从 0 加 10,直至达到试验所需油门,保持该油门输入,直到 USV 前进速度稳定,油门信号输入设定分别为 50、70、90、100、127。

③速度达到稳定状态后匀速行驶 30s,记录相关数据,包括油门指令、螺旋桨转速、USV 前进速度等,并停止试验。

图 2-30 为"智巡 1 号"USV 在油门指令 50 的状态下速度模型预测值及实测值对比图。

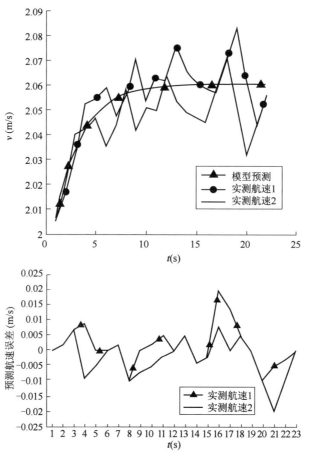

图 2-30　油门指令 50 下速度模型预测值及实际值的对比

前进速度响应模型中并未考虑外界环境的干扰,"智巡 1 号" USV 在实际航向过程中,受到东湖水域风及流的影响下建立的模型会存在一定的误差。从上述的试验结果得出,辨识得到的前进速度响应模型预测值与实测值间的平均偏差在 1.5% 左右,即该模型即使在不确定干扰下依旧能较好地反应 USV 前进运动特性。

表 2-10 显示了不同油门指令对应的螺旋桨转速及递推最小二乘法辨识的模型参数结果。

航速模型参数辨识结果　　　　　　　　　　　　　　　　　表 2-10

油门指令/转速(r/min)	稳定航速(m/s)	参数 a_u	参数 b_u
50/730	2.0	-0.3719	0.0154
70/1015	2.4	-0.4348	0.0151
90/1245	2.7	-0.6588	0.0196
100/1360	2.8	-0.8152	0.0229
127/1650	3.1	-0.6574	0.0223

为辨识出 USV 转舵响应模型,代表性的试验有定常回转试验以及 Z 形操舵试验。因一种试验辨识 K、T 值时容易出现参数相消等问题,本节基于两种不同的试验对 K、T 方程中的参数

进行辨识。根据 K、T 值不同的特性,利用回转试验辨识 K 值,利用 Z 形试验辨识 T 值。设计 USV 定常回转试验步骤如下:

①USV 达到安全水域后,从静止状态开始试验,并记录相关数据(航速、艏向角速度、舵角、螺旋桨转速等),首先令舵角 $\delta_r = 0°$,给 USV 固定的油门指令(50,60,80,100)直到 USV 速度反馈为匀速直线运动,并保持 10s 运行。

②USV 匀速运动 10s 后,持续发送舵角指令为 $\delta_r = \delta_r + 5°$,直到舵角达到当次舵角指令上限。

③USV 以当前舵角完成两圈半及以上的回转试验后,结束当次试验并返回步骤②;增加舵角指令上限,若舵角上限为 $\delta_r = 30°$,则结束当前油门指令下的回转试验。

本节采用递推最小二乘法辨识舵指数 K 值,不同航速情况下 K 值的辨识结果如表 2-11 所示,K 值反映的是 USV 旋回特性,即当前舵角引起的 USV 艏摇角的变化速度。随着舵角的增大,表中 K 值的变化符合当前 USV 的回转特性。

"智巡 1 号"USV K 值辨识结果　　　　表 2-11

舵角(°)		油门指令(0~127)			
		50	60	80	100
10	航速(m/s)	1.942	2.112	2.378	2.671
	角速度(°/s)	8.162	8.509	10.523	13.059
	应舵指数 K	-0.556	-0.603	-0.741	-0.840
20	航速(m/s)	1.703	1.770	2.142	2.391
	角速度(°/s)	13.293	14.452	17.148	19.435
	应舵指数 K	-0.451	-0.485	-0.560	—
25	航速(m/s)	1.544	1.695	2.059	2.265
	角速度(°/s)	16.491	18.742	21.302	22.344
	应舵指数 K	-0.434	-0.401	—	—
30	航速(m/s)	1.335	1.619	1.824	2.127
	角速度(°/s)	20.493	22.032	23.964	27.165
	应舵指数 K	-0.420	-0.330	—	—

USV 在实际的航行过程中,不会以固定舵角进行回转操纵,大部分运动都是小角度的操舵微调,使得 USV 在当前航线上正常行驶。因此,有学者提出用 Z 形试验来衡量 USV 操纵性能,分析 Z 形试验的结果会更符合实际,且 USV 艏向稳定性极为重要,基于此设计 10°/35°、20°/35°、30°/35°、10°/10°,或者 35°/35°不同舵角情况下的 Z 形操舵试验。以左右舵角 10°、左右艏向角偏离 35°为例,设计其试验步骤为:

①USV 达到安全水域后,从静止状态开始试验,并记录相关数据(航速、艏向角速度、舵角、螺旋桨转速等),首先令舵角 $\delta_r = 0°$,给 USV 固定的油门指令(60,80)直到 USV 速度反馈

为匀速直线运动,并保持 10s 运行。

②USV 匀速运动 10s 后,发送 $\delta_r = 10°$ 的指令,待艏向偏离至右舷 35°时,发送 $\delta_r = -10°$ 的舵角指令;待艏向偏离至左舷 35°时,再发送 $\delta_r = 10°$ 的舵角指令,如此重复;

③按步骤 2 重复,使得 USV 偏离左右 35° 5 次及以上后,发送 $\delta_r = 0°$,并停止试验。

同样采用递推最小二乘法辨识 T 值,表 2-12 显示了在不同航速下,追随指数 T 值的辨识结果。一般定义为当达到艏向偏转位置后进行反舵操纵,该时刻的最大艏摇角速度越小,USV 操纵性特性越好。

"智巡 1 号"USV T 值辨识结果   表 2-12

油门/航速(m/s)	舵角/艏向角			
	10°/35°	20°/35°	30°/35°	10°或 35°/35°
60/2.154	0.045	0.064	0.145	0.294
80/2.464	0.173	0.038	0.555	0.530

经过回转试验和 Z 形试验后,采取油门指令相同时 USV 辨识出的 K、T 值作为 K、T 方程中参数的值,如图 2-31 及表 2-13,油门指令为 60 的情况下(此时速度为 2m/s 左右),"智巡 1 号"USV K、T 方程模型输出以及实际测量值的对比情况。

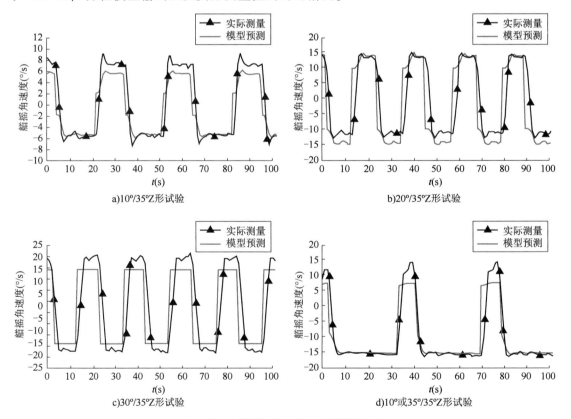

图 2-31 Z 形试验实际测量与模型输出对比

稳定阶段模型预测值与实船测量值 RMSE　　　　　　　　　表 2-13

平均指标	试验类型			
	10°/35°	20°/35°	30°/35°	−10°或35°/35°
RMSE	2.54	3.61	2.32	1.79

从图 2-32 和表 2-13 可以看出，USV 的模型预测值与实际测量值存在一定的误差。这是由于"智巡 1 号"的转舵系统是电推杆，为了考虑机械耐用性，防止频繁打舵造成机械磨损过快，在舵角 0°附近设置了死区，导致其转舵操纵并不流畅，但辨识出的 K、T 方程仍能较为准确地描述"智巡 1 号"USV 在实际航行中艏向角动态响应特性。

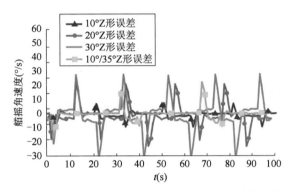

图 2-32　油门指令 60 的情况下 Z 形试验艏摇角速度误差

2.2.5　PSO 法的实现

(1) PSO 法的理论基础

粒子群优化算法(Particle Swarm Optimization, PSO)是一种基于群体的优化方法。每一次计算中，粒子都计算出自己的适应度及相应的局部最佳位置 pbest_i，然后找出最优适应度的那个个体的局部最佳位置作为当前的全局最优解 gbest_i，每个粒子根据全局最优解调整自己的速度和位置，并开始下一轮迭代。

粒子的速度和位置更新规则如下：

$$v_{i+1} = \omega |v_i| + c_1 \text{rand}(\cdot)(\text{pbest}_i - x_i) + c_2 \text{rand}(\cdot)(\text{gbest}_i - x_i) \tag{2-91}$$

$$x_{i+1} = v_i + x_i \tag{2-92}$$

式中，v_i 表示粒子当前速度；x_i 表示粒子当前位置；c_1、c_2 是学习因子；ω 称为惯性因子，粒子寻优能力与其成正比，且是动态变化的，更新策略如下所示：

$$\omega_t = \frac{(\omega_{\text{ini}} - \omega_{\text{end}})(G_k - g)}{G_k} + \omega_{\text{end}} \tag{2-93}$$

式中，ω_{ini} 为初始惯性因子；ω_{end} 为迭代到最大代数时的惯性因子；G_k 为最大迭代次数。

为了辨识未知参数，将 USV 输入输出量改写为：

$$\dot{x} = Ax + B\delta \tag{2-94}$$

式中，$x = [u \quad \beta \quad \psi \quad r]$；$\delta = [\delta_T \quad \delta_r]$，$\delta_T$ 和 δ_r 分别为油门与舵角输入量。A、B 可以表述为：

$$\begin{cases} A = \begin{bmatrix} a_u & 0 & 0 & 0 \\ 0 & a_\beta & 0 & b_\beta \\ 0 & 0 & 0 & 1 \\ 0 & 0 & 0 & a_r \end{bmatrix} \\ B = \begin{bmatrix} b_u & 0 \\ 0 & 0 \\ 0 & 0 \\ 0 & b_r \end{bmatrix} \end{cases}$$

设由带辨识参数组成的向量 $p = [A_{11} \quad A_{22} \quad A_{24} \quad A_{44} \quad B_{11} \quad B_{42}]^T$，则参数辨识问题可以被定义为寻找出一个最优向量 p_{best}，使得适应度值最优。适应度函数的计算公式如下：

$$J(p) = \sum_{i=1}^{N} \frac{1}{2} (x_i - \tilde{x}_i)^T (x_i - \tilde{x}_i) \tag{2-95}$$

式中，x_i 是测量获得的 USV 实际航行状态数据；$\tilde{x}_i$ 是由采用欧拉法积分生成的模型输出数据，计算公式如式(2-96)所示：

$$x(k+1) = Ax(k)\Delta t + B\delta(k)\Delta t \tag{2-96}$$

式中，Δt 为采样时间间隔。

(2) PSO 法的实现

弗劳德系数 F_r 是进行船模试验的一个重要参数。当弗劳德系数 $F_r < 0.4 \sim 0.5$ 时，USV 受到的重力与浮力平衡，此时 USV 处于排水航行状态。当弗劳德系数 $F_r > 1.0 \sim 1.2$ 时，USV 受到重力与水动升力平衡，此时 USV 处于全滑行状态。当弗劳德系数 F_r 介于中间值时，USV 受到重力由浮力和水动升力共同平衡，此时 USV 处于半滑行状态。"小虎鲸"号 USV 被设计为一条滑行艇，最大航速可达 25kn，通常情况下可在这三种状态工作。因此，在设计实船试验时，必须考虑这三种不同航行状态对操纵响应模型的影响。"小虎鲸"号 USV 在三种不同航行状态下的临界速度值如表 2-14 所示。

"小虎鲸"号 USV 三种不同航行状态　　　　表 2-14

航行状态	弗劳德系数 F_r	对应船速 u(m/s)
排水状态	$F_r < 0.4 \sim 0.5$	$u < 3.80$
全滑行状态	$F_r > 1.0 \sim 1.2$	$u > 7.59$
半滑行状态	$0.4 \sim 0.5 < F_r < 1.0 \sim 1.2$	$3.80 \leq u \leq 7.59$

为验证速度模型的可行性，以"小虎鲸"号 USV 为研究对象，设计了不同工况下的 7 组直航试验。试验步骤如下：

①选定一个安全的方向,将舵角 δ_r 设置为 $0°$,油门 δ_T 设置为 0。
②令 $\delta_T = \delta_T + 0.1$,直到速度稳定。
③若油门没有饱和,返回第二步,否则返回第一步并结束试验。

试验当天环境条件为东南风 3 级左右,浪高约为 $10 \sim 20\text{cm}$。图 2-33 ~ 图 2-35 分别为"小虎鲸"号 USV 在排水航行、半滑行航行与全滑行航行时的实测航速与模型输出航速。

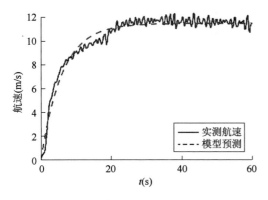

图 2-33 排水航行实测与仿真对比　　图 2-34 半滑行航行实测与仿真对比

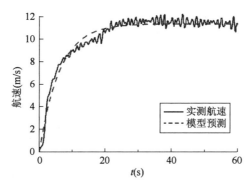

图 2-35 全滑行航行实测航速与模型输出航速对比

"小虎鲸"号 USV 在航行过程中不可避免地会受到风、浪、流的干扰,所建立的模型也不可能完全准确地反映航速变化规律,因此通过系统辨识得到的模型输出与实际系统输出会存在一定的偏差。表 2-15 显示了在三种不同航行状态下,航速模型预测值与实船测量值间的平均偏差。

航速模型预测值与实船测量值平均偏差　　表 2-15

平均指标	航行状态		
	排水航行	半滑行航行	全滑行航行
平均偏差	1.4%	1.6%	5.7%

从试验结果可以看出,一阶速度模型及通过 PSO 算法离线辨识得到的模型参数,基本能够反映出系统的动态特性,能够代表"小虎鲸"号的实际航速模型。表 2-16 显示了油门开度及与之对应的稳定航速、航速模型参数的辨识结果。

航速模型参数辨识结果　　　　　　　　　　　　　表 2-16

油门开度(%)	稳定航速(m/s)	参数 a_u	参数 b_u
10	1.4	−0.0967	1.3579
20	2.0	−0.1516	1.5353
30	3.3	−0.3359	3.6916
40	4.2	−0.5	5.2226
50	6.1	−0.3684	4.4204
60	8.2	−0.2632	3.5246
70	11.1	−0.1632	3.1584

从表 2-16 可以看出,"小虎鲸"号在三种不同航行状态下的参数是不断变化的,参数 a_u 是时间常数的导数。在排水航行与半滑行航行状态时,系统响应时间逐渐减小;而从半滑行状态逐步过渡到全滑行状态时,系统响应时间不断增大。因此,在设计航速控制器时,必须考虑到参数变化对控制效果的影响。

USV 操作响应模型参数通常由操纵性试验进行估算。目前,国内外文献通常采用定常回转试验与 Z 形操舵试验对 Nomoto 模型中 K、T 的值进行辨识。

考虑到同时辨识 K、T 值时可能出现参数相消问题,为了验证转向操作响应模型的可行性,以"小虎鲸"号 USV 为研究对象,采用分离辨识方法,设计在不同航速下的多组定常回转试验与 Z 形试验来分别辨识 K、T 的值。

Nomoto 模型中 K 也被称为回转性指数,可通过定常回转试验辨识获得,反映 USV 旋回特性,即 USV 在定常回转阶段每单位舵角引起的艏摇角速度值。回转试验步骤如下:

①当 USV 在安全区域内,令舵角 $\delta_r = 0°$,保持匀速直线航行,并开始记录数据。

②发送舵角指令 $\delta_r = \delta_r + 5°$,并以最快速度使舷外机转到规定舵角。

③待 USV 完成两圈回转,结束当次试验,返回第二步;若舵角 $\delta_r = 20°$,则结束全部试验。

采用 PSO 算法及离线数据对 K 值进行辨识,表 2-17 显示了在不同航速下,"小虎鲸"号 USV 应舵指数 K 随舵角变化情况。

"小虎鲸"号 USV 应舵指数 K 随舵角变化情况　　　　表 2-17

舵角(°)		油门开度(%)				
		20	30	40	50	60
5	航速(m/s)	1.748	3.039	3.752	4.692	8.06
	角速度(°/s)	1.997	3.902	3.152	2.086	2.545
	应舵指数 K	0.225	0.6997	0.578	0.578	0.547
10	航速(m/s)	1.175	2.810	3.531	4.323	8.015
	角速度(°/s)	2.546	7.256	7.637	8.155	9.954
	应舵指数 K	0.234	0.678	0.731	0.745	0.948

续上表

舵角(°)		油门开度(%)				
		20	30	40	50	60
15	航速(m/s)	1.049	2.621	3.286	3.6882	—
	角速度(°/s)	3.506	10.914	12.866	13.140	—
	应舵指数 K	0.227	0.691	0.812	0.811	—
20	航速(m/s)	0.814	2.336	3.121	3.287	—
	角速度(°/s)	5.091	13.430	17.378	19.695	—
	应舵指数 K	0.244	0.652	0.837	0.903	—

由表 2-17 可以看出,由于 USV 航速及舵角不同,旋回性指数 K 在一定范围内变化,这也与实际操纵原理相符。

USV 在实际航行过程中,很少长时间保持固定舵角,通常是小舵角左右来回操舵。为获得 USV 在不同机动情况下的试验数据,分别设计了 10°/10°、15°/15°、20°/20° 及 10°/40° 这种小舵角大角度转向 Z 形操舵试验,下面以 10°/10° 操舵试验为例,试验步骤为:

①令 USV 舵角 $\delta_r = 0°$,保持匀速直行一段时间,并开始记录数据。

②以最快速度使舵角偏转至右舵 $\delta_r = 10°$,待艏向偏离至右舷 10° 时,以最快速度使舵角偏转至左舵 $\delta_r = -10°$。

③待艏向偏离至左舷 10° 时,使舵角偏转为右舵 $\delta_r = 10°$。

④按步骤②、③重复进行 5 次操舵指令后,结束本次试验。

采用 PSO 算法及离线数据对 T 值进行辨识,表 2-18 显示了在不同航速下,追随指数 T 值变化情况。

追随指数 T 值变化情况　　　　　　　　　　　表 2-18

航速 (m/s)	舵角/航向角			
	10°/10°	15°/15°	20°/20°	10°/40°
2.5	0.919	1.246	0.811	1.029
4.2	0.319	0.328	0.324	0.325
7.9	0.387	0.4	—	—

图 2-36 及表 2-19 显示了在半滑行航行状态下(速度为 4.0m/s 左右),"小虎鲸"号 USV 实测艏摇角速度与模型输出对比结果与平均偏差。

艏摇角速度模型预测值与实船测量平均偏差　　　　　　　表 2-19

平均指标	试验类型			
	10°/10°	15°/15°	20°/20°	10°/40°
平均偏差(%)	1.4	1.6	2.3	2.7

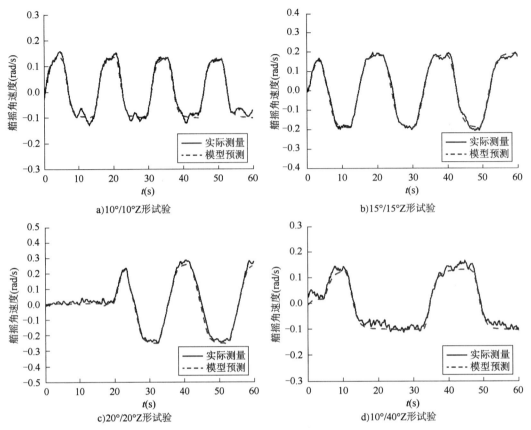

图 2-36　Z 形试验实际测量与模型仿真输出对比

可以看出,在小角度操舵与大角度操舵时,Nomoto 模型均能较为准确地描述"小虎鲸"号 USV 在实际艏向动态响应特性。此外,在实际航行过程中,为了确保 USV 安全,特别是在航行速度较高且需要较大角度转向时,操舵角度不宜过大。从图 2-36d)可以看出,在上述情况下 Nomoto 模型仍然是适用的。

在进行上述 15°/15° Z 形试验时,同时记录了"小虎鲸"号 USV 侧滑角随时间变化的数据。侧滑角计算公式为:

$$\beta = \arctan\left(\frac{v}{u}\right) \tag{2-97}$$

式中,v 为 USV 横向速度;u 为 USV 纵向速度。

利用 PSO 算法离线辨识得到不同航速下艏摇角速度与侧滑角之间关系式的参数,图 2-37 及表 2-20 显示了"小虎鲸"号 USV 实际侧滑角与模型预测值的对比与平均偏差。

表 2-20　侧滑角模型预测值与实船测量平均偏差

平均指标	航行状态		
	排水航行	半滑行航行	全滑行航行
平均偏差(%)	7.6	8.4	12.7

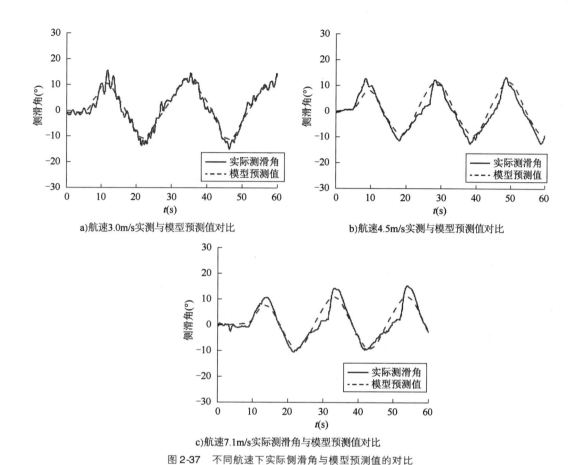

a) 航速3.0m/s实测与模型预测值对比

b) 航速4.5m/s实测与模型预测值对比

c) 航速7.1m/s实际测滑角与模型预测值对比

图 2-37　不同航速下实际侧滑角与模型预测值的对比

从图 2-37 可以看出，一阶惯性环节基本能够表征"小虎鲸"号 USV 侧滑角与艏摇角速度间的关系，同时也表明"小虎鲸"号 USV 在实际运动过程中确实存在侧滑现象，在进行航迹跟踪时需要考虑侧滑带来的影响。表 2-21 为三种速度下 K_β、T_β 的值。

不同速度下 K_β 与 T_β 的值　　　　表 2-21

航速 (m/s)	模型参数	
	K_β	T_β
3.0	1.3027	3.4851
4.5	1.8781	7.4116
7.1	1.7273	8.9503

2.2.6　ABC-LSSVR 法的实现

(1) ABC-LSSVR 法的理论基础

基于 LS-SVR 的系统辨识通常包括参数辨识和函数估计。在参数辨识方面，采用线性核函数辨识线性系统的参数，采用多项式核函数辨识非线性系统的参数。在函数估计方面，估计函数往往隐含在判决函数中,这使得函数的显式表达非常困难。

对于 USV 非线性系统辨识的公式可以表示为:

$$f(x) = a_1 x^2 + a_2 x + a_3 \tag{2-98}$$

通过应用二次多项式核函数将其修改为:

$$f(x) = a_1 x^2 + a_2 x + a_3 = \sum_{i=1}^{l} a_i (x_i x + d)^2 + b = \sum_{i=1}^{l} a_i x_i^2 x^2 + 2d \sum_{i=1}^{l} a_i x_i x + d^2 \sum_{i=1}^{l} a_i + b \tag{2-99}$$

式(2-99)中,参数可以通过以下方式计算:

$$\begin{cases} a_1 = \sum_{i=1}^{l} a_i x_i^2 \\ a_2 = 2d \sum_{i=1}^{l} a_i x_i \\ a_3 = d^2 \sum_{i=1}^{l} a_i + b \end{cases} \tag{2-100}$$

在基于 LS-SVR 辨识方法的基础上,采用欧拉法的前向差分方式逼近对速度和转向模型进行辨识,离散化方程为:

$$\begin{cases} \Delta u(k+1) = \Delta u(k) + \dfrac{h(X_u + 2X_{|u|u} u_o)}{m - X_{\dot{u}}} \Delta u(k) + \dfrac{h X_{uuu}}{m - X_{\dot{u}}} \Delta u^3(k) + \dfrac{2h T_{|n|n} |n_o|}{m - X_{\dot{u}}} \Delta n(k) \\ v(k+1) = v(k) + \dfrac{h(I_z - N_{\dot{r}})}{\nabla}((Y_v + Y_{|v|v} v(k) + Y_{|r|v} |r(k)|) v(k) + \\ \quad (-(m - X_{\dot{u}}) u_0 + Y_r + Y_{|v|r} |v(k)| + Y_{|r|r} |r(k)|) r(k) + Y_\delta \delta(k)) - \\ \quad \dfrac{h(m x_g - Y_{\dot{r}})}{\nabla}(((m - X_{\dot{u}}) u_0 + N_v + N_{|v|v} |v(k)| + N_{|r|v} |r(k)|) v(k) + \\ \quad (N_r + N_{|v|r} |v(k)| + N_{|r|r} |r(k)|) r(k) + N_\delta \delta(k)) r(k+1) \\ = r(k) + \dfrac{h(N_{\dot{v}} - m x_g)}{\nabla}((Y_v + Y_{|v|v} v(k) + Y_{|r|v} |r(k)|) v(k) + \\ \quad (-(m - X_{\dot{u}}) u_0 + Y_r + Y_{|v|r} |v(k)| + Y_{|r|r} |r(k)|) r(k) + Y_\delta \delta(k)) + \\ \quad \dfrac{h(m - Y_{\dot{v}})}{\nabla}(((m - X_{\dot{u}}) u_0 + N_v + N_{|v|v} |v(k)| + N_{|r|v} |r(k)|) v(k) + \\ \quad (N_r + N_{|v|r} |v(k)| + N_{|r|r} |r(k)|) r(k) + N_\delta \delta(k)) \end{cases} \tag{2-101}$$

式中,$\nabla = (m - Y_{\dot{v}})(I_z - N_{\dot{r}}) - (m x_g - Y_{\dot{r}})(m x_g - N_{\dot{v}})$;$h$ 为时间间隔;$k+1$ 和 k 为两个

连续数据。随后,得到输入输出对,输入表示为:

$$\begin{cases} \boldsymbol{X}_{\text{inp}} = [\Delta u(k), \Delta u^3(k), \Delta n(k)]^T_{3\times 1} \\ \boldsymbol{Y}_{\text{inp}} = [v(k), |v(k)|v(k), |r(k)|v(k), r(k), |v(k)|r(k), |r(k)|r(k), \delta(k)]^T_{7\times 1} \\ \boldsymbol{Z}_{\text{inp}} = [v(k), |v(k)|v(k), |r(k)|v(k), r(k), |v(k)|r(k), |r(k)|r(k), \delta(k)]^T_{7\times 1} \end{cases}$$
(2-102)

假设:

$$\boldsymbol{A} = [a_1 \quad a_2 \quad a_3]_{1\times 3}$$
$$\boldsymbol{B} = [b_1 \quad b_2 \quad b_3 \quad b_4 \quad b_5 \quad b_6 \quad b_7]_{1\times 7}$$
$$\boldsymbol{C} = [c_1 \quad c_2 \quad c_3 \quad c_4 \quad c_5 \quad c_6 \quad c_7]_{1\times 7}$$

$$\begin{cases}
a_1 = 1 + \dfrac{h(X_u + 2X_{|u|u}|u_0|)}{m - X_{\dot{u}}} \\[2mm]
a_2 = \dfrac{hX_{uuu}}{m - X_{\dot{u}}} \\[2mm]
a_3 = \dfrac{2hT_{|n|n}|n_0|}{m - X_{\dot{u}}} \\[2mm]
b_1 = 1 + \dfrac{(I_z - N_{\dot{r}})Y_v h + [(m - X_{\dot{u}})u_0 + N_v](Y_{\dot{r}} - mx_g)h}{\nabla} \\[2mm]
b_2 = \dfrac{(I_z - N_{\dot{r}})Y_{|v|v}h - (mx_g - Y_{\dot{r}})N_{|v|v}h}{\nabla} \\[2mm]
b_3 = \dfrac{(I_z - N_{\dot{r}})Y_{|r|v}h - (mx_g - Y_{\dot{r}})N_{|r|v}h}{\nabla} \\[2mm]
b_4 = \dfrac{(I_z - N_{\dot{r}})[Y_r - (m - X_{\dot{u}})u_0]h - (mx_g - Y_{\dot{r}})N_r h}{\nabla} \\[2mm]
b_5 = \dfrac{(I_z - N_{\dot{r}})Y_{|v|r}h - (mx_g - Y_{\dot{r}})N_{|v|r}h}{\nabla} \\[2mm]
b_6 = \dfrac{(I_z - N_{\dot{r}})Y_{|r|r}h - (mx_g - Y_{\dot{r}})N_{|r|r}h}{\nabla} \\[2mm]
b_7 = \dfrac{(I_z - N_{\dot{r}})Y_\delta h - (mx_g - Y_{\dot{r}})N_\delta h}{\nabla} \\[2mm]
c_1 = \dfrac{(N_{\dot{v}} - mx_g)Y_v h + (m - Y_{\dot{v}})((m - X_{\dot{u}})u_0 + N_v)h}{\nabla} \\[2mm]
c_2 = \dfrac{(N_{\dot{v}} - mx_g)Y_{|v|v}h + (m - Y_{\dot{v}})N_{|v|v}h}{\nabla} \\[2mm]
c_3 = \dfrac{(N_{\dot{v}} - mx_g)Y_{|r|v}h + (m - Y_{\dot{v}})N_{|r|v}h}{\nabla} \\[2mm]
c_4 = 1 + \dfrac{(m - Y_{\dot{v}})N_r h - (N_{\dot{v}} - mx_g)((m - X_{\dot{u}})u_0 - Y_r)h}{\nabla} \\[2mm]
c_5 = \dfrac{(N_{\dot{v}} - mx_g)Y_{|v|r}h + (m - Y_{\dot{v}})N_{|v|r}h}{\nabla} \\[2mm]
c_6 = \dfrac{(N_{\dot{v}} - mx_g)Y_{|r|r}h + (m - Y_{\dot{v}})N_{|r|r}h}{\nabla}
\end{cases}$$
(2-103)

输出则表示为：

$$\begin{cases} \Delta u(k+1) = \mathbf{AX}_{inp} \\ v(k+1) = \mathbf{BY}_{inp} \\ r(k+1) = \mathbf{CZ}_{inp} \end{cases} \quad (2\text{-}104)$$

在基于 LS-SVR 的非线性系统的参数辨识中，多项式核函数表现出了很大的优越性。但多项式核函数的参数取值易错。因此，在已知系统结构的情况下，用线性核函数来代替多项式核函数。由于 USV 运动数学模型方程组与参数之间存在线性关系，本节采用线性核函数的方法对 USV 运动数学模型进行辨识。

在线性核函数确定后，LS-SVR 的性能很大程度上依赖于正则化参数。因此，选取 LS-SVR 正则化参数是重要步骤之一。ABC 算法是 Karaboga 于 2005 年提出的基于蜜蜂觅食行为的自然启发算法，也是求解连续空间上全局优化问题的一种有效的鲁棒算法。因此，本节采用 ABC 算法优化 LS-SVR 的正则化参数。

ABC 算法由雇佣蜂、观察蜂和侦察蜂三组蜜蜂组成，三者在完成 ABC 优化过程中起着至关重要的作用。雇佣蜂负责探索所在领域的新蜜源位置，评估新蜜源的质量（适应值），更新当前的蜜源，并与在蜂箱中等待的围观蜂分享这些信息。观察蜂根据雇佣蜂提供的信息选择一个蜜源进行探索，并使用与雇佣蜂相同的方法更新蜜源。如果雇佣蜂不能在预定的迭代次数内改善其蜜源质量，它将成为一只侦察蜂。侦察蜂会在搜索空间内随机寻找蜜源。具体情况说明如下：

在搜索空间内随机分布的初始蜜源被分配给雇佣蜂。每一个蜜源都是一个最优解，它包含了关于蜜源位置和适应值的信息。蜜源位置由以下等式计算：

$$x_{ij} = x_j^{\min} + a(x_j^{\max} - x_j^{\min}) \quad (i = 1, \cdots, S; j = 1, \cdots, D) \quad (2\text{-}105)$$

式中，$x_j^{\max}$ 和 $x_j^{\min}$ 分别是决定搜索空间 j 参数的上边界和下边界；a 是 [0,1] 范围内的随机数；S 是非源数，通常等于 NP 提供的雇佣蜂或观察蜂的数量；D 是优化参数个数所符合的维数（由于优化参数是 LS-SVR 的正则化参数，所以为 1）。适应值由以下公式计算：

$$\text{fitness}_i = \frac{1}{1 + Obj \cdot f \cdot i} \quad (2\text{-}106)$$

式中，$Obj \cdot f \cdot i$ 是 i 解的目标函数，可以表达为：

$$Obj \cdot f \cdot i = \frac{1}{N} \sum_{n=1}^{N} [y_{act}(n) - y_{pre}(n)]^2 \quad (2\text{-}107)$$

式中，y_{act} 是实际输出；y_{pre} 是已识别模型的预测输出；N 是样本数。

初始化后，雇佣蜂开始根据式（2-106）在它们的地区中寻找新的蜜源：

$$x_{ij}^{new} = x_{ij} + a(x_{ij} - x_{kj}) \quad (i, k = 1, \cdots, S; j = 1, \cdots, D) \quad (2\text{-}108)$$

式中，x_{ij}^{new} 是新蜜源的 j 维数；x_{kj} 是第 k 个被雇佣蜂的 j 维数；a 是限制在 [−1,1] 内的随机数;j、k是在初始解中随机选择的,并且彼此不相等,然后更新该新蜜来源的信息。新蜜源的选择由贪婪选择机制决定,即如果新蜜源的适应度值优于前一个,则新蜜源替换前一个,并令 Limit = 0;否则忽略新蜜源,将 Limit = Limit + 1。

观察蜂从所有雇佣蜂那里获取蜜源信息。每一只观察蜂选择一个蜜源的概率与它的适应值有关。其概率的计算方法是:

$$P_i = \frac{\text{fitness}_i}{\sum_{i=1}^{S} \text{fitness}_i} \tag{2-109}$$

显然,蜜源的适应值越高,质量就越好,适应值高的蜜源更有可能被观察蜂选择。雇佣蜂使用更新蜜源的过程也适用于观察蜂。如果为观察蜂计算出的新蜜源适应度值优于雇佣蜂,则雇佣蜂被观察蜂取代。

通过 ABC 算法得到 LS-SVR 的正则化参数后,利用 LS-SVR 对 USV 运动数学模型进行辨识。这个算法称为 ABC-LSSVR 方法。

该方法步骤描述如下:

步骤 1:从 USV 操纵中提取一组运动数据,包括纵荡速度、螺旋桨转速、横荡速度、艏摇角速度和舵角,处理成输入输出对。将纵荡速度、横荡速度和艏摇角速度等数据作为实际输出,计算目标函数值,提供蜜源的适应度值。

步骤 2:应用上述提取的数据,通过使用 ABC 算法来优化 LS-SVR 中的正则化参数。这一步骤总结如下:

①确定 ABC 算法的参数,如蜜源数 S、雇佣蜂数和观察蜂数 NP、最大迭代次数 T、特殊数 Limit 等,并完成初始化。

②利用公式(2-108)搜索新的蜜源,更新新蜜源的信息,并通过贪婪选择机制选择新的解决方案。

③观察蜂从所有雇佣蜂那里获得信息,根据式(2-109)选择蜜源,并按照与雇佣蜂相同的程序更新新蜜源的信息。

④比较新的蜜源和保留的最佳蜜源,判断当前的观察蜂数是否等于总数量。如果是,则判断同一蜜源的挖掘数量是否大于 Limit;否则,增加观察蜂的数量,并返回步骤 2.3。如果同一蜜源的挖掘次数达到极限,则记住最佳蜜源;否则,生成新的蜜源,并返回步骤 2.3。

⑤计算当前迭代数。如果达到 T,则是存储正则化参数的最终结果;否则,返回步骤 2.2。

步骤 3:将上述提取的数据和步骤 2.5 的结果应用于 LS-SVR,结合 USV 运动数学模型,得到辨识模型。

步骤 4:将上述提取的螺旋桨转速和舵角代入到识别出的 USV 运动数学模型中,生成纵荡速度、横荡速度和艏摇角速度等预测值,将这些预测值分别与提取出的未用于识别的输出值进行比较。

(2) ABC-LSSVR 法的实现

为了提高基于最小二乘支持向量回归的辨识方法的性能,采用 ABC 算法优化其正则化参数。本节将优化的最小二乘支持向量回归方法应用于简化的 USV 运动数学模型的辨识。

对于参数估计,用于学习和验证的数据由 container 船的四自由度动力学模型产生,分别进行了四组不同螺旋桨转速的直线试验和 10°/10°、20°/20°Z 形试验。具体数据见表 2-22。用于 LS-SVR 正则化参数优化动力学模型参数估计的数据如图 2-38 所示。

USV 操纵设计　　　　　　　　表 2-22

操纵类型	指令舵角(°)	螺旋桨转速(r/min)
直线试验	0	[120,160]
直线试验	0	[100,160]
10°/10°Z 形试验	±10	80
20°/20°Z 形试验	±20	80

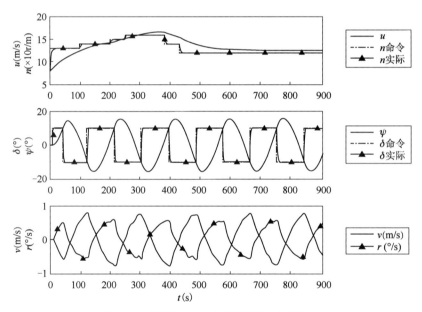

图 2-38　用于优化动力学模型辨识的仿真数据

根据提出的 ABC-LSSVR 辨识方法的流程,利用 ABC 对 LS-SVR 中正则化参数进行整定的具体步骤如下:

① ABC 参数设置为: $NP=20, S=20, D=1, x_j^{\min}=10, \text{Limit}=20, T=30$。

② 设置蜜源的初始位置。

③ 雇佣蜂开始寻找新的蜜源。选取 concainer 船第一次直线试验和 10°/10°Z 形试验各 1800 个样本,分别计算各蜜源的适应度。

④由贪婪选择机制确定最佳蜜源,并取代先前储存的蜜源。最佳蜜源位置的取值为最优正则化参数。

⑤观察蜂从雇佣蜂那里获取蜜源信息。为每只观察蜂选择食物来源,更新观察蜂的蜜源。

⑥雇佣蜂有条件成为侦察蜂。当观察蜂蜜源的更新适应值高于雇佣蜂,且雇佣蜂的蜜源适合度没有提高时,雇佣蜂有成为侦察蜂。

⑦定义迭代次数累加到 30 时,适应度值最高的蜜源位置为最优正则化参数。

ABC-LSSVR 回归结果如图 2-39 所示,LS-SVR 的预测结果与仿真结果非常接近。u、v 和 r 的预测与仿真结果之间的 RMSE 分别为:4.0346×10、3.5005×10 和 4.3924×10,均方误差很小,可以忽略。利用优化后的最小二乘支持向量机对简化的 USV 运动数学模型进行辨识,A、B 和 C 中的参数识别结果如表 2-23 所示。

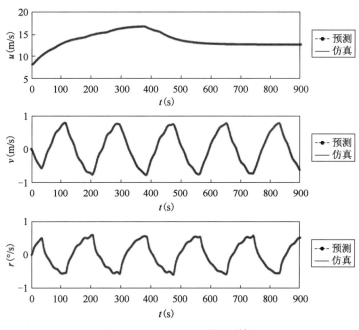

图 2-39 ABC-LSSVR 的预测结果

使用 ABC-LSSVR 估计参数　　　　　　　　　　　　　　　表 2-23

	a_1	a_2	a_3				
A	9942	-1.603	85.962	—	—	—	—
	b_1	b_2	b_3	b_4	b_5	b_6	b_7
B	0.9743	0.0043	1.5306	-1.6533	3.5656	-140.312	-0.0278
	c_1	c_2	c_3	c_4	c_5	c_6	c_7
C	-0.0092	0.0002	-0.0010	0.0223	0.0024	0.0001	0.0153

利用辨识出的模型分别对第二组直线和 20°/20°Z 形试验进行预测。通过建立 container 船的四自由度模型,生成这些运动的原始仿真数据。如图 2-40 所示,预测数据的趋势与原始

数据非常相似。预测的纵荡速度 u 略高于模拟的纵荡速度,但仍能说明 ABC-LSSVR 具有较好的泛化能力,因为纵荡速度预测中的小误差并不影响 ABC-LSSVR 方法实际应用的适用性。在预测中产生误差的原因是该 container 船的潜在物理特性以及参数漂移的影响,这都与 USV 动力学建模高度相关。

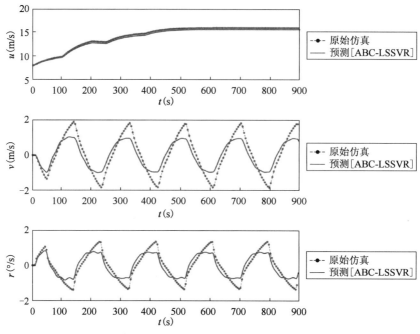

图 2-40 使用 ABC-LSSVR 识别的模型预测 USV 运动模型

为了更全面地说明 ABC 优化 LS-SVR 参数的先进性,比较 ABC-LSSVR 与 CV(CV-LSSVR)和 PSO(PSO-LSSVR)优化 LS-SVR 参数的效果。这三种方法辨识简化了 USV 运动模型的结果,见表 2-24 ~ 表 2-26。从第二组直线试验和 20°/20°Z 形试验的预测结果(图 2-41)。可以看出,ABC-LSSVR、PSO-LSSVR 和 CV-LSSVR 都可以辨识简化的 USV 运动数学模型。对比各项指标可以得出结论,ABC-LSSVR 的性能略优于其他两种方法。

CV-LSSVR、PSO-LSSVR 和 ABC-LSSVR 计算纵荡模型参数　　　　表 2-24

$A(\times 10^{-5})$	a_1	a_2	a_3
CV-LSSVR	99420	-1.8293	85.926
PSO-LSSVR	99340	-0.9270	84.218
ABC-LSSVR	99420	-1.8484	85.739

CV-LSSVR、PSO-LSSVR 和 ABC-LSSVR 计算横荡模型参数　　　　表 2-25

B	b_1	b_2	b_3	b_4	b_5	b_6	b_7
CV-LSSVR	0.9744	0.0045	1.4094	-1.6364	3.5224	-145.7	-0.0278
PSO-LSSVR	0.9743	0.0043	1.5306	-1.6533	3.5656	-140.3	-0.0278
ABC-LSSVR	0.9743	0.0045	1.5075	-1.6488	3.5730	-142.2	-0.0278

表 2-26　CV-LSSVR、PSO-LSSVR 和 ABC-LSSVR 计算艏摇模型参数

C	c_1	c_2	c_3	c_4	c_5	c_6	c_7
CV-LSSVR	−0.0104	0.0002	−0.0011	0.0235	0.0024	0.0001	0.0153
PSO-LSSVR	−0.0110	0.0002	−0.0035	0.0230	0.0025	0.0001	0.0152
ABC-LSSVR	−0.0092	0.0002	−0.0010	0.0223	0.0024	0.0001	0.0153

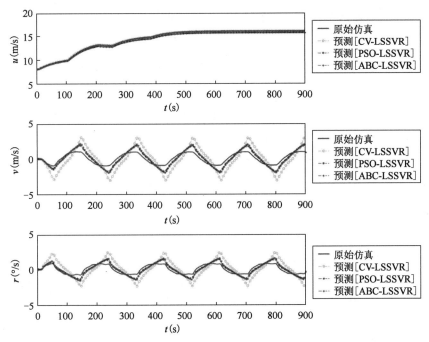

图 2-41　CV-LSSVR、PSOLSSVR 和 ABC-LSSVR 三种辨识算法比较

2.3　本章小结

本章深入探讨了 USV 操纵运动的数学建模与辨识问题。从基础知识与假设出发，逐步引入了不同类型的运动模型，提供一个全面的建模框架。通过引入运动特征模型，进一步拓展了模型描述的范畴，揭示不同类型运动的特点。本章还探讨了 USV 运动模型的辨识方法，概述了辨识的步骤与方法，并详细介绍了 MI-LSSVR 法、事件触发机制法、RLS 法、PSO 法以及 ABC-LSSVR 法等多种方法在 USV 运动模型辨识中的应用。这些方法从实际数据中获取模型参数，为准确地描述 USV 的运动特性提供了多样的选择。

本章参考文献

[1] 吴宏鑫,胡军,谢永春.基于特征模型的智能自适应控制[M].北京:中国科学技术出版社,2009.

[2] 张曙辉,张显库,胡甚平.基于特征模型的船舶运动数学模型[J].中国航海,2012,35(4):63-65.

[3] 贾欣乐,杨盐生.船舶运动数学模型——机理建模与辨识建模[M].大连:大连海事大学出版社,1999.

[4] LJUNG L. System identification[M]. Boston, MA:Birkhäuser Boston, 1998:163-173.

[5] LEVIN M. Optimum estimation of impulse response in the presence of noise[J]. IRE Transactions on Circuit Theory, 1960, 7(1):50-56.

[6] ZHU M, SUN W, HAHN A, et al. Adaptive modeling of maritime autonomous surface ships with uncertainty using a weighted LS-SVR robust to outliers[J]. Ocean Engineering, 2020, 200:107053.

[7] WANG Z, SOARES C G, ZOU Z. Optimal design of excitation signal for identification of nonlinear ship manoeuvring model[J]. Ocean Engineering, 2020, 196:106778.

[8] WANG Z, ZOU Z, SOARES C G. Identification of ship manoeuvring motion based on nu-support vector machine[J]. Ocean Engineering, 2019, 183:270-281.

[9] YOON H K, RHEE K P. Identification of hydrodynamic coefficients in ship maneuvering equations of motion by estimation-before-modeling technique[J]. Ocean Engineering, 2003, 30(18):2379-2404.

[10] YEON S M, YEO D J, RHEE K P. Optimal input design for the identification of low-speed manoeuvring mathematical model[C]//Proceedings of the International Conference on Marine Simulation and Ship Manoeuvrability. 2006.

[11] SUTULO S, SOARES C G. Development of a multifactor regression model of ship maneuvering forces based on optimized captive-model tests[J]. Journal of ship research, 2006, 50(4):311-333.

[12] LEWIS E V. Principles of naval architecture second revision[J]. Jersey:SNAME, 1988(2):152-157.

[13] YASUKAWA H, YOSHIMURA Y. Introduction of MMG standard method for ship maneuvering predictions[J]. Journal of marine science and technology, 2015, 20:37-52.

[14] FOSSEN T I. Handbook of marine craft hydrodynamics and motion control[M]. Manhattan:

John Wiley & Sons, 2011.

[15] TZENG C Y, CHEN J F. Fundamental properties of linear ship steering dynamic models[J]. Journal of Marine Science and Technology, 2009, 7(2): 2.

[16] LIU J, HEKKENBERG R, QUADVLIEG F, et al. An integrated empirical manoeuvring model for inland vessels[J]. Ocean Engineering, 2017, 137: 287-308.

[17] SUTULO S, SOARES C G. On the application of empiric methods for prediction of ship manoeuvring properties and associated uncertainties[J]. Ocean Engineering, 2019, 186: 106-111.

[18] CHEN C, RUIZ M T, DELEFORTRIE G, et al. Parameter estimation for a ship's roll response model in shallow water using an intelligent machine learning method[J]. Ocean Engineering, 2019, 191: 106479.

[19] HAYES M N. Parametric identification of nonlinear stochastic systems applied to ocean vehicle dynamics[D]. Cambridge: Massachusetts Institute of Technology, 1971.

[20] 梁利亭. 改进蚁群算法的船舶纵向运动参数辨识方法研究[J]. 舰船科学技术, 2019, 41(2): 28-30.

[21] 蔡长征. 基于遗传算法的船舶横向运动水动力参数辨识的研究[J]. 舰船科学技术, 2020, 42(2): 13-15.

[22] XU H, SOARES C G. Vector field path following for surface marine vessel and parameter identification based on LS-SVM[J]. Ocean Engineering, 2016, 113: 151-161.

[23] ZHANG X G, ZOU Z J. Black-box modeling of ship manoeuvring motion based on feed-forward neural network with Chebyshev orthogonal basis function[J]. Journal of Marine Science and Technology, 2013, 18: 42-49.

[24] SUTULO S, SOARES C G. An algorithm for offline identification of ship manoeuvring mathematical models from free-running tests[J]. Ocean engineering, 2014, 79: 10-25.

[25] CHANG G, XU T, WANG H. M-estimator based robust unscented Kalman filter through statistical linearization[J]. Transactions of the Institute of Measurement and Control, 2019, 41(7): 2016-2025.

[26] 王华军, 修乃华. 支持向量机损失函数分析[J]. 数学进展, 2021, 50(6): 801-828.

[27] KARABOGA D. An idea based on honey bee swarm for numerical optimization[R]. Technical report-tr06, Erciyes university, engineering faculty, computer engineering department, 2005.

第 3 章
Chapter 03

水面无人艇运动规划

USV 的运动规划是构建 USV 智能化与自主化系统的关键技术。随着 USV 执行的任务日益复杂化和多样化,实现 USV 安全、高效的运动规划成为当务之急。USV 运动规划包括两方面:一是利用路线规划算法,搜索起始位置至目标位置的安全路径;二是通过求解得出的安全路径,进行船舶动力学约束,即给出每个位置点的航向、舵角以及位置等的相互关系,从而实现 USV 较精确地运动规划。本章旨在探讨复杂环境下 USV 的运动规划问题,主要包括多障碍物环境、受限水域环境、风和流干扰环境等因素的影响。

3.1 面向多障碍物环境的无人艇运动规划方法

3.1.1 基于拓扑位置关系的地图构建

USV 路径搜索在有障碍物存在的水域中,规划出一条由起始点到最终点的可航行路径,并进行优化。拓扑地图可作为 USV 路径搜索的载体,实现加速搜索过程。拓扑地图的核心是地图表达、拓扑关系和地图构建。

(1) 地图要素表达

在空间地图中,点、线、面是构成空间地图的三要素:定义 USV 起始位置以及目标位置为点,规划路径为线,可航行水域、障碍物为面,表 3-1 为本书中 USV 航行路径、可航行水域以及障碍物等要素示意图。

地图要素表达表　　　　　表 3-1

要素	USV 的起始点、目标点和路径点	航行路径	可航行水域、障碍物
示意图	●	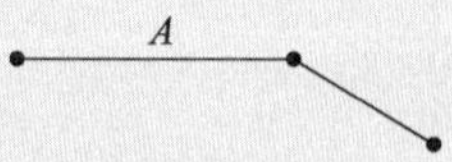 •——A——•＼•	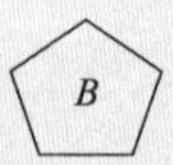 ⬠ B

(2) 空间关系和拓扑关系

空间关系是指地理实体之间存在的空间特性关系,是空间数据组织、查询、分析、推理的基础,包括拓扑关系、度量关系和方向关系等。拓扑关系是用结点、弧段和多边形等表示实体之间的邻接、包含和连通等关系,如:点与点的邻接关系、点与面的包含关系和面与面的重合关系等。采用九交模型进行空间分析。定义物体边界表示为(∂),物体内部表示为($\circ$),物体外部表示为($-$),两物体相交表示为($\cap$)。九交模型表达拓扑关系 N 可用矩阵表示,如式(3-1)所示:

$$N = |\partial A \cap B^{\circ} \quad \partial A \cap \partial B \quad \partial A \cap B^{-}| \tag{3-1}$$

对于线面的空间拓扑位置关系而言,九交模型理论上可以表达出 512 种可能情况,但是实际可用的只有 19 种情况。

①拓扑关系谓词

构建拓扑地图所用到的拓扑关系主要是 Intersects、Disjoint、Touches、Contains 等,含义如表 3-2 所示,其中对空间的两个物体对象 A、B 来说,其相交得到的值为空时(ϕ),记为 F;非空时为($-\phi$),记为 T,当 A、B 交集为点时用 0 表示,交集为线时用 1 表示,交集为面积时用 2 表示,其中的 * 可表示选择 F、0、1 或者 2。

九交模型拓扑关系谓词(部分)　　　　　表 3-2

拓扑关系谓词	九交模型表达	谓词解释(以几何体 a 和几何体 b 为例)
Disjoint	[FF * FF * * * *]	a. Disjoint(b):指两个几何体没有共同点,形成一组断开的几何形状
Touches	[FT * * * * * * *],[F * * T * * * * *], [F * * * T * * * *]	a. Touches(b):指两个几何体至少有一个共同的边界点,但没有内部点
Contains/ Within	[T * F * * F * * *],[T * * * * * FF *]	a. Contains(b):如 a 包含 b,几何体 b 位于 a 内部,并且在内部相交 a. Within(b):如 a 位于 b 的内部
Intersects	[T * * * * * * * *],[* T * * * * * * *], [* * * T * * * * *],[* * * * T * * * *]	a. Intersects(b):指两个几何体至少有一个共同点,即 a. Disjoint(b)为假

②拓扑可达路径定义

在地图路径搜索中,需要明确表达两个点之间是否可达(连通)。一段路径是否可达,由这段路径和障碍物之间的拓扑关系来确定。在九交模型基础上,将关系谓词划分为五个集合,分别是{Crosses},{Within,Contains,Equals},{Touches},{Overlaps},{Disjoint}。在判断空间位置关系以及计算空间距离时,集合{Touches},{Disjoint}在一般情况下定义为可达,而集合{Within,Contains,Equals}等集合关系定义为不可达。

在考虑规划路径和障碍物内部、边界位置以及外部拓扑关系时,按照边界和内部关系、物体外部拓扑关系顺序进行。在判断两点之间的位置关系以及计算两点之间的距离时,线和面相离、线的中间点和面相接、线的端点和面相接、线和面相接等情况以其距离直接计算。可达与否条件中比较有代表性的情况如表 3-3 所示(B 代表障碍物,A 代表起始点和目标点的连线)。

表3-3 拓扑路径可达与否代表性示意图

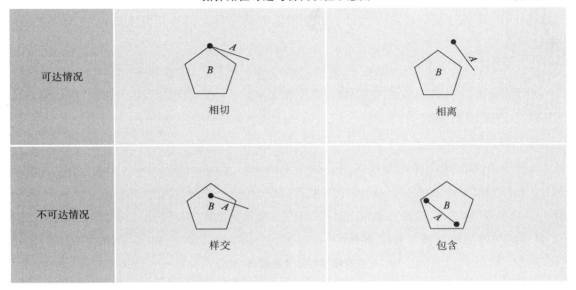

③拓扑地图构建

构建拓扑地图是 USV 运动规划的基础。图 3-1 为起始点、目标点及障碍物分布,图 3-2 为起始点、目标点位置关系判断图,式(3-2)为欧式距离求解,设任意两点 $u(x_u,y_u)$, $v(x_v,y_v)$ 之间欧几里得距离为 $d(u,v)$。

$$d(u,v) = \sqrt{(x_u - x_v)^2 + (y_u - y_v)^2} \tag{3-2}$$

首先,读取起始点 S、目标点 E 位置数据、障碍物个数 N 及每个障碍物边点集 NP 位置等数据。其次,选取第 i 个障碍物,对其进行障碍物边点集 j 的位置关系判断,判断起点 S 和障碍物边点集的位置关系以及障碍物之间边点集位置关系。类似地,进行下一个障碍物位置关系判断,直到 $i \geq N$,表示此环境中所有障碍物位置关系判断完毕,则拓扑地图构建完毕。

如图 3-1 所示,$B_1 \sim B_{15}$ 为障碍物,始起点为 S 点,目标点为 E 点。如图 3-2 所示,构建了起始点 S 到目标点 E 位置关系判断路径选择图。

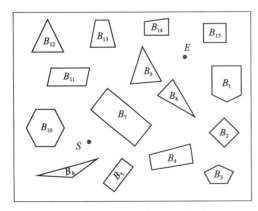

图 3-1 起始点、目标点及障碍物

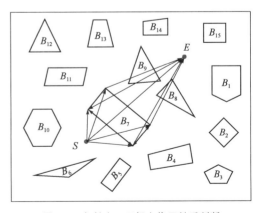

图 3-2 起始点、目标点位置关系判断

首先，判断起始点 S 与目标点 E 的位置关系，得出起始点 S 与目标点 E 连线与障碍物 B_7 内部相交，即起始点 S 与目标点 E 连线不可达，将起始点 S 与目标点 E 点之间的连线距离设置为 ∞。其次，依次判断障碍物 B_7、B_8、B_9 边界点同目标点 E 之间的连线关系是否为可达路径。可达两点之间的距离按照欧式距离进行路径距离计算，不可达的两点之间的距离设置为 ∞。判断得出障碍物 B_8、B_9 部分边界点与目标点 E 直接可达。

经过上述步骤，找到了起始点 S 到目标点 E 相关的路径点，不需要再进行其他区域位置关系判断。起始点与目标点位置关系判断结果如图 3-3 所示。

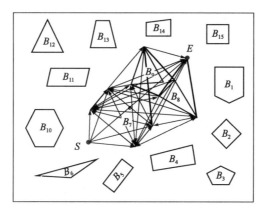

图 3-3　起始点与目标点位置关系判断结果

如表 3-4 所示，任意两点之间连线的距离中，∞ 表示不可达路径，其距离为无穷大；数字表示可达路径的距离大小。图 3-4 为根据表 3-4 所得到的可达路径拓扑地图。

基于拓扑位置关系判断的路径距离表（单位：100m）　　　　表 3-4

距离	S	B_{71}	B_{72}	B_{73}	B_{74}	B_{81}	B_{82}	B_{83}	B_{91}	B_{92}	B_{93}	E
S	0	4	∞	∞	3	∞	∞	∞	∞	∞	∞	∞
B_{71}		0	2	∞	6	5.5	∞	∞	∞	∞	∞	∞
B_{72}			0	6	∞	4	∞	3	∞	∞	7	∞
B_{73}				0	2	8	∞	5	3	3	2	∞
B_{74}					0	∞	∞	∞	∞	6.5	∞	∞
B_{81}						0	3	4	∞	∞	6	5
B_{82}							0	2.3	1.2	2.8	∞	2.2
B_{83}								0	2.3	∞	3	3.5
B_{91}									0	2.7	2.1	4
B_{92}										0	3	4.3
B_{93}											0	∞
E												0

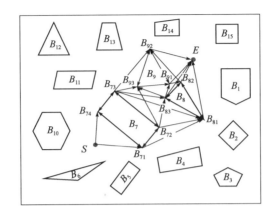

图 3-4 基于拓扑位置关系的可达路径地图

3.1.2 圆形轨迹单元构建

构建拓扑地图后,通过建立圆形轨迹单元对 USV 运动轨迹进行动力学约束。在基于 MMG 分离模型构建圆形轨迹单元的过程中,将水动力和水动力力矩分解为分别作用在船舶、桨、舵上的力和力矩,其中船体受到的力和力矩又分解成船体受到的黏性水动力、黏性水动力力矩、惯性水动力和惯性水动力力矩。

(1) 建立 USV 运动模型

为了更方便地考虑 USV 动力学特性,建模前有如下假设:

假设一:在 USV 的航行中主要考虑 USV 的前进(X)、横移(Y)和转艏(N)状态。

假设二:环境为相对理想的环境,即暂时不考虑风、浪、流等影响。

假设三:只考虑船舶主机正转的情况。当 USV 航行稳定后,螺旋桨转速保持不变。

针对假设三,主机在转速控制器调节下,控制模型如式(3-3)所示:

$$T_D I_E \ddot{n} + I_E \dot{n} + k_p K n/2\pi = k_p K n_r/2\pi + \frac{1}{2\pi}\left[T_D \dot{Q}_P + Q_P \right] \tag{3-3}$$

式中,T_D 表示时间常数;n 表示转速;I_E 表示系统的惯性矩;k_p 表示速度控制器的增益;n_r 表示命令转速;K 表示主传动杆到转矩输出的增益;Q_P 表示螺旋桨吸收力矩。

因此,USV 的三自由度运动模型可表示为:

$$\begin{vmatrix} X \\ Y \\ N \end{vmatrix} = \begin{vmatrix} X_I + X_H + X_P + X_R \\ Y_I + Y_H + Y_P + Y_R \\ N_I + N_H + N_P + N_R \end{vmatrix} \tag{3-4}$$

式中,I、H、P、R 分别表示惯性、黏性、螺旋桨和舵等产生的力和力矩。

(2) USV 运动轨迹规则

通过设置合理的轨迹规则,优化离散规划空间,实现搜索算法和动力学的有机结合,生成符合要求的圆形轨迹单元,从而实现精准地轨迹控制。提出如下三条圆形轨迹单元的离散规则:

规则一:在圆形轨迹单元的初始时刻和结束时刻,USV 的航行状态稳定。

规则二:在生成圆形轨迹单元的过程中 USV 转舵的次数不超过 1 次。

规则三:每段轨迹的直线距离相等。

为了规范圆形轨迹单元以及方便求解优化路径,每段轨迹的终点到其出发点的距离都等于一个恒定值 R。如图 3-5 所示,$OA = OB = R$。

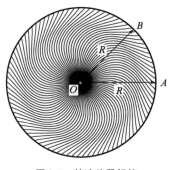

图 3-5 轨迹片段相等

(3) 单位分解库

单位分解库由轨迹单元组成,通过变换轨迹单元的航向和舵角来生成不同的轨迹单元。如图 3-6 所示,初始航向为 0°,舵角从 -35°~31°时,每隔 6 个舵角生成一个轨迹单元的一族曲线。图 3-7 ~ 图 3-9 表达为初始航向从 0°~360°,分别以 30°航向、20°航向、10°航向构成的单位分解库。

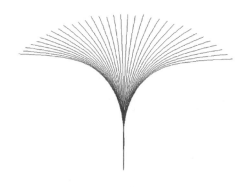

图 3-6 初始航向为 0°,舵角从 -35°~31°时每隔 6 个舵角产生一个轨迹单元

图 3-7 每隔 30°变换一次航向的单位分解库

图 3-8　每隔 20°变换一次航向的单位分解库

图 3-9　每隔 10°变换一次航向的单位分解库

3.1.3　面向多障碍物环境的运动规划算法

规划算法分为两步,第一步求解出可行的最优路径,构建全局空间拓扑导航地图;第二步根据路径求解出该路径的具体运动规划解,对求解的路径进行 USV 动力学约束,对 USV 进行较精确地运动规划,使得 USV 更加精准地到达目标位置。

(1) USV 路线规划

首先,读取基于拓扑位置关系判断的可达路径点集 P 的信息,设置起点 S 和目标点 E 的位置关系数据。定义未访问点集 U 和已访问点集 $V = P - U$;计算所有已访问点集 V 到未访问点集 U 的值 d_u;从未访问点集 U 中选取 d_u 最小的点 i,从已访问点集 V 中查找与 i 点直接连接的点,记为 P_i;将 i 点位置数据添加进入已访问的点集 V,直到 $Num \geqslant P$ 则结束搜索,计算出路径。

经过上述计算,得出图 3-4 中起始点 S 到目标点 E 的最短路径,如图 3-10 所示,最短路径为:$(S, B_{74}, B_{73}, B_{91}, E)$。

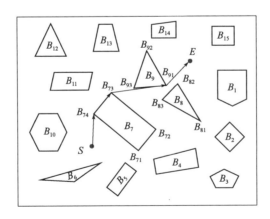

图 3-10　基于拓扑地图求解的路径

(2) 安全距离和船舶旋回圈

考虑到船舶航行必然会出现路径上的偏差,同时,船舶转向时的旋回半径也和船舶操纵的性能有关,路径设计和搜索时应留有安全距离。为简化操作,通常对障碍物进行边界上的膨胀,留一些水域作为船舶航行安全的缓冲区。缓冲区半径可以取 USV 预留安全距离和旋回半径中较大者,以确保航行安全。

假设考虑安全距离和船舶旋回圈距离后,障碍物 B_9 和 B_8 已经接触,USV 航行不能通过障碍物 B_9 和 B_8,上节求解的最短路径已不满足航行需求,需要寻求其他可航行的较短距离。图 3-11 中带箭头线条所示为考虑安全距离和船舶旋回圈要求后的最短路径 $(S, B_{74}, B_{73}, B_{92}, E)$。

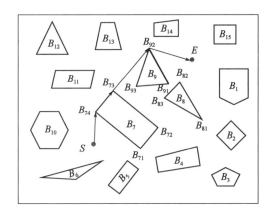

图 3-11 考虑安全距离和船舶旋回圈后的路径

(3) USV 运动规划

通过圆形轨迹单元分片,对基于拓扑位置关系求解得出的路径,进行船舶动力学约束;给出每个位置点的航向、舵角以及位置等的相互关系,进而实现 USV 较精确的运动规划。

① 由单位分解库分析得出舵角和圆心角的关系 f_1:

$$\alpha = a_1\delta^3 + b_1\delta^2 + c_1\delta + d_1 \tag{3-5}$$

式中,δ 为舵角;α 为圆心角。

② 分析得出下一个航向节点的航向角和舵角之间的关系 f_2:

$$\psi = a_2\delta^3 + b_2\delta^2 + c_2\delta + d_2 \tag{3-6}$$

式中,δ 为舵角;ψ 为航向角。

③ 分析得出当前节点与终点的夹角和舵角之间的关系 f_3:

$$\delta = a_3\beta^3 + b_3\beta^2 + c_3\beta + d_3 \tag{3-7}$$

式中,δ 为舵角;β 为当前节点与终点的夹角。

④ 分析得出圆心角和位置坐标之间的相关关系 f_4：

如图 3-12 所示，位置坐标 $C(x_C, y_C)$，$D(x_D, y_D)$ 和圆心角为 $\angle YOC$、$\angle YOD$ 的关系为 f_4，其余的情况以此类推：

$$\begin{cases} x_C = x_0 + R\cos\angle YOC \\ y_C = y_0 + R\sin\angle YOC \end{cases}, \begin{cases} x_D = x_0 + R\cos\angle YOD \\ y_D = y_0 + R\sin\angle YOD \end{cases} \tag{3-8}$$

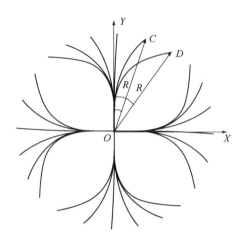

图 3-12 圆心角和位置坐标图

航向角 ψ、舵角 δ、圆心角 α 和路径点坐标信息之间的关系如图 3-13 所示。综上分析，分两种情况求解 USV 运动规划问题。

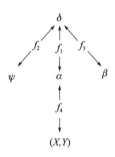

图 3-13 航向角、舵角、圆心角和路径点坐标之间的关系图

情况一：一次变轨迹单元

一次变换轨迹单元情况如图 3-14 所示，假设 S 为起点，E 为终点，S 的坐标为 (x_s, y_s)，E 点的坐标 (x_e, y_e)。当起点和终点的夹角 $c \leq 90°$ 时只需要一次轨迹单元变换即可完成，通过起点 S 给定的航向（假设此时的航向角为真北方向，即 $0°$）和位置信息可以计算得出下一个节点为 N 点，到达 N 点后再到达目标点 E，可通过 E 点和 N 点坐标计算其夹角 b（也即此点圆心角），N 点的坐标可通过圆心角 a 求得：

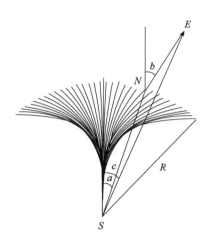

图 3-14 一次变换轨迹单元情况示意图

$$\begin{cases} x_n = x_s + R\sin a \\ y_n = y_s + R\sin a \\ b = \arctan\left(\dfrac{x_e - x_n}{y_e - y_n}\right) \end{cases} \quad (3\text{-}9)$$

再根据 f_1 和 f_2 得出圆心角和下一个节点的航向角关系 $f_5:b=f(a)$,即 $f(a)=\arctan\left[\dfrac{x_e-(x_s+R\sin a)}{y_e-(y_s+R\sin a)}\right]$,可求得 a 的值。再由 $f_1 \ f_2 \ f_3 \ f_4$ 等关系式求得航向角 b 和其他值。

至此,N 点到 E 点的航向角已经求出,再根据舵角 δ 和航向角 b 的关系求解出 N 点相应的舵角 δ,根据 N 点的舵角即可直接到达 E 点。

情况二:两次变轨迹单元

在当前点和终点的夹角大于 90°或者小于 $-90°$ 时,舵角直接为最大值 35°或最小值 $-31°$,根据舵角和圆心角关系 f_1,代入舵角求得圆心角。然后,根据舵角和下一个节点航向点的关系 f_2,求得下一个节点的航向角。在当前点和终点夹角绝对值小于 90°时,根据一次变轨迹单元的情况继续求解。

两次变换轨迹单元情况示意图如图 3-15 所示,假设 S_1 和 E_1 是起点和终点,N_1、M_1 是中间节点。当起点和终点的夹角绝对值大于 90°时,即图中的 $|c_1|>90°$,需要进行两次轨迹单元变换,第一次轨迹单元变换为最大舵角,以及最大航向 90°,如图 3-15 中 $|b_1|=90°$。此时,当前点 N_1 和终点 E_1 的夹角小于 90°,即如图所示 $|e_1|<90°$。继续下一次轨迹单元变换,在当前点 M_1 和终点 E_1 的夹角小于 90°时,即可完成变换,如图 3-15 中 $|d_1|<90°$,接下来的具体计算与图 3-14 类似,可参考一次变轨迹单元情况的计算步骤进行计算。

一次变轨迹单元和两次变轨迹单元情况如图 3-16 所示,假设航向角为真北方向(即向上),即航向角为 0°。

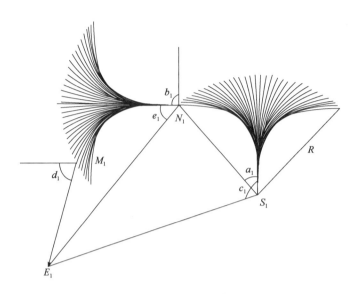

图 3-15　两次变换轨迹单元情况示意图

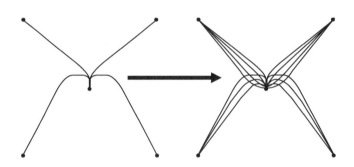

图 3-16　一次变轨迹单元与二次变轨迹单元情况示意图

3.1.4　试验验证与分析

为了验证根据拓扑地图构建 USV 运动规划的方法，设计仿真试验和实船试验，将本文的 USV 运动规划算法和相关的路径规划算法进行对比验证。

(1) Buffer 算子的参数确定

对障碍物进行缓冲区操作(Buffer)有利于 USV 的航行安全和转向操作。试验船为一艘长为 4.15m、宽为 1.6m 的 USV，分析并确定 Buffer 的参数。

通常情况下，USV 运动中旋回半径为艇长的 1.5~3 倍，这里取 2 倍即 8.3m。考虑 USV 的安全航行需求，划定 USV 航行的安全距离为 11m。因此，这里取 Buffer 参数为 11m。障碍物 Buffer 操作之后，USV 路径转向点的细节如图 3-17 所示。图中 $B_{11}C_3 = B_{11}C_2 = B_{11}C_1 = 11\text{m}$。

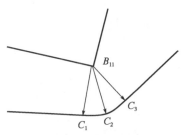

图 3-17　障碍物 buffer 操作后 USV 路径转向点细节图

(2) 对比试验

对基于自由水面场景、凸形障碍物场景和凹形障碍物场景,进行对比试验。在三个地图场景中,开展基于栅格地图的 A 算法和基于拓扑位置关系的方法运动规划的对比试验。

图 3-18 中线框内为仿真水域,仿真水域为武汉东湖,范围为约 1.3km×1km。试验中,初始航向、搜索的起始点位置信息和终点位置信息等相同。在栅格地图中,规定每个栅格距离为 20m。

图 3-18　试验水域

① 路线规划对比

试验场景一:自由水面场景

试验场景二:凸形障碍物场景

凸形障碍物环境中基于栅格的 A 算法 USV 路径搜索如图 3-19 所示,搜索的路径长度为 499.412m;图 3-20 所示为凸形障碍物环境中基于拓扑位置关系的 USV 路径搜索方法,搜索的路径长度为 470.932m;图 3-21 所示为凸形障碍物环境中两种搜索算法的路径对比。

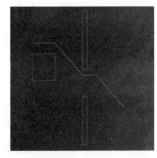 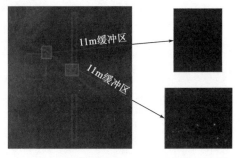

图 3-19　凸形障碍物场景基于栅格的 A 算法 USV 路径搜索　　图 3-20　凸形障碍物场景基于拓扑位置关系的 USV 路径搜索

图3-21 凸形障碍物场景搜索路径对比

试验场景三:凹形障碍物场景

凹形障碍物环境中基于栅格的 A 算法 USV 路径搜索图 3-22 所示,搜索的路径长度为 572.548m;凹形障碍物环境中基于拓扑位置关系的 USV 路径搜索如图 3-23 所示,搜索路径长度为 534.842m;图 3-24 为两种搜索算法的路径对比。

 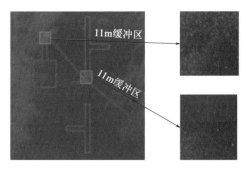

图3-22 凹形障碍物环境基于栅格的 A 算法 USV 路径搜索　　图3-23 凹形障碍物环境基于拓扑位置关系的 USV 路径搜索

图3-24 凹形障碍物环境搜索路径对比

由图 3-19 ~ 图 3-24 的路线规划结果可以得出,无论是在凸形障碍物环境中,还是在凹形障碍物环境中,基于拓扑位置关系的 USV 路线规划距离更短,路线更平缓。

②运动规划对比

试验场景一:自由水面场景

自由水面环境中为基于网格的 A 算法的 USV 运动规划方法如图 3-25 所示,基于拓扑位置关系的 USV 运动规划如图 3-26 所示,自由水面环境中两种方法的 USV 运动规划对比如图 3-27

所示。

图 3-25　自由水面环境基于栅格的运动规划方法

图 3-26　自由水面环境基于拓扑位置关系的 USV 运动规划

图 3-27　自由水面环境运动规划对比

试验场景二：凸形障碍物场景

图 3-28 为凸形障碍物环境中为基于栅格的 USV 运动规划，运动规划路程距离为 722.128m；图 3-29 为凸形障碍物环境中基于拓扑位置关系的 USV 运动规划，运动规划路程距离为 505.138m；图 3-30 为凸形障碍物环境中两种方法的 USV 运动规划对比。

图 3-28　凸形障碍物场景基于栅格的运动规划方法

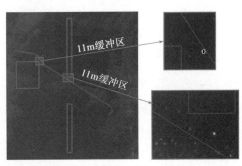
图 3-29　凸形障碍物场景基于拓扑位置关系的 USV 运动规划

图 3-30　凸形障碍物场景运动规划对比

试验场景三：凹形障碍物场景

图 3-31 为凹形障碍物环境中基于栅格的 USV 运动规划，运动规划路程距离为 796.164m；图 3-32 为凹形障碍物环境中基于拓扑位置关系的 USV 运动规划，运动规划路程距离为 534.842m；图 3-33 为凹形障碍物环境中两种方法的 USV 运动规划对比。

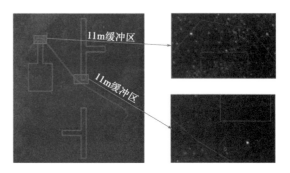

图 3-31　凹形障碍物场景基于栅格的运动规划方法　　图 3-32　凹形障碍物场景基于拓扑位置关系的 USV 运动规划

图 3-33　凹形障碍物场景运动规划对比

通过上述试验，可以得出以下结论：基于拓扑位置关系的 USV 运动规划，考虑了操舵约束，但是搜索方向没有栅格的限制，可以直接向目标点进行路径搜索；在简化了搜索空间的条件下采用 dijskra 算法进行搜索，一定程度上避免陷入局部最优，搜索时间较短。所以，在同样条件的搜索情况下，拓扑位置关系的方法可以搜索到更短和更平滑的路径。

(3) 试验分析

① 时间消耗比较

在相同的试验条件下，基于栅格的 USV 运动规划搜索时间与基于拓扑位置关系的 USV 运动规划搜索时间比较如图 3-34 所示。

搜索范围在 1200m 以内时，基于栅格的 USV 运动规划方法搜索时间小于本文的方法搜索时间；在搜索范围大于 1200m 时，基于栅格的 USV 运动规划方法的搜索时间大于本文的方法的搜索时间。随着搜索范围的变大，基于栅格的 USV 运动规划方法的搜索时间逐渐增大。但是，本文的方法搜索时间在误差为 0.1s 的范围内保持不变。

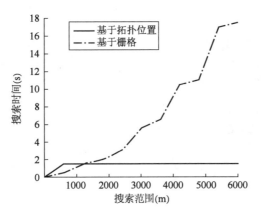

图 3-34　搜索时间随搜索范围变化趋势图

②搜索结果比较

如图 3-35 所示,基于自由水面环境、凸形障碍物水面环境和凹形障碍物水面环境,对基于栅格的 USV 运动规划方法和基于拓扑位置关系的 USV 运动规划方法比较路径距离。无论在凸形障碍物、凹形障碍物环境中,还是自由环境中,基于拓扑位置关系的 USV 运动规划方法比基于栅格的 USV 路径规划方法的路径搜索距离更短。

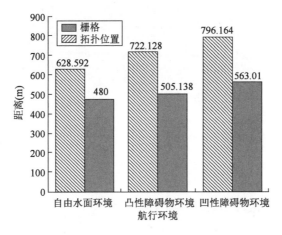

图 3-35　不同航行环境中 USV 运动规划的路径距离对比

栅格地图相比于拓扑地图而言,每个当前点的路径选择点有限,并且由于启发式函数的引导,造成局部最优。但是,基于拓扑地图的每个当前点的路径选择点有无穷个选择点,可以尽可能地选择更优的路径点。所以,基于拓扑位置关系的 USV 运动规划方法比栅格化 A 算法的路径搜索方法可得到更优的路径。

(4) 实船试验

经过实船试验可得,基于拓扑地图 USV 运动规划在一定程度更优于基于栅格的运动规划方法,规划出的路径更短,实现了更优的 USV 运动规划,见图 3-36 ~ 图 3-38。

图 3-36　实船试验地点

图 3-37　实船试验环境

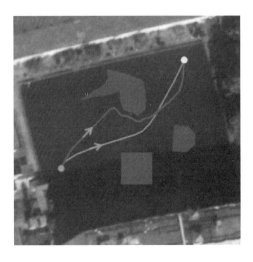
图 3-38　本书方法和基于栅格的方法实船试验航行轨迹

3.2　面向受限水域的无人艇运动规划方法

基于 USV 动力学模型和参考文献,运用矩形轨迹单元实现 USV 在受限水域的运动规划。考虑 USV 的操纵性以及动力学等特性约束,提出基于 LAA 算法的 USV 运动规划方法(如图 3-39 所示)。首先,建立 USV 运动规划所需的规划空间;其次,在原来 A 搜索算法的基础上,增加一个方向搜索维度,构成 LAA 搜索,实现路径搜索过程中被搜索过的二维节点可以在三维节点环境中再次被搜索;最后,建立 USV 轨迹单元库,结合轨迹单元和 LAA 算法,实现 USV 动力学与控制结合下的 USV 运动规划。

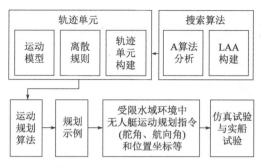

图 3-39 基于 LAA 算法的 USV 运动规划方法结构图

3.2.1 矩阵轨迹单元构建

(1) USV 轨迹离散化规则

矩形轨迹单元是基于 MMG 分离模型生成的轨迹片段,是在一定时间内,分别适应不同矩形框要求,实现搜索节点的顺利拼接,而划分的轨迹片段。基于上述分析,本节有如下规则:

规则一:在矩形轨迹单元的初始时刻和结束时刻,USV 的航行状态稳定。

规则二:每段轨迹的转舵次数不超过一次。

规则三:轨迹单元分为三类,每种类型的轨迹单元直线距离都相等。

为了规范轨迹单元以及方便求解优化路径,每段轨迹的终点到其出发点的距离都等于一个恒定值,按半径的长度将轨迹单元分为三类,半径长度依次定义以为 R_1、R_2 和 R_3。

(2) 无人艇轨迹单元的建立

在无人艇动力学模型和离散规则的基础上,参考基于轨迹单元的 USV 运动规划方法建立 USV 轨迹单元。

依据轨迹单元半径的长度将其分为三类,半径长度依次定义为 R_1、R_2 和 R_3,增加了路径搜索的概率,能够优化搜索路径的长度。

半径为 R_1 的轨迹单元如图 3-40 所示,其轨迹单元分别为:0°到 0°、90°到 90°、180°到 180°、270°到 270°等。

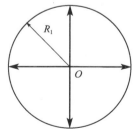

图 3-40 半径为 R_1 的轨迹单元

半径为 R_2 的轨迹单元如图 3-41 所示,其轨迹单元分别为:0°到 90°、45°到 45°、90°到 0°、90°到 180°、135°到 135°、180°到 90°、180°到 270°、225°到 225°、270°到 180°、270°到 0°、315°到 315°和 0°到 270°等。

半径为 R_3 的轨迹单元如图 3-42 所示,其轨迹单元分别为:0°到 45°、45°到 0°、45°到 90°、90°到 45°、90°到 135°、135°到 90°、135°到 180°、180°到 135°、180°到 225°、225°到 180°、225°到 270°、270°到 225°、270°到 315°、315°到 270°、315°到 0°和 0°到 315°等。

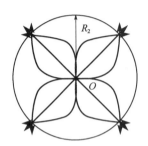
图 3-41 半径为 R_2 的轨迹单元

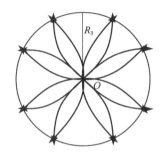
图 3-42 半径为 R_3 的轨迹单元

3.2.2 面向受限水域的运动规划算法

首先,分析基于 A 算法的 USV 路径规划算法;其次,分析 LAA 算法的算法原理和具体实现过程;最后,构建基于 LAA 搜索的 USV 运动规划算法。

(1) A 算法

A 搜索算法在选择当前节点的下一个探索节点时,引入了评估函数 $F(x)$,如式(3-10)所示。

$$F(x) = G(x) + H(x) \tag{3-10}$$

式中,$F(x)$ 表示起点到当前点的实际代价 $G(x)$ 和当前点到目标点的评估代价 $H(x)$ 之和;$G(x)$ = 距离代价 + 转舵代价 + 时间代价。转舵代价的大小与舵角变化大小成比例;时间代价用速度表示,风和流影响 USV 的速度在时间代价中体现;距离代价遵循路径最短原则。

(2) Label A 算法

在 A 搜索算法的基础上,在遍历节点的过程中增加方向维度,构建了三元组 (x,y,ϕ) 的 A 算法,即 Label A(LAA)搜索算法。

为方便描述,定义如下表述:

起始点:start point(SP);

终点:end point(EP);

评估函数:$F(j) = G(j) + H(j)$;

$G(j)$：表示 USV 从 SP 点到当前点 x 移动所需要的代价值；

$H(j)$：表示 USV 从当前点 x 到终点移动所需要的代价值；

$F(j)$：表示 USV 从起始点 SP 到终点 EP 移动所需的代价值；

开启列表(OPEN LIST,OL)：储存路径搜索过程中待检索节点的列表；

关闭列表(CLOSED LIST,CL)：储存路径搜索过后不再需要检索的节点列表；

追溯表(TRACE LIST,TL)：储存父子节点关系的列表，用于生成搜索得到的路径。

首先，初始化环境信息。设置起始点 $SP(x,y,\phi)$ 和终点 $EP(x_n,y_n,\phi_n)$，定义 CL 和 OL，初始化集合 CL 和 OL，并且设置其为空列表。

其次，将起始点加入 CL 和 TL，设置起始点为当前点 $j(x,y,\phi)$，将障碍物信息 OB 添加进 OL，设置障碍物点处的代价为无穷大。

再次，开始探索当前点 $j(x,y,\phi)$ 周围的 16 个点（图 3-43）。把周围的 16 个点加入到 OL 中，调用评估函数 $F(j)$，对周围的 16 个点进行代价值估计，并且选取代价值最小的点添加进 CL 中，并且将此点设置为当前点 $j(x_1,y_1,\phi)$。判断当前点 $j(x_1,y_1,\phi)$ 的评估代价最小的方向 $j(x_1,y_1,\phi_1)$ 是否加入 CL，如果加入继续探索下一个节点；如果没有，则继续当前点 $j(x_1,y_1,\phi_1)$ 的搜索，直到搜索到当前点代价值最小的方向 $j(x_1,y_1,\phi_1)$，并把其添加进 TL，再进行下一个节点的搜索。

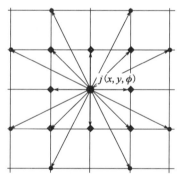

图 3-43 搜索的 16 个节点图

最后，在搜索到当前点代价值最小的方向后，继续搜索下一个节点，直至搜索到终点 EP 加入 CL、TL 中，根据 TL 打印出路径。其中，父节点与子节点的判断可参考 A 算法。

根据上述 LAA 算法的介绍，在搜索过程中，本文将原 A 算法的探索周围 8 个节点改为探索周围的 16 个节点，即将 A 算法的两类轨迹单元(R_1 和 R_2)扩充为三类轨迹单元(R_1、R_2 和 R_3)。如图 3-43 所示，A 算法探索的 8 个节点为图中标记为"◆"的点，图中标记"⬟"为当前点，标记为"◆"的点周围的黑色圆点为增加的 8 个探索点。如图 3-44 所示，第一维度和第二维度用(x,y)坐标表示，第三维度为方向维度。如图 3-44 所示，其中的黑色原点为某一路径节点(x,y)，其周围用带箭头线连接的圆点为搜索的 16 个候选节点，黑色节点周围有八个用箭头表示第三维度搜索(ϕ)，即有 8 个方向的搜索维度。此外，每个候选节点也有 8 个方向的候选搜索方向。如图 3-45 所示，A 算法探索 8 个节点的轨迹单元探索图有 16 个方向的轨迹单元；如图 3-46 所示，LAA 算法的 16 个轨迹单元探索图有 32 个方向的轨迹单元。

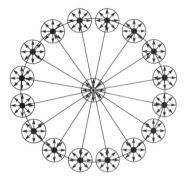

图 3-44　LAA 算法层次结构图

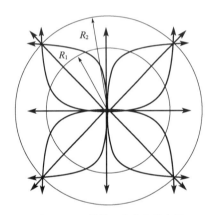

图 3-45　A 算法 8 个节点搜索图

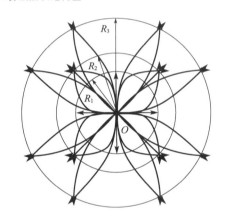

图 3-46　Lable-A 算法 16 个节点搜索图

（3）运动规划算法构建

首先，初始化环境信息，根据 32 个方向的轨迹单元约束，对 LAA 算法探索空间进行探索约束。其次，调用 LAA 算法进行下一个节点的搜索，根据搜索得到的路径进行轨迹单元拼接。最后，反复调用轨迹单元和 LAA 搜索算法进行路径搜索，直至终点 EP 添加进 CL，搜索完成，根据 LAA 算法得到的 TL 打印出路径。

结合 LAA 搜索算法和 USV 动力学模型构建的 32 个方向轨迹单元，实现 USV 运动规划的路径更加符合 USV 航行过程中的实际情况。USV 运动规划算法见图 3-47。

（4）运动规划示例

图 3-48 和图 3-49 为 USV 运动规划示例，其初始点为图中的"★"标记，初始航向向上，即为 0°方向，目标点为图中的"▲"标记。在 A 搜索算法中，搜索路径为图 3-48 中带箭头的曲线，从起始点向上搜索，在搜索的第一步已经搜索过该点，所以不能再次搜索该点，从而得到的路径是绕过障碍物的路径；在 LAA 算法中，搜索得到的路径为图 3-49 中的带箭头曲线，因为

增加了一个搜索维度,在向上搜索过该节点后仍然可以向下继续搜索该点。

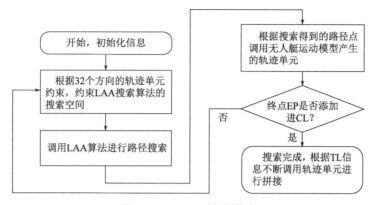

图 3-47　USV 运动规划算法

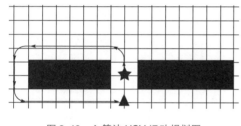

图 3-48　A 算法 USV 运动规划图

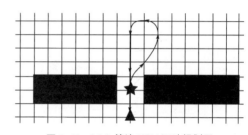

图 3-49　LAA 算法 USV 运动规划图

在相同的试验环境下,A 搜索算法求得的路径总代价(假定一个格子代价为 1,半径为 R_2 的圆弧长度为 1.5,半径为 R_3 的圆弧半径为 2.4)为 20.5;LAA 算法求得的路径总代价为 13.8,远小于 A 搜索算法得到的路径。

此外,如图 3-50 所示,当左边全部是障碍物时(图中箭头代表 USV 初始航向),A 搜索算法不能搜索得到路径,但是 LAA 算法依然能够搜索得到路径,搜索得到的路径如图 3-49 所示。

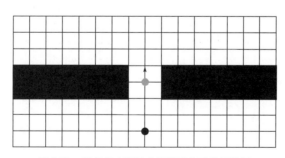

图 3-50　当起始点两边全是障碍物时的环境图

3.2.3　试验验证与分析

(1) 仿真试验及其分析

本试验分为两个部分,一是基于狭窄水域 USV 运动规划的仿真实验,二是基于复杂岛礁水域 USV 运动规划的仿真试验。

试验 A：操纵受限的狭长水域环境

本试验定义起点为图中的"▲"，USV 起始点的航向向上，目标点是图中的"★"，曲线上的箭头表示该点的航向，黑色小圆部分为障碍物（可看成河流的两岸）。图 3-51 为基于 A 算法的 USV 运动规划路径，图 3-52 为 LAA 算法的 USV 运动规划路径。通过改进传统 A 算法，使得 LAA 算法可以再次搜索已经被搜索过的路径节点。

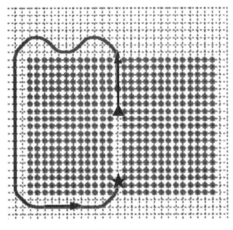

图 3-51　基于 A 算法的 USV 运动规划路径

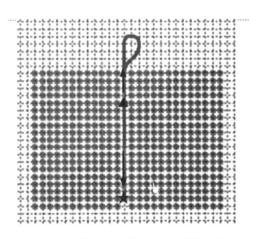

图 3-52　基于 LAA 的 USV 运动规划路径

试验 B：操纵受限的多岛礁环境

图 3-53 为基于 A 算法得到的运动规划路径，和试验 A 类似，因其不能再次搜索已经搜索过的路径，导致规划的路径不是最优的；图 3-54 为基于 LAA 算法的 USV 运动规划路径，通过改进算法，可以再次搜索已经被搜索过的路径点。

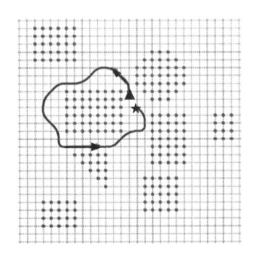

图 3-53　基于 A 算法的 USV 运动规划路径

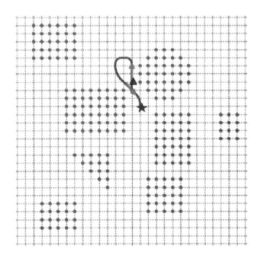

图 3-54　基于 LAA 的 USV 运动规划路径

通过上述仿真试验,得到相应的 USV 运动规划路径长度(以每个网格之间的距离为 20m 进行计算)。其中在狭长水域时,基于 A 算法的 USV 运动规划路径长度为 1116.656m,基于 LAA 算法的 USV 运动规划路径长度为 646.012m;在复杂岛礁水域时,基于 A 算法的 USV 运动规划路径长度为 668.504m,基于 LAA 算法的 USV 运动规划路径长度为 234.296m。图 3-55 为基于 LAA 算法和 LAA 算法分别在狭长水域和复杂岛礁水域进行 USV 运动规划路径时的路径长度对比。

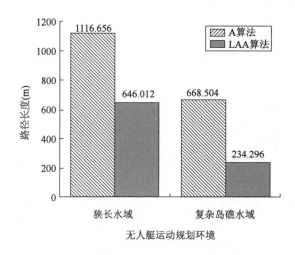

图 3-55 基于 A 算法(无斜线柱形图)和 LAA(带斜线柱形图)分别在狭长水域和复杂岛礁水域进行 USV 运动规划路径时的路径长度对比

(2) 实船试验及其分析

本试验中,采用 A 算法和 LAA 算法在 USV 运动规划领域内进行对比试验分析。图 3-56 为实船试验地点(中国湖北省武汉市武汉理工大学余家头校区船池)。图 3-57 为实船试验时的环境。图 3-58 为狭窄水域条件下基于 A 算法和 LAA 算法实船试验轨迹。图 3-59 为复杂水域条件下基于 A 算法和 LAA 算法实船试验轨迹,图中"▲"标识为起始点,"★"标识为终点,箭头所指方向为 USV 航行方向,环绕不可航行区曲线表示基于 A 算法的实船试验所得轨迹,另一曲线表示 LAA 算法实船试验所得轨迹,图中矩形区域、圆形区域、三角形区域为不可航行区域,也即障碍物区域。狭窄水域 LAA 算法路径距离为 58.6902m,基于 A 算法的路径距离为 115.0626m;复杂水域基于 LAA 算法的路径距离为 24.9712m,基于 A 算法的路径距离为 65.2668m。

经过实船试验可得,USV 的运动规划中,无论是狭长水域还是复杂水域,LAA 搜索算法所得轨迹距离相较于基于 A 算法更短,在一定程度上实现了更优的 USV 运动规划。

图 3-56　实船试验地点

图 3-57　实船试验环境

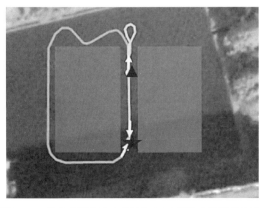
图 3-58　狭窄水域基于 A 算法和 LAA 算法实际运动轨迹

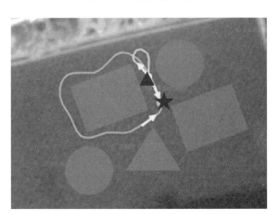
图 3-59　复杂水域基于 A 和 LAA 算法实际运动轨迹

3.3　面向风和流干扰的无人艇运动规划方法

针对风和流环境干扰的 USV 运动规划问题,提出基于时变轨迹单元的 USV 运动规划方法(如图 3-60 所示)。具体方法为:首先,考虑风和流影响下,建立 USV 运动数学模型,并分析运动轨迹。其次,基于运动数学模型构建风和流影响下的时变轨迹单元库,分析风和流对搜索代价的权值影响。最后,基于时变轨迹单元并结合 A 算法进行 USV 运动规划求解。

3.3.1　环境影响分析

现有的相关研究很少考虑实际风、浪、流的动力学对 USV 运动规划的影响,例如风对航行过程中 USV 的速度和方向会造成的影响程度,以及在运动规划中实际的风和流等对 USV 的操舵会造成的影响程度。

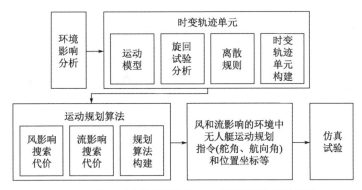

图 3-60　基于时变轨迹单元的 USV 运动规划方法结构图

基于轨迹单元的运动规划模型中考虑风和流对 USV 的影响,会造成规划的路径拼接不上。为解决这一问题,首先,需要构建风和流对 USV 动力学的影响模型;其次,实现规划路径的过程中要考虑 USV 的实际动力学,基于 USV 动力学构建时变轨迹单元;最后,在考虑了风和流对 USV 动力学影响和 USV 动力学过程后,为实现高效、安全、经济的路径搜索,构建更加有效的 USV 运动规划的算法,以实现路径搜索。

3.3.2　时变轨迹单元构建

(1) USV 旋回试验轨迹分析

根据以上分析,结合 MMG 运动模型以及风和流影响的运动模型,基于 USV 的受力分析,建立风和流影响下的 USV 动力学模型。对没有环境因素干扰、有流影响、有风影响、风和流同时影响等条件下的 USV 运动状态进行仿真试验。

图 3-61 为没有环境干扰的 USV 旋回试验结果图,其中旋回舵角为 12.5°,结果符合实际需求;图 3-62 为有 X 轴方向 1m/s 和 Y 轴 1m/s 的流干扰的 USV 旋回试验结果图;图 3-63 为有真北风向风速为 2m/s 干扰的 USV 旋回试验结果图;图 3-64 为有 X 轴方向 1m/s、Y 轴方向 1m/s 的流速干扰和真北风向风速为 2m/s 干扰叠加的 USV 旋回试验结果图。在这三幅图中,旋回舵角均为 12.5°,航行轨迹呈现不规则变化。图 3-64 中,由于流和风的叠加影响,USV 的受力方向和受力大小在不断改变,使得旋回轨迹变得很难预测。

(2) 时变单元轨迹离散规则

由以上的实验结果可知,在风和流同时作用于 USV 时,USV 的航行轨迹呈现不规则变化。因此,构建时变轨迹单元更符合实际情况。时变轨迹单元的舵角是不确定的,会根据环境的改变而改变。在构建时变轨迹单元时,需要考虑如下规则:

规则一:将轨迹单元分为36类,每一类轨迹距离在一定的误差范围内相等。

规则二:为保持搜索路径的连续性,将时变轨迹单元始终的运动状态保持稳定。

规则三:在某时刻在某轨迹单元里发生风和流干扰时,只需要一次转舵即继续航行,不包括回舵(压舵抵抗风和流的影响)。

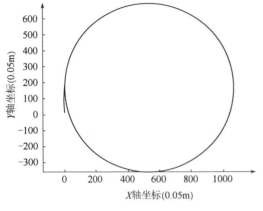

图 3-61 没有环境干扰的 USV 旋回试验

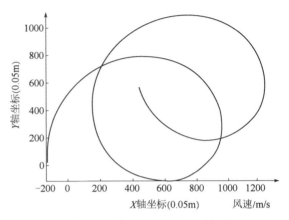

图 3-62 有流干扰的旋回 USV 试验（X 轴方向 1m/s, Y 轴方向 1m/s）

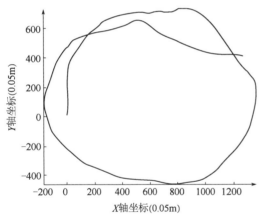

图 3-63 有风干扰的 USV 旋回试验（真北风向风速 2m/s）

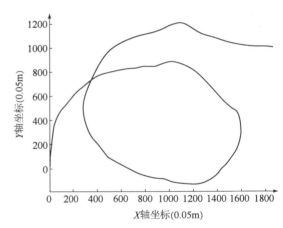

图 3-64 流干扰和风干扰的 USV 旋回试验（X 轴方向 1m/s, Y 轴方向 1m/s）

(3) 构建时变轨迹单元

在建立轨迹规则的基础上,在网格环境中,设定轨迹达到点范围、轨迹航向和轨迹最终状态,不断调整舵角,使轨迹满足不同航行要求。此外,生成时变轨迹单元后,为方便计算,将 USV 的时变轨迹单元分为 36 类。

① 时变轨迹单元的构建方法

首先,同一个舵角进行不同的航向探索。图 3-65 为每隔 0.5°航向进行搜索(即每隔 0.5°改变航向的轨迹单元,此时的舵角为 15°)。可以得知,通过同一个舵角的不同航向间隔探索可以全概率覆盖当前点的搜索区域,实现全概率搜索。当固定轨迹单元不能实现拼接时,可建立时变轨迹单元(此轨迹单元根据环境的改变而改变)。

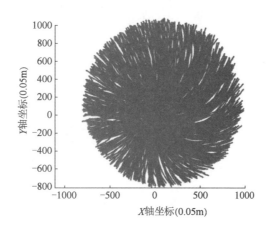

图 3-65　舵角为 15°时,航向每隔 0.5°进行探索

时变轨迹单元的构建流程:首先,确定当前的环境信息,即风和流会对轨迹单元有影响;其次,构建风和流影响下的不确定轨迹单元库,进行特征的判断,构造出相应的轨迹单元;最后,通过压舵抵抗环境影响,即通过舵角的转换进行正则化轨迹,为轨迹单元实现拼接奠定基础。

②时变轨迹单元库构建示例

根据实际环境,假设风速为 2m/s,风向为 0°方向(图 3-66 为风和流影响下的船舶运动示意图);假设 X 轴方向流速为 1m/s,Y 轴方向流速为 1m/s(此处的风速和流速计算皆以绝对风速和绝对流速计算,即以固定坐标系进行计算)。

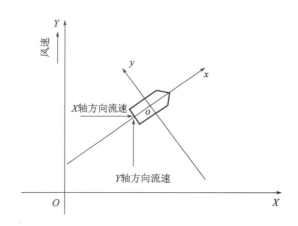

图 3-66　风和流影响下的船舶运动示意图

依据上述风和流影响环境和构建时变轨迹单元的方法,构建时变轨迹单元(此处根据栅格的大小构建时变轨迹单元),图 3-67 为上述环境的时变轨迹单元库。

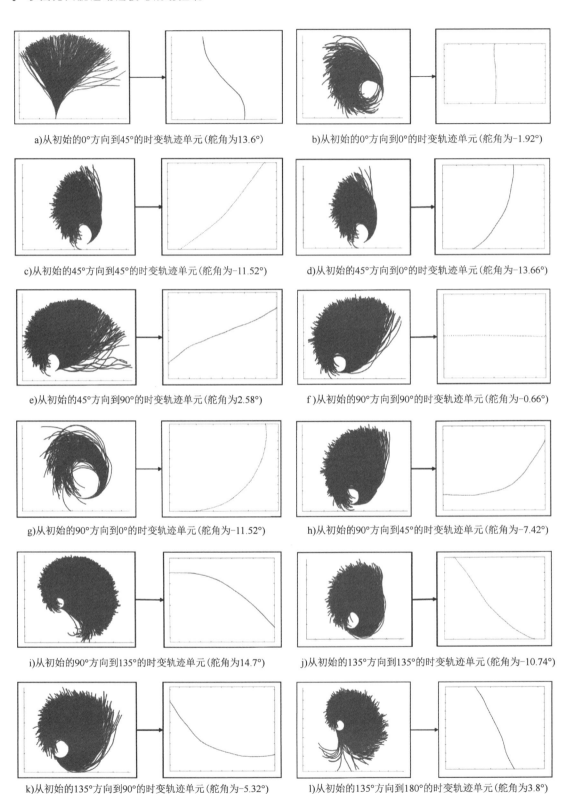

图 3-67

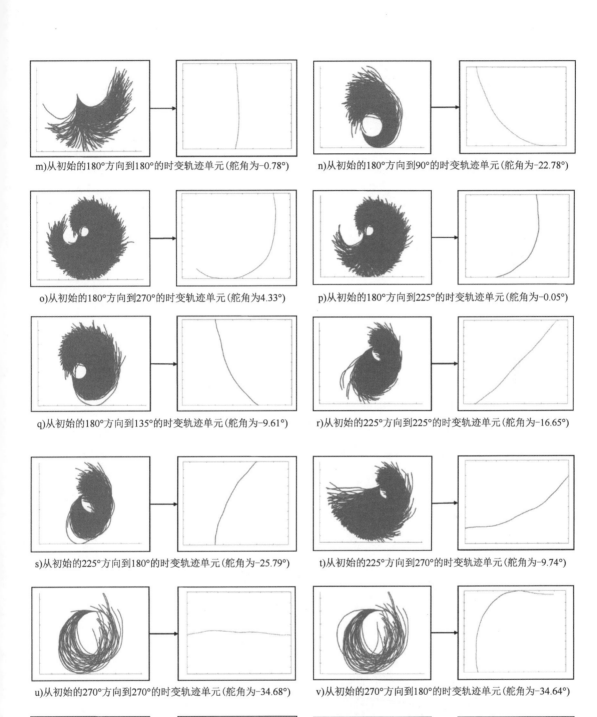

图 3-67

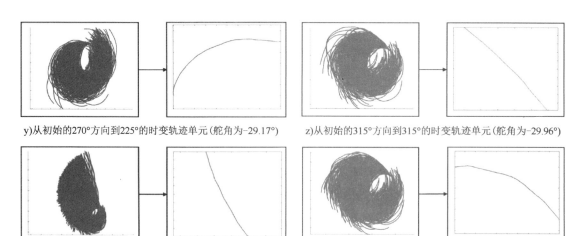

y) 从初始的270°方向到225°的时变轨迹单元(舵角为-29.17°)　　z) 从初始的315°方向到315°的时变轨迹单元(舵角为-29.96°)

a1) 从初始的315°方向到0°的时变轨迹单元(舵角为-8.25°)　　b1) 从初始的315°方向到270°的时变轨迹单元(舵角为-27.19°)

图 3-67　时变轨迹单元库

3.3.3　面向风和流干扰的运动规划方法

本节在构建时变轨迹单元基础上,结合规划算法,实现风和流影响下的 USV 运动规划。首先,根据风和流的影响因素,分析风和流的影响效果,生成时变轨迹单元;其次,根据时变轨迹单元和轨迹规则,对环境影响下的轨迹单元进行拼接,根据环境的影响,实时调整 A 算法的路径搜索代价值和时变轨迹单元,充分考虑风和流影响下的 USV 运动规划的经济性、平滑性;最后,根据改进的 A 算法和时变轨迹单元,提出风和流影响下的 USV 运动规划方法。

(1) 分析风和流对路径搜索代价值的影响

① 分析风对 USV 路径搜索代价值的影响

在本仿真试验中,试验风速选取常规情况下的风速(0~8m/s)。由图 3-68~图 3-70 的试验结果可知,在航行一定时间后,在 0~8m/s 的风速影响下,几乎没有改变 USV 航行距离,只是改变了航行方向。经过统计得出,航行方向的改变呈现高斯分布。

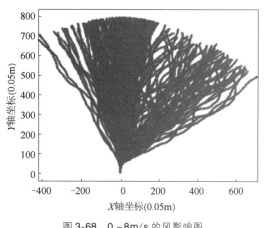

图 3-68　0~8m/s 的风影响图

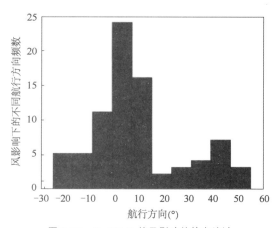

图 3-69　0~8m/s 的风影响的航向统计

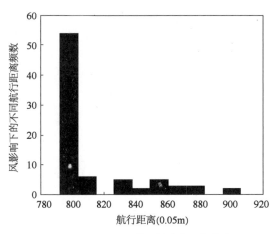

图 3-70　0～8m/s 的风影响的距离统计

②分析流对 USV 路径搜索代价值的影响

在本章中,直接将流的影响叠加至 USV 的航行速度,图 3-71 和图 3-72 为在一定的流速影响下 USV 的航行轨迹和航行距离变化图。

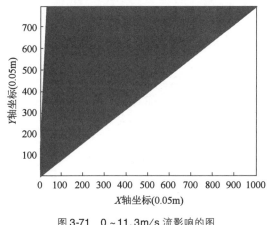

图 3-71　0～11.3m/s 流影响的图

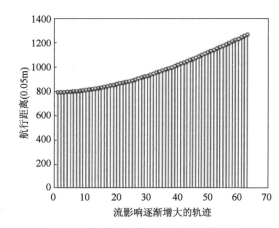

图 3-72　0～11.3m/s 流影响的距离统计

(2) 搜索算法构建

本算法将风和流影响考虑进路径搜索代价值。其中,风的大小改变对航向的改变呈现高斯分布,流的影响直接叠加在船速。

图 3-73 是一个 $\cos(x)$ 曲线图,x 为流的方向与 USV 航向的夹角。根据仿真结果得出,随着流的方向和 USV 的方向夹角的变化,流速叠加在 USV 速度的变化呈现为余弦曲线变化。

图 3-74 是一个 $\sin(x)$ 的 0°至 180°曲线图(其他的角度也类似),当流或者风与航向夹角为 90°时,权值最大,即操纵转舵代价变大。在运动规划过程中尽量避免 USV 航行方向与流或者风的方向垂直,使 USV 朝着流的方向或者风的方向航行,尽最大可能避免因流或者风干扰太大致使 USV 发生侧翻。

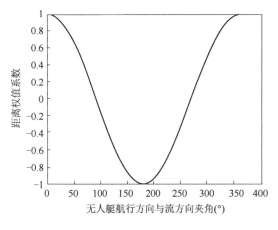

图 3-73 流影响运动规划权值的曲线图

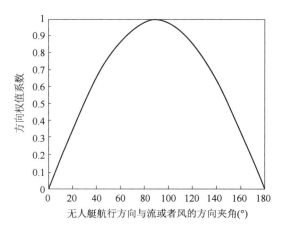

图 3-74 风和流影响运动规划航向的曲线图

采用欧氏距离作为启发式距离的计算,如式(3-11)所示:

$$E = \sqrt{(x_1 - x_0)^2 + (y_1 - y_0)^2} \tag{3-11}$$

基于平滑性的考虑,构建轨迹单元时最大舵角和最小舵角分别为 35°和 −31°,舵角在转变的过程中均基于 USV 实际的动力学约束生成,所以构建的时变轨迹单元符合 USV 航行要求,即构建的运动规划路径具有平滑性特征。图 3-75 为风和流影响的 USV 运动规划算法流程图。

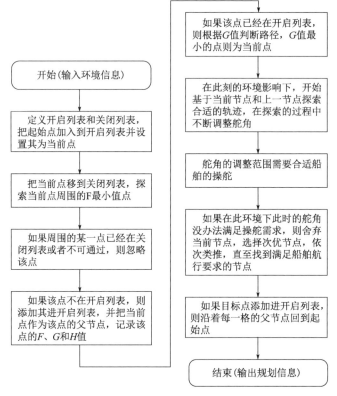

图 3-75 风和流影响的 USV 运动规划算法流程图

3.3.4 试验验证与分析

(1) 试验环境以及试验结果

图 3-76 为 USV 航行过程中受力示意图。在本试验中,受试验条件的限制,采取仿真模拟试验。在建立的动力学模型基础上,建立对应的运动模型,生成相应的轨迹单元。试验考虑了船速为 10kn、0°方向风速 2m/s 的干扰影响,并且考虑了 X 轴方向 1m/s 的流速影响和 Y 轴方向的 1m/s 的流速影响。

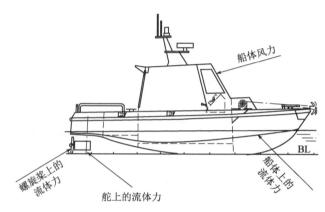

图 3-76　USV 航行过程中受力示意图

如图 3-77 所示,起点在(5,24)、终点在(20,10),无障碍物环境下,只有风和流干扰的 USV 运动规划试验结果图(图中"★"标记为起点,"▲"标记为终点,正方形网格顶点处的标记为障碍物,斜向上的箭头为水流的干扰,竖直向上箭头为风的干扰);如图 3-78 所示为起点(20,10)、终点(4,26)无障碍物,但有风和流干扰的环境下 USV 运动规划试验结果图;图 3-79 所示为起点(5,24)、终点(20,5)无障碍物但有风和流干扰的环境下 USV 运动规划结果图。

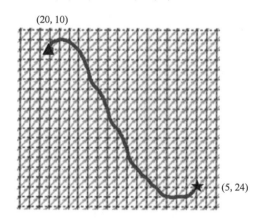 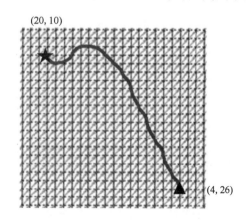

图 3-77　起点(5,24)、终点(20,10)无障碍物但有风和流干扰的环境下 USV 运动规划　　图 3-78　起点(20,10)、终点(4,26)无障碍物但有风和流干扰的环境下 USV 运动规划

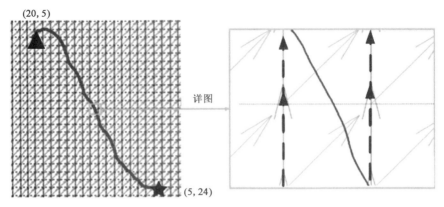

图 3-79 起点（5,24）、终点（20,5）无障碍物但有风和流干扰的环境下 USV 运动规划局部细节图

图 3-80 为起点(25,6)、终点(5,24)有障碍物且有风和流干扰的环境下 USV 运动规划试验结果图；图 3-81 为起点(5,24)、终点(25,6)有障碍物且有风和流干扰的环境下 USV 运动规划试验结果图；图 3-82 为起点(2,9)、终点(25,24)有障碍物且有风和流干扰的环境下 USV 运动规划试验结果图；如图 3-83 所示为起点(25,24)、终点(2,9)有障碍物且有风和流干扰的环境下 USV 运动规划试验结果图；图 3-84 为起点(25,24)、终点(2,9)有障碍物且有风和流干扰的环境下 USV 运动规划试验结果图。

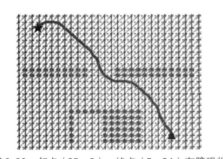

图 3-80 起点（25,6）、终点（5,24）有障碍物且有风和流干扰的环境下 USV 运动规划

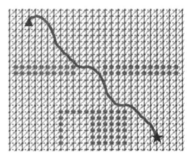

图 3-81 起点（5,24）、终点（25,6）有障碍物且有风和流干扰的环境下 USV 运动规划

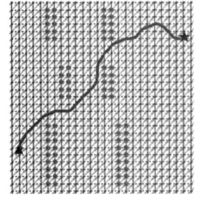

图 3-82 起点（2,9）、终点（25,24）有障碍物且有风和流干扰的环境下 USV 运动规划

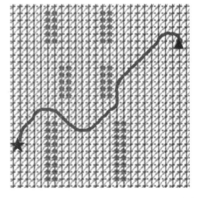

图 3-83 起点（25,24）、终点（2,9）有障碍物且有风和流干扰的环境下 USV 运动规划

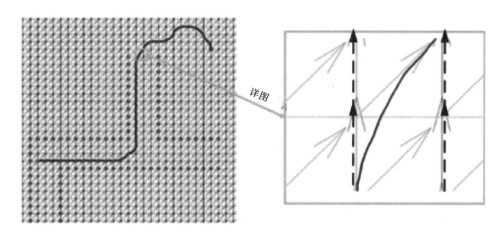

图 3-84 起点（25，24）、终点（2，9）有障碍物且有风和流干扰的环境下 USV 运动规划

（2）试验结果分析

本试验充分考虑了 USV 的动力学特性以及风和流对 USV 的影响。首先，分别分析风和流的干扰影响仿真试验，提取相关特征参数。其次，根据风和流的影响，构建相关时变轨迹单元，通过时变轨迹单元的压舵抵抗风和流的干扰。最后，以风速的 X 轴 2m/s 和 Y 轴 1m/s 流速环境为例进行仿真试验。试验得出，在环境干扰下，USV 的航行轨迹呈现不规则变化，但是本书通过时变轨迹单元的压舵抵抗环境干扰，使得航迹尽可能地平滑和距离最短。

3.4 基于 Dyna-H 框架的路径规划方法

3.4.1 理论基础

在 Dyna 学习框架中，智能体首先在环境中运行，获得直接经验，然后生成模型。利用模型获取模拟经验，将真实经验和模拟经验作用于智能体，帮助智能体学习和规划合适的策略。

Dyna 框架结合 Q-learning 算法形成 Dyna-Q 算法。Dyna-Q 算法直接强化学习为单步 Q-learning，由记录经验的 Q 表构建模型学习。规划方法采用随机产生已经出现的状态动作对，模型使用该状态对作为输入，并产生下一个预测状态和奖励作为输出，模拟经验为单步 Q-learning。

不同类型强化学习算法比较见图 3-85。

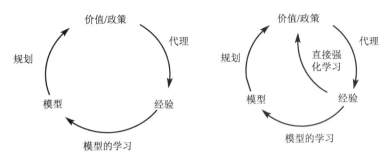

a) 基于模型的强化学习框架图　　b) 不基于模型的强化学习框架图

图 3-85　不同类型强化学习算法比较

3.4.2　基于改进 Dyna-H 框架的路径规划方法

Dyna-H 算法是一种启发式的强化学习算法。它通过预测智能体做出动作后到达下一个状态与终点之间的欧氏距离，探索更多环境，加速前期搜索速度。

(1) Dyna-H 框架

假设 $H(s,a)$ 是 state-action 的启发式规划函数，是判断 agent 在状态 s 下执行动作 a 的一种性能指标。Dyna-H 的思路是将各个状态到目标位置的欧氏距离作为启发函数，即：

$$H(s,a) = \| s' - goal \|^2 \tag{3-12}$$

式中，s' 表示状态对 (s,a) 进行模型查询的结果，即 $s' = P(s,a)$；$goal$ 为终点位置。在得到启发函数后，路径搜索的样本 (s,h_s) 就可以按照 $h_a(s) = \underset{a \in A}{\arg\max} H(s,a)$ 代表的最差启发式函数进行动作的选择。如图 3-86 所示，假设 agent 可选择的动作有 E、S、W 和 N 四个动作，如图 3-87、图 3-88 所示，agent 现在的状态为 26，目标状态为 20，根据最远欧氏距离启发函数，agent 选择状态 25 或 34 作为下一步规划。

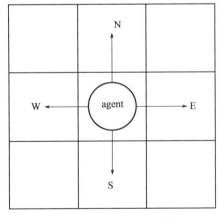

图 3-86　agent 可选择动作

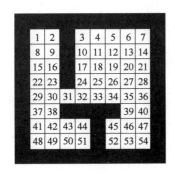
图 3-87 栅格地图

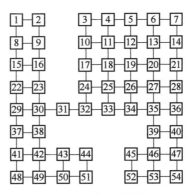
图 3-88 状态连接图

(2) 改进 Dyna-H 框架

Dyna-H 算法可以在障碍物较为疏散的迷宫问题中取得较好的初始性能,特别适用于 USV 这类智能无人设备的自主航行路径规划。USV 可看作一个质点,并且其行为是离散化的。路径搜索的动作如图 3-89 所示,分别为 E、S、W、N、NE、SE、SW 和 NW,其中,前四个动作距离为 1,后四个动作距离为 1.41,图中对应数值为编码过程中的对应关系。

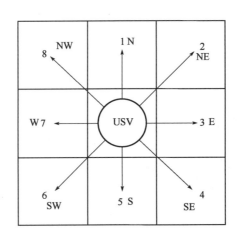

图 3-89 USV 可选择动作

奖励函数的设计决定了混合智能算法的收敛速度和收敛空间,具有引导 USV 搜索方向的作用。此外,奖励函数还可以评价动作的有效性和避障的安全性。在设计奖励函数时,需要计算出 USV 与障碍物之间的相对运动关系。此外,实际上还要考虑更多因素,如国际海上避碰规则、USV 航行安全、最短可行路径、转向次数和转向角度等因素。

USV 学习目的是到达设置的目标位置。奖励函数会奖励 USV 接近目标位置行为,否则就会受到惩罚。距离奖励函数 R_1 定义如下:

$$R_1 = \lambda \cdot R_d = \lambda \cdot \sqrt{(x_N - x_G)^2 + (y_N - y_G)^2} \quad (3-13)$$

式中,λ 为加权因子;R_d 为当前与目标位置距离;x_N 和 x_G 为当前和目标点位置横坐标,y_N

和 y_G 为当前和目标位置纵坐标。

在实际航行中,USV 需要在安全距离和时间上做出一定的抉择。在船舶领域安全距离被称为最近会遇距离(DCPA),计算公式如下:

$$DCPA = R_T\sin(\varphi_R - \varphi_T) \qquad (3\text{-}14)$$

式中,R_T、φ_R 和 φ_T 分别代表当前位置与障碍物间距离、障碍物方向、障碍物与船舶相对方向。

安全时间被称为最小会遇时间(TCPA),计算公式如下:

$$TCPA = R_T\cos(\varphi_R - \varphi_T)/V_R \qquad (3\text{-}15)$$

式中,V_R 表示船舶与障碍物间的相对速度。

奖励函数会根据不同的任务需要在时间约束和安全距离间做适当的取舍。因此,安全奖励函数 R_2 为:

$$R_2 = \beta \cdot DCPA + \mu \cdot TCPA \qquad (3\text{-}16)$$

式中,β 和 μ 代表加权因子。

根据国际海上的避碰规则,船舶在避开障碍物的过程中应避免过大的航行角度,同时也会尽量减少转向的次数。因此,航行安全奖励函数会惩罚导航转向角过大和转向次数过多的行为,否则会受到鼓励。航行安全奖励函数 R_3 为:

$$R_3 = \eta \cdot times + \vartheta \cdot angle \qquad (3\text{-}17)$$

式中,η 和 ϑ 代表加权系数;$times$ 为转向次数;$angle$ 为转向角度。

综上所述,USV 路径规划奖励函数 R 考虑上述三个因素,计算公式为:$R = R_1 + R_2 + R_3$。

改进 Dyna-H 算法伪代码如表 3-5 所示。

改进 Dyna-H 算法伪代码　　　　表 3-5

改进 Dyna-H 算法
Initialize $Q(s,a)$, $Model(s,a)$ $\forall s \in S, a \in A$
Repeat (for each episode):
$s \leftarrow$ current state
$a \leftarrow \varepsilon - greedy(s,Q)$
$r \leftarrow r_1 + r_2 + r_3$
execute a; observe s' and r
$Q(s,a) \leftarrow Q(s,a) + \alpha[r + \gamma \max_{a'} Q(s',a') - Q(s,a)]$
$Model(s,a) \leftarrow s', r$
for $i = 1$ to N
$a \leftarrow h_a(s,H)$
$Q(s,a) \leftarrow Q(s,a) + \alpha[r + \gamma \max_{a'} Q(s',a') - Q(s,a)]$
Until S is terminal

(3) 改进 Dyna-H 框架路径规划法的实现

随机生成位置各不相同、像素为 39×36 的地图,每个 1×1 像素块的颜色代表环境的一种状态,黑色像素块代表障碍物,白色像素块为可航行区域。

3.4.3 试验验证与分析

为了验证改进 Dyna-H 算法的有效性,分别在不同地图环境下采用改进后 Dyna-H 算法进行仿真研究。在仿真试验中,相关参数设置为 $\alpha=0.1, \gamma=0.95, \varepsilon=0.1, \lambda 、\beta 、\mu 、\eta$ 和 ϑ 均为 1。每个地图环境都独立运行,所有的例子都取障碍物密度为 0.3,规划步数 $pstep=35$。

图 3-90 为不同 episode 下最优路径。图 3-91 为不同 episode 下最优路径对应的 steps。在训练 100 次以内时,最优路径出现在第 78 episode 对应的 steps 为 63,distance 为 75.669;训练在 1000 次以内时,最优路径出现在第 388 episode 对应的 steps 为 62,distance 为 74.598;训练在 10000 次以内时,最优路径出现在第 10000 episode 对应的 steps 为 36,distance 为 48.012。从仿真结果中我们不难发现,改进 Dyna-H 算法可规划出一条路径,随着训练次数增加,路径会更短,所需 step 会更少。图 3-91 为不同训练次数下的收敛曲线,在 10 episode 内混合智能算法会从发散变为收敛,从 10 至 4000 episode 会逐渐收敛,但有明显的波动,从 4000 至 10000 会缓慢收敛且无明显波动。图 3-92 为不同密度下搜索的路径,可以看出障碍物密度的大小不会影响路径生成,说明改进 Dyna-H 算法具有普遍适用性。

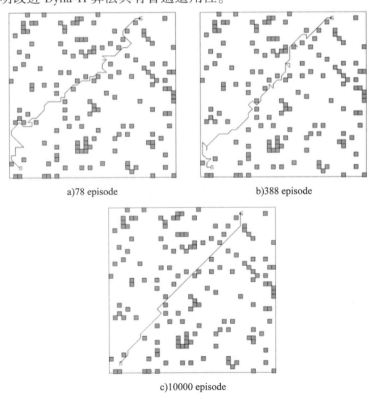

a) 78 episode b) 388 episode

c) 10000 episode

图 3-90 不同 episode 下最优路径

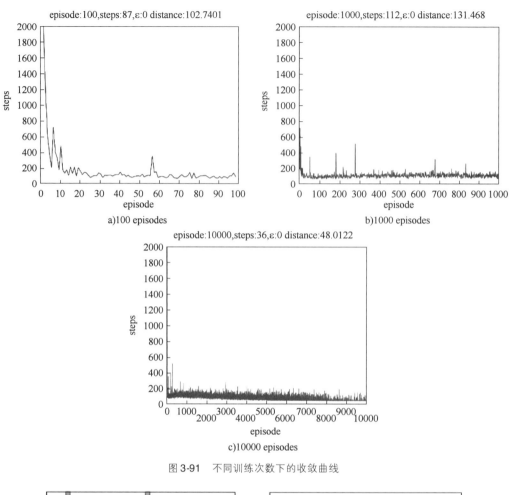

图 3-91 不同训练次数下的收敛曲线

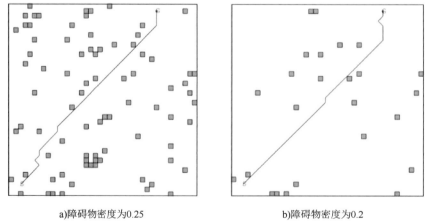

图 3-92 不同密度下搜索的路径

从图 3-93c) 和图 3-95c) 中可以看出,针对不同的地图环境采用混合智能算法都能搜寻到一条可行的路径。因此,该算法可以在 USV 路径规划中应对不同的障碍物环境。

针对图 3-93 和图 3-95 的地图环境,分别采用 Q-Learning、Dyna-Q 和改进 Dyna-H 算法进行试验,图 3-94 和图 3-96 分别为地图 1、地图 2 环境下不同算法的学习曲线,从图 3-94a) 和图 3-96a) 中不难发现 Q-Learning 的收敛速度十分缓慢,且在收敛后仍具有较大波动幅度。它始于 2000 个 step,大约在 episode 于 150 开始加快收敛。从图 3-94b) 和图 3-96b) 中可以看出,Dyna-Q 的收敛速度快于 Q-Learning,大约在 episode 为 100 时,加快收敛,且收敛后的波动幅度小于 Q-Learning。从图 3-94c) 和图 3-96c) 可以看出,与其他两种算法相比,改进 Dyna-H 算法于 1700 个 step 开始,在 10 个 episode 内急剧减少到大约 120 个 step,极大地提高了收敛速度。这意味着改进 Dyna-H 算法在搜索速度和搜索质量上都得到了明显的提升。

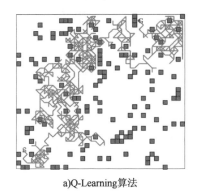

a)Q-Learning算法

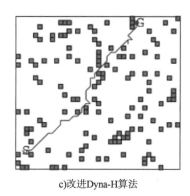

c)改进Dyna-H算法

图 3-93　地图 1 环境下规划的路径

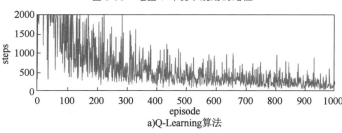

a)Q-Learning算法

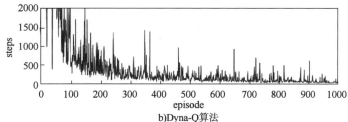

b)Dyna-Q算法

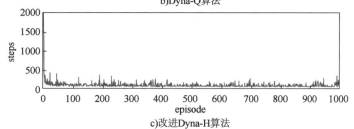

c)改进Dyna-H算法

图 3-94　地图 1 环境下不同算法的学习曲线

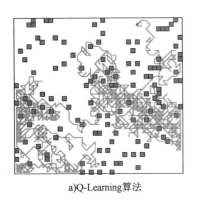 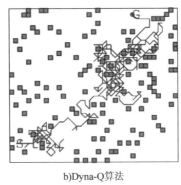 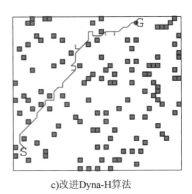

a)Q-Learning算法　　　　　　b)Dyna-Q算法　　　　　　c)改进Dyna-H算法

图 3-95　地图 2 环境下规划的路径

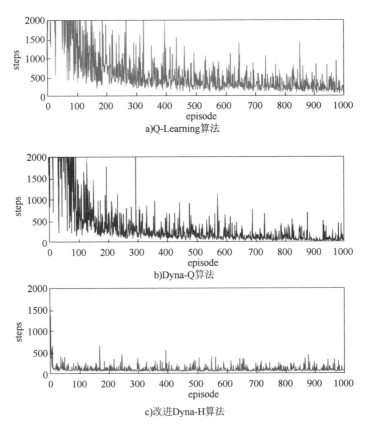

a)Q-Learning算法

b)Dyna-Q算法

c)改进Dyna-H算法

图 3-96　地图 2 环境下不同算法的学习曲线

图 3-97 中展示每隔 10 个 episode 下三种方法规划的路径长度。与其他两种算法相比，改进 Dyna-H 算法始于约 1300 个单位距离，并迅速减少至 300 个单位距离以下，在前 100 个 episode 性能提升接近 90%。

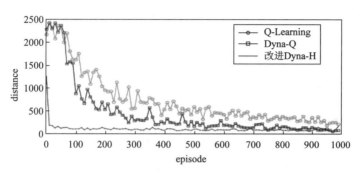

a) 地图1环境下三种算法规划路径距离对比

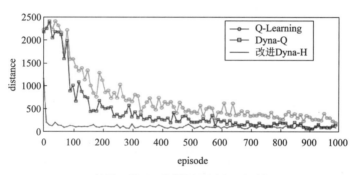

b) 地图2环境下三种算法规划路径距离对比

图 3-97　三种算法规划路径距离对比

3.5　改进 RRT*Smart 方法应用于水面无人艇局部路径规划

混合路径规划包括全局路径规划和局部路径规划。其中,局部路径规划是 USV 动态避障的主要手段。考虑目标偏向和避碰规则两个因素,对该算法进行改进,本节引入并改进 RRT*Smart 算法,实现 USV 的局部路径规划,并采用仿真验证改进 RRT*smart 算法。

3.5.1　改进 RRT*Smart 方法的基础理论

(1) 目标偏向采样思想

为了加快 RRT* 算法的搜索过程,在 RRT* 算法的基础上,引入了目标偏向采样的理论。即随机树在随机采样过程中,会按照均匀分布获得一个采样概率 p_a,如果 $p_a < p$,则 $X_{rand} = X_{goal}$;如果 $p_a > p_a$,则按照原有的随机采样方式获取采样点,其伪代码见表 3-6。

目标偏向采样理论伪代码 表 3-6

目标偏向采样理论
$p_a = rand(0,1)$; $if\ p_a < p$ $X_{rand} = X_{goal}$; $else$ $X_{rand} = SamplePoint$;

通过引入目标偏向采样理论,在 RRT * 算法路径搜索过程中可以减少随机性,增强目标性,从而提升搜索效率。

(2) DCPA 和 TCPA

用 DCPA(最近会遇距离)和 TCPA(最小会遇时间)衡量两船间的碰撞风险。DCPA 是依据本船与障碍船的状态计算出的两艘船会遇的最近距离,而 TCPA 则是到达该会遇位置的时间。

图 3-98 为 USV 与障碍物相对运动参数图,设 USV 的位置坐标为 $S_0(x_0,y_0)$,速度矢量 v_0 (v_{x0},v_{y0});障碍物的位置坐标为 $S_T(x_T,y_T)$,速度矢量为 $v_T(v_{xT},v_{yT})$,则在 USV 运动参数计算如下。

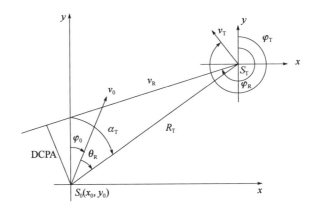

图 3-98　USV 与障碍物相对运动参数图

① USV 速度矢量:
速度大小 v_0 为:

$$v_0 = \sqrt{v_{x0}^2 + v_{y0}^2} \tag{3-18}$$

速度方向 φ_0 为:

$$\varphi_0 = \arctan \frac{v_{x0}}{v_{y0}} + \alpha \tag{3-19}$$

式中，$\alpha = \begin{cases} 0° & (v_{x0} \geq 0, v_{y0} \geq 0) \\ 180° & (v_{x0} < 0, v_{y0} < 0) \\ 180° & (v_{x0} \geq 0, v_{y0} < 0) \\ 360° & (v_{x0} < 0, v_{y0} \geq 0) \end{cases}$

② 障碍物的速度矢量：

速度大小 v_T 为：

$$v_T = \sqrt{v_{xT}^2 + v_{yT}^2} \tag{3-20}$$

速度方向 φ_T 为：

$$\varphi_T = \arctan \frac{v_{xT}}{v_{yT}} + \alpha \tag{3-21}$$

式中，$\alpha = \begin{cases} 0° & (v_{xT} \geq 0, v_{yT} \geq 0) \\ 180° & (v_{xT} < 0, v_{yT} < 0) \\ 180° & (v_{xT} \geq 0, v_{yT} < 0) \\ 360° & (v_{xT} < 0, v_{yT} \geq 0) \end{cases}$

③ 障碍物相对 USV 的运动速度矢量：

相对速度 v_R 计算式如下：

$$v_R = v_r - v_0 \tag{3-22}$$

v_R 在 x、y 轴上的分量为：

$$\begin{cases} v_{xR} = v_{xT} - v_{xo} \\ v_{yR} = v_{yT} - v_{yo} \end{cases} \tag{3-23}$$

v_R 的大小为：

$$v_R = \sqrt{(v_{xR}^2 + v_{yR}^2)} \tag{3-24}$$

v_R 的方向 φ_R 为：

$$\varphi_R = \arctan \frac{v_{xR}}{v_{yR}} + \alpha \tag{3-25}$$

式中，$\alpha = \begin{cases} 0° & (x_T - x_0 \geq 0, y_T - y_0 \geq 0) \\ 180° & (x_T - x_0 < 0, y_T - y_0 < 0) \\ 180° & (x_T - x_0 \geq 0, y_T - y_0 < 0) \\ 360° & (x_T - x_0 < 0, y_T - y_0 \geq 0) \end{cases}$

障碍物相对方位 θ_T：

$$\theta_T = \alpha_T - \varphi_0 \qquad (3-26)$$

障碍物与 USV 运动方向交叉角：

$$C_T = \varphi_T - \varphi_0 \qquad (3-27)$$

USV 与障碍物最近会遇距离：

$$\mathrm{DCPA} = R_T \cdot \sin(\varphi_R - \alpha_T - \pi) \qquad (3-28)$$

USV 与障碍物最小会遇时间：

$$\mathrm{TCPA} = R_T \cdot \cos(\varphi_R - \alpha_T - \pi)/v_R \qquad (3-29)$$

（3）考虑 COLREGs 的 RRT*Smart 算法

为提高 RRT*Smart 的采样性能，构建考虑国际海上避碰规则（International Regulations for Preventing Collisions at Sea,COLREGs）的采样空间。COLREGs 是为确保船舶航行安全，预防和减少船舶碰撞，规定在公海和连接于公海的一切通航水域共同遵守的海上交通规则。首先，通过使用最小允许 CPA 限制以及船舶之间的相对方位，确定当前的 COLREGs 场景。

《国际海上避碰规则》所列规则描述了两艘船舶最常见的碰撞风险情况，仅适用于两艘船舶均为动力驱动的情况。其中，规则 13～15 的图形表示如图 3-99 所示。

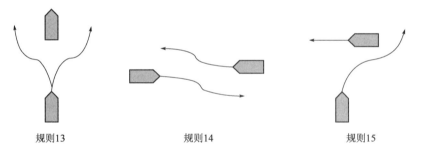

图 3-99 规则 13～15

规则 13 定义了追越过程，被超越的船只必须保持当前航向和速度，而另一艘可以在任一侧超越。规则 14 定义了相遇过程，两艘机动船在相遇时应当在左舷一侧通过。规则 15 定义了交叉相遇情景，当两艘机动船交叉相遇有碰撞危险时，在本船右舷的船舶应给他船让路，非让路船应当保持当前航向和航速。规则 16～17 提及让路船，应尽早地采取大幅度的行动。

规则 13～15 中的单船相遇可以用两个圆表示，如图 3-100 所示，内圈半径由 DCPA 确定，外圈半径由 TCPA 确定。在内圈内航行违反 CPA 限制，外圈表示需要执行操作的区域（给定时间跨度）。对于上述三种情况，采样空间都可以表示为半圆空间，追越情况可以自由地表示为空圆。通过将采样限制在此空间，可以确保所有点相对于 COLREGs 有效，使采样空间限制在规定的空间内，进而加快采样效率，即 COLREGs—RRT*Smart 算法。

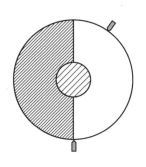 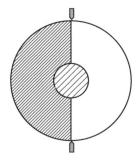 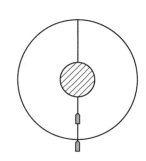

图 3-100　避碰规则示意图

3.5.2　改进 RRT * Smart 方法的实现

本节采用仿真试验,验证并改进 RRT * Smart 算法的有效性。仿真试验考虑两种场景,一是交叉相遇局面下的避碰场景,二是追越局面下的避让场景。分别设计了 3 组试验,其中试验 1(图 3-101 和图 3-102)为改进 RRT * Smart 算法的可行性验证,试验 2 为改进 RRT * Smart 算法和原生的两种算法(RRT 和 RRT * 算法)的性能比较,试验 3 为改进 RRT * Smart 算法的主要参数的敏感性分析。

图 3-101 为交叉相遇局面下的避碰场景。仿真试验表明,USV 会按照规划的全局路径航行,并不断地利用传感器设备检测他船的航向与速度,计算本船与他船的 TCPA 和 DCPA,当达到碰撞风险阈值时开始采取避障行动。USV 可以正确判断与他船间构成交叉相遇局面,采用改进 RRT * Smart 算法进行避障决策。本次避障行动沿 USV 右舷从他船尾部驶过,当确保二者不会碰撞后,USV 开始复航,慢慢回到计划航线上,顺利完成本次避障过程。

图 3-102 为追越局面下的避让场景。仿真试验表明,USV 会按照规划的全局路径航行,并不断地利用传感器设备检测他船的航向与速度,计算本船与他船的 TCPA 和 DCPA,当达到碰撞风险阈值时开始采取追越行动。USV 采用改进 RRT * Smart 算法进行追越决策。USV 从他船右侧追越,当解除碰撞风险后,USV 开始复航,慢慢回到计划航线上,顺利完成本次追越过程。

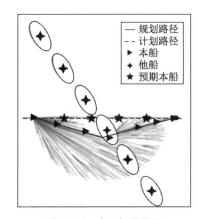 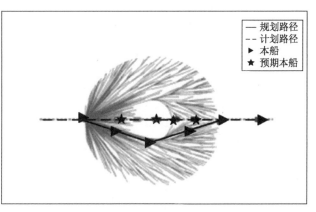

图 3-101　交叉相遇局面　　　　　　　图 3-102　追越局面

图 3-103 为 RRT 算法规划的路径,图 3-104 为 RRT∗算法规划的路径,其中图 3-104a)为交叉相遇局面时规划的路径,图 3-104b)为追越局面时规划的路径。从图 3-104 中可以看出,两种原生算法规划的路径蜿蜒曲折,需将平滑算法应用于实际航行中。表 3-7 和表 3-8 分别是改进 RRT∗Smart 与 RRT 算法、RRT∗算法在交叉相遇局面和改进 RRT∗Smart 与 RRT 算法、RRT∗算法在追越局面的比较。为了减少随机性带来的影响,本文对每个试验做 10 组,并取平均值。从上述的结果可以看出,相较于 RRT 算法和 RRT∗算法,改进 RRT∗Smart 算法在转向次数和路径长度上都明显小于前者,路径更平滑、距离更短,更符合 USV 的实际航行路径。

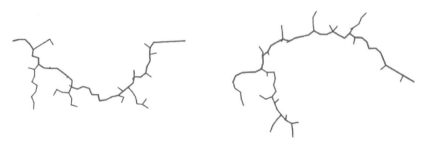

图 3-103 RRT 算法规划路径

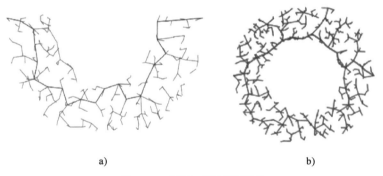

a)   b)

图 3-104 RRT∗算法规划路径

改进 RRT∗Smart 与 RRT、RRT∗算法交叉相局面的比较   表 3-7

项目	改进 RRT∗Smart	RRT	RRT∗
转向次数	2	27	20
路径长度	27.05	35.76	32.91

改进 RRT∗Smart 与 RRT、RRT∗算法追越局面的比较   表 3-8

项目	改进 RRT∗Smart	RRT	RRT∗
转向次数	2	26	17
路径长度	32.23	37.66	36.85

为了分析改进 RRT∗Smart 算法的主要参数敏感性,进行了相关试验。图 3-105 和图 3-106 分别为追越为不同步长对路径的影响。

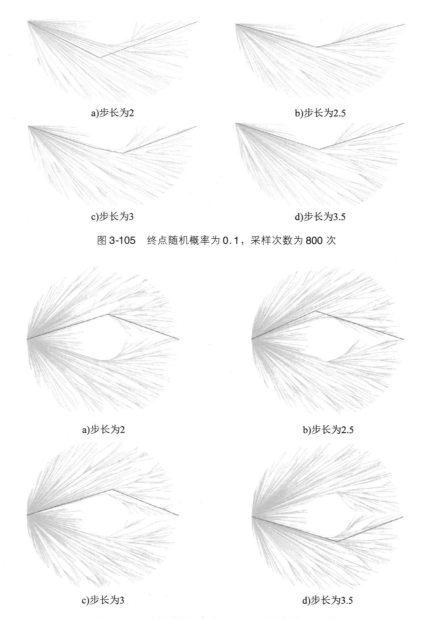

a) 步长为2　　　　　　　　　　b) 步长为2.5

c) 步长为3　　　　　　　　　　d) 步长为3.5

图 3-105　终点随机概率为 0.1，采样次数为 800 次

a) 步长为2　　　　　　　　　　b) 步长为2.5

c) 步长为3　　　　　　　　　　d) 步长为3.5

图 3-106　终点随机概率为 0.5，采样次数为 800 次

从图 3-105、图 3-106 可见，步长对最终规划路径具有一定的影响。随着步长的增加，初始路径搜索的速度会增快，但得到的路径不一定是最优，还需要调节参数，图 3-105 显示了避障过程，针对仿真试验需转向两次才可实现避障过程，但是很明显图 3-105a) 的操舵角度过大，不符合实际需求。图 3-106 显示的是追越的过程，追越过程水域宽阔则两侧均可追越，图 3-106a)～c) 从被追越船左舷完成追越，图 3-106d) 则从右舷完成追越。如出现因操舵角度过大不符合实际操作，放弃本次规划结果，调整参数重新规划。

图 3-107、图 3-108 为采样次数对规划路径结果影响，图 3-107a) 采样次数为 200 次，存在

因采样次数过低而未能搜索到终点的可能,没有最终的路径生成。随着采样次数增加,规划路径减少转向点个数,得到路径更短或操舵频率更低。

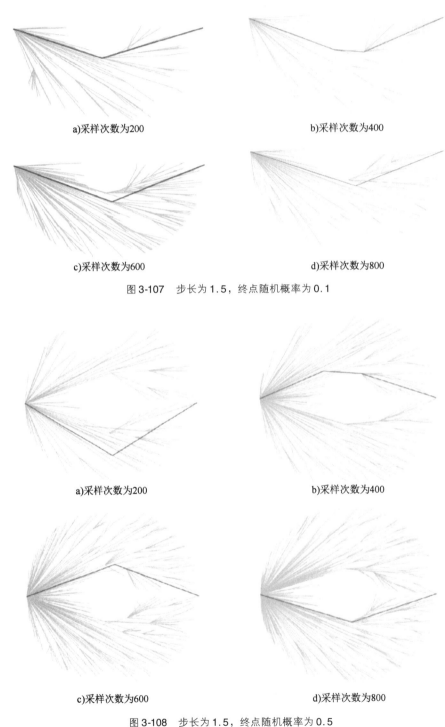

a)采样次数为200　　　　　　　　b)采样次数为400

c)采样次数为600　　　　　　　　d)采样次数为800

图3-107　步长为1.5,终点随机概率为0.1

a)采样次数为200　　　　　　　　b)采样次数为400

c)采样次数为600　　　　　　　　d)采样次数为800

图3-108　步长为1.5,终点随机概率为0.5

3.6 本章小结

本章围绕 USV 在受到多重复杂因素影响下的运动规划问题进行了系统深入地研究。针对多障碍物环境,在考虑 USV 动力学和航向等特性情况下,提出基于拓扑位置关系 USV 运动规划方法,实现了安全、高效的运动规划。针对受限水域环境,考虑 USV 操纵性以及动力学等特性,提出基于 LAA 的 USV 运动规划方法,优化搜索路径。针对风和流的影响,提出基于时变轨迹单元的 USV 运动规划方法。考虑 USV 航行路径受目标距离、最小会遇时间、最近会遇距离、转向次数和角度等多种因素约束,设计奖励函数,提出基于改进 Dyna-H 框架的路径规划方法。针对动态环境的路径规划问题,引入 COLREGs 避碰规则以及 TCPA 和 DCPA 计算指标,改进了 RRT * Smart 算法。

本章参考文献

[1] ZHOU C, GU S, WEN Y, et al. Motion planning for an unmanned surface vehicle based on topological position maps[J]. Ocean Engineering, 2020, 198: 106798.

[2] 顾尚定,周春辉,文元桥,等. 基于拓扑位置关系的无人艇路径搜索方法[J]. 中国航海, 2019(2): 11.

[3] Open Geospatial Consortium (OGC). Simple feature access—Part 2: SQL option[R]. OpenGIS Implementation Specification for Geographic Information, Version 1.2.1, 2018. 1-110. http://www.opengeospatial.org/standards/sfs.

[4] 刘小强,陈骏,邓国庆. 基础地理信息数据集自动生成数字地形图技术研究——软件设计与实现[J]. 测绘标准化, 2014, 30(2): 12-14.

[5] 陈占龙,冯齐奇,吴信才. 复合面状对象拓扑关系的表达模型[J]. 测绘学报, 2015, 44(2): 438-444.

[6] JUNGLAK C. Trends in Military Unmanned Surface Vehicle[J]. The Society of Naval Architects of Korea, 2014, 51: 3-8.

[7] FERRETTI S, ZERBE N. Using Unmanned Surface Vehicles for Harbor Security and Disaster Mitigation and Relief: Special Topic 5: Best Practices in Sensor Design and Use, Systems Operations and Data Management[C] // OCEANS 2019 MTS/IEEE SEATTLE. IEEE, 2019: 1-7.

[8] 王健,罗潇,刘旌扬,等.复合动力超长续航无人艇系统的设计与实现[J].船舶工程,2017,39(5):48-52.

[9] 谭西都.搜救无人艇航速及航向控制研究[D].杭州:浙江大学,2019.

[10] PANDEY J, HASEGAWA K. Path Following of Underactuated Catamaran Surface Vessel (W-AM-V) using Fuzzy WaypointGuidance Algorithm[J]. IEEE Intellisys, 2016: 995-1000.

第 4 章 Chapter 04

水面无人艇运动控制理论与制导方法

USV 运动控制理论方法是运动控制器设计的基本原理,包含对所设计控制方法稳定性理论的证明,以及控制器设计的基本流程。具体来说,其包括一个普适的被控对象,根据实时状态值和期望值设计的误差控制系统,以及控制方法的设计、稳定性分析等,为 USV 这种非线性、高耦合度的动态系统设计奠定了基础。本章通过讨论 USV 的常见制导算法,得到 USV 的期望艏向角,为 USV 实现目标点跟踪等任务奠定基础。

4.1 水面无人艇运动控制理论方法

4.1.1 全系数自适应控制方法

基于特征模型的智能自适应控制理论和方法是一种结构简单、参数易调节的全系数自适应控制方法。与双极模糊控制、模糊 PID 控制、滑模控制、反步法和神经网络等方法相比,更易在工程中实现,本节首先介绍全系数自适应控制的基本原理和方法。

(1)基于特征模型的全系数自适应控制理论和方法

基于特征模型的自适应控制算法是为提高控制的动、静态性能,提出了维持/跟踪控制、逻辑积分控制和逻辑微分控制等一系列工程实用的控制理论和方法。结合上述方法,吸收了自适应控制思想,根据工程条件和专业人员的经验,保证了自适应控制在工程领域的成功应用。

图 4-1 为基于特征模型的全系数自适应控制结构图。图中包含了黄金分割自适应控制器、维持/跟踪控制器、逻辑积分控制器、逻辑微分控制器。然而,在实际应用中,根据对象特点与控制性能要求不同,这四种控制器在某个具体系统中可能全用,也可能只用其中一部分。虚线框内为全系数自适应控制器,图中 W_M 是维持/跟踪控制器,W_H 是黄金分割自适应控制器,L_D 是逻辑微分控制器,L_I 是逻辑积分控制器,$X_r(k)$ 是参考输入,$u(k)$ 是控制量总输入,W_D 表示被控对象,$X(k)$ 是实际输出,$Y(k) = X_r(k) - X(k)$ 表示输出误差。

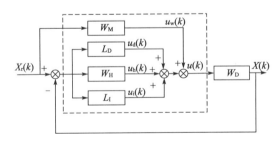

图 4-1 基于特征模型的全系数自适应控制结构

$k+1$ 时刻实际输出 $X(k+1)$ 可按式(4-1)计算：

$$X(k+1) = f_1 X(k) + f_2 X(k-1) + g_0 u(k) \tag{4-1}$$

式中，$X_r(k)$ 为期望输出；$X(k)$ 为实际输出；f_1、f_2 和 g_0 为参数估计值。

总控制量可按式(4-2)计算

$$u(k) = u_h(k) + u_w(k) + u_i(k) + u_d(k) \tag{4-2}$$

式中，$u_h(k)$ 为维持控制；$u_w(k)$ 为黄金分割自适应控制；$u_i(k)$ 为逻辑积分控制器；$u_d(k)$ 为逻辑微分控制。下面分别介绍各控制器。

(2) 黄金分割自适应控制器

黄金分割自适应控制器是指针对一个二阶系统，见式(4-3)。

$$X(k+1) = F_1 \times X(k) + F_2 \times X(k-1) + G_0 \times u(k) + G_1 \times u(k-1) \tag{4-3}$$

式中，F_1、F_2、G_0、G_1 为系统固有参数。

构成一个黄金分割比与最小方差相结合的黄金分割自适应控制器，见式(4-4)。

$$u(k) = -\frac{1}{\hat{\beta}_0(k)}[l_1 \hat{a}_1(k) e(k) + l_2 \hat{a}_2(k) Y(k-1)] \tag{4-4}$$

式中，黄金分割系数 $l_1 = 0.382$、$l_2 = 0.618$；$\hat{a}_1$、$\hat{a}_2$、$\hat{\beta}_0$ 为控制器参数估计值；$Y(k)$ 为转速误差，即：$Y(k) = X_r(k) - X(k)$，其中 $X_r(k)$ 为 k 时刻参考输入。

(3) 维持/跟踪控制器

维持/跟踪的控制量 $u_w(k)$ 是为了保持实际输出 $X(k)$ 为一定值 $X_r(k)$ 或跟踪某一理想输出曲线 $X_m(k)$。维持/跟踪控制量 $u_w(k)$ 是由估计参数计算所得。

如果系统要跟踪某个理想输出曲线 $X_m(k)$ 且可以实时估计出参数 $\alpha_i(k)$ 和 $\beta_j(k)$，则有：

$$u_w(k) = \frac{1}{\beta_0(k)}[X_M(k+k_0) - \phi_M^T(k+k_0-1)\theta(k)] \tag{4-5}$$

式中：

$$\begin{aligned}\phi_M^T(k+k_0-1) &= [X_M(k+k_0-1), X_M(k+k_0-2), \cdots, X_M(k+k_0-n),\\ &\quad u_w(k-1), \cdots, u_w(k_0-n+1)]\theta(k)^T \\ &= [a_1(k), a_2(k), \cdots, a_n(k), \beta_1(k), \beta_2(k), \cdots, \beta_{n-1}(k)]\end{aligned} \tag{4-6}$$

(4) 逻辑积分控制器

逻辑积分控制器可以消除参数估计有偏和非零均值干扰，以保证系统在过渡过程阶段有较好的动态品质。其积分系数的逻辑切换是根据输出误差及其变化率的关系自动进行的。

$$u_i(k) = k_i e(k) + c u_i(k-1) \tag{4-7}$$

$$k_i = \begin{cases} k_1 & Y(k) - Y(k-1) \leq \Delta \\ k_2 & Y(k) - Y(k-1) > \Delta \end{cases} \quad (4\text{-}8)$$

式中,k_1、k_2 为可调参数,$k_2 > k_1 > 0$;Δ 为正数;$u_1(k)$、$u_1(k-1)$ 分别为当前和前一时刻的逻辑积分控制量。

①逻辑积分基本原理:

逻辑积分原理图如图 4-2 所示。

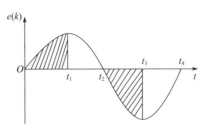

图 4-2 逻辑积分基本原理示意图

a. 当输出时刻在 $t \in (0, t_1)$ 内,输出误差 $Y(k)$ 正向越来越大,即正向偏离给定值越来越远,则需要加大积分系数使 $Y(k)$ 下降,即取 $k_i = k_2$。

b. 当输出时刻在 $t \in (t_1, t_2)$ 内,$Y(k)$ 是正误差,但已经开始下降,即越来越靠近给定值,则积分系数应减小或变为零,即取 $k_i = k_2$。

c. 当输出时刻在 $t \in (t_2, t_3)$ 内,$Y(k)$ 负向越来越大,即负向偏离给定值越来越远,需要加大积分系数使 $Y(k)$ 上升,即取 $k_i = k_2$。

d. 当输出时刻在 $t \in (t_3, t_4)$ 内,$Y(k)$ 仍为负值,但开始上升即越来越靠近给定值,此时积分系数应减小,即取 $k_i = k_2$。c 用来在必要的时候去除积分,c 取值公式见式(4-9)。

$$c = \begin{cases} -1 & Y(k) - Y(k-1) \geq 0 \\ 0 & Y(k) - Y(k-1) < 0 \end{cases} \quad (4\text{-}9)$$

②一般情况下,$c = 1$:

理想输出曲线如图 4-3 所示。

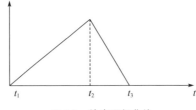

图 4-3 输出理想曲线

a. 当输出时刻在 $t \in (t_1, t_2)$ 内,正常积分则取 $c = 1$;

b. 当输出时刻在 $t \in (t_2, t_3)$ 内,突然下降,必须将原始积累控制量释放掉,此时一般取 $c = 0$;

c. 如果 $t \in (t_2, t_3)$，下降很快则可以取 $c = -1$。

当然，$c \in [-1, 1]$，某些简单情况下，可从集合 $\{-1, 0, 1\}$ 中选取。

(5) 逻辑微分控制器

逻辑微分控制器可以改善系统的动态品质。它不同于一般微分控制器，按控制动态性能要求设计，微分系数可以根据不同运行阶段自动切换，也可以按需求自动改变微分系数大小。逻辑微分控制器的变化规律是输出偏差、偏差速率的非线性函数关系，既能解决稳态输出误差的微幅振荡，又能在过渡过程中不影响快速性、防止超调。

逻辑微分可以分为两种类型：

① 过渡过程阶段，快速到达给定值且阻尼不会过大；稳态时，或微幅振荡时需要加大阻尼，如果微分系数 k_d 不变，微分值 $X(k) - X(k-1)$ 也很小，微分作用会很小；如果微分系数 k_d 能随误差 $|Y(k)|$ 的减少而自动地变大，微分作用就可能会增大。利用"1"这个数的特点，大于1的数值开方后比原数值小；反之，小于1的数值开方后就比原数值大。根据这个原理，设计逻辑微分的形式如下：

$$\begin{cases} u_d(k) = k_d \dfrac{X(k) - X(k-1)}{\Delta t} \\ k_d = \begin{cases} k_{d1} & |X(k)| \gg |\varepsilon| \\ k_{d2} & |X(k)| \ll |\varepsilon| \end{cases} \\ k_{d1} < k_{d2} \end{cases} \quad (4\text{-}10)$$

② 当期望值例如速度发生变化时，必须迅速增大速度微分作用。同样利用上述原理，使微分系数 k_d 与速度误差成比例关系，设计逻辑微分控制器：

$$\begin{cases} u_d(k) = k_d [V(k) - V(k-1)] \\ k_d = d'[V_\varepsilon(k)] \quad (d > 1) \end{cases} \quad (4\text{-}11)$$

式中，$V_\varepsilon(k) = V(k) - V_r(k)$；$V_r(k)$ 为需要维持/跟踪的速度，微分系数 k_d 还可以写成如下形式：

$$k_d = d' \sqrt{\sum_{i=1}^{N} \{V_\varepsilon^2(k-N+i) + [V(k-N+i) - V(k-N+i-1)]^2\}} \quad (4\text{-}12)$$

(6) 全系数自适应控制器总控制量

为使被控对象在位置保持及调节与跟踪控制均能达到控制性能要求，设计全系数自适应控制器，其控制器包括维持/跟踪、反馈控制两大类。除了传统的最小方差、最优控制等方法外，本控制方法特有的控制器设计主要有：维持/跟踪控制、黄金分割自适应控制、逻辑积分和逻辑微分控制。

全系数自适应控制器的总控制量为：

$$u(k) = u_h(k) + u_w(k) + u_i(k) + u_d(k) \qquad (4\text{-}13)$$

根据对象特点与控制性能要求不同,这四种控制律在某个具体的系统之中可能只需要用到其中一部分。

4.1.2 离散滑模控制方法

实际工程应用中,采样频率的限制及计算机本质的非连续性,控制系统均为离散系统。从原理上来说,滑模控制是通过连续不断地切换,才能产生等效控制量 u_{eq},这在实际生产过程中是难以实现的。为解决滑模控制的工程应用问题,离散滑模控制迅速发展起来,成为滑模控制研究领域的重要内容,在工程领域得到广泛应用。本节介绍离散滑模控制的理论方法,并证明其稳定性。

(1) 离散滑模控制的存在性与可达性

设离散系统的状态方程为:

$$x(k+1) = Ax(k) + Bu(k) \qquad (4\text{-}14)$$

式中,A、B 为系统固有参数;$u(k)$ 为系统输入;设计切换函数如下:

$$s(k) = Cx(k) \qquad (4\text{-}15)$$

式中,$s(k)$ 为切换函数表达式;$C = [c_1, c_2, \cdots, c_n]$,$c_n = 1.0$。下面证明离散系统滑模控制滑动模态的存在性、可达性与控制的稳定性。

对于离散系统,其可达性可根据连续系统推广得到:

$$[s(k+1) - s(k)]s(k) < 0 \qquad (4\text{-}16)$$

但该条件仅仅是离散滑模稳定的必要条件,下面直接给出离散滑模控制存在和到达条件,详细证明过程见参考文献[3]。

选取李雅普诺夫函数,如下:

$$V(k) = \frac{1}{2}s^2(k) \qquad (4\text{-}17)$$

当系统满足条件 $\Delta V(k) = s^2(k+1) - s^2(k) < 0$,$s(k) \neq 0$ 时,根据李雅普诺夫稳定性定理,$s(k) = 0$ 是全局渐进稳定的平衡面,即在任意的初始状态下,系统都会趋向于滑模面 $s(k)$。所以,离散滑模控制的到达条件为:

$$s^2(k+1) < s^2(k) \qquad (4\text{-}18)$$

假设采样时间 T 非常小,此时离散滑模控制的存在和到达条件如下:

$$[s(k+1) - s(k)]\text{sgn}[s(k)] < 0 \qquad (4\text{-}19)$$

$$[s(k+1) + s(k)]\text{sgn}[s(k)] > 0 \qquad (4\text{-}20)$$

式中,$\text{sgn}[s(k)]$ 为符号函数,且满足 $\text{sgn}[s(k)] = \begin{cases} 1 & s(k) > 0 \\ -1 & s(k) < 0 \end{cases}$,$s(k) = 0$ 时,$\text{sgn}[s(k)] = 0$。

(2) 离散滑模控制的不变性

离散系统如式(4-21)所示：

$$x(k+1) = Gx(k) + \Delta Gx(k) + Bu(k) + Df(k) \tag{4-21}$$

式中：$\Delta Gx(k)$ 表示系统的参数摄动；$Df(k)$ 表示受到的外界干扰；$x(k) \in R^n$，$u(k) \in R^m$，$f(k) \in R^l$。

假设摄动与干扰满足：

$$\Delta G = B\tilde{G}, D = B\tilde{D} \tag{4-22}$$

式中，$\tilde{G}$、$\tilde{D}$ 是不确定的。则式(4-21)可写成：

$$x(k+1) = Gx(k) + B[\tilde{G}(k) + u(k) + \tilde{D}f(k)] \tag{4-23}$$

式中，$x(k) \in R^n$，$u(k) \in R^m$，$f(k) \in R^l$。

由式(4-23)可知，离散系统具有对参数变化和干扰的不变性。

(3) 基于趋近律的离散滑模控制

趋近律控制策略是滑模控制理论中的常见控制器设计方法。在功能上，既可以分析系统在滑模面上的运动状态，也能够有效地设计趋近段的系统动态过程，最终保证被控系统在整个控制过程中的良好运动品质。

连续滑模控制方法中常用的趋近律是指数趋近律：

$$\dot{s}(t) = -\varepsilon\,\mathrm{sgn}[s(t)] - qs(t) \tag{4-24}$$

式中，$\varepsilon > 0$；$q > 0$。

式(4-14)所示的离散系统中，当采样时间为 t_s 时，可通过将式(4-24)进行离散化，从而得到离散指数趋近律为：

$$s(k+1) - s(k) = -qt_s s(k) - \varepsilon t_s \mathrm{sgn}[s(k)] \tag{4-25}$$

式中，$\varepsilon > 0$；$q > 0$；$1 - qt_s > 0$。

式(4-25)满足：

$$\begin{aligned}[s(k+1) - s(k)]\mathrm{sgn}(s) &= \{-qt_s s(k) - \varepsilon t_s \mathrm{sgn}[s(k)]\}\mathrm{sgn}(s) \\ &= -qt_s|s(k)| - \varepsilon t_s|s(k)| < 0\end{aligned} \tag{4-26}$$

当采样时间非常小时，有：

$$\begin{aligned}[s(k+1) + s(k)]\mathrm{sgn}(s) &= \{(2 - qt_s)s(k) - \varepsilon t_s \mathrm{sgn}[s(k)]\}\mathrm{sgn}(s) \\ &= (2 - qt_s)|s(k)| - \varepsilon t_s|s(k)| > 0\end{aligned} \tag{4-27}$$

且式(4-25)所示的趋近律满足到达条件。

4.1.3 二型模糊控制方法

USV 运动控制器根据给定的航向、航速，通过快速缩小航向、航速变化过程中的误差，使得 USV 达到期望的航向、航速,控制器必须克服水上环境变化,保证 USV 控制的稳定性与鲁棒性。因此,开展控制器鲁棒性研究具有实际意义。二型模糊逻辑系统(Type-2 Fuzzy Logic System,T2FLS)能结合环境特征和控制目标及性能要求,克服一般控制器在面对不确定干扰时的不稳定性和较大的抖动,从而建立鲁棒性、稳定性较强的控制器。本节介绍二型模糊控制原理。

(1) 二型模糊控制器基本原理

对于普通的一型模糊控制器,根据模糊控制器的输入输出变量的数目不同,可以分为单输入单输出、双输入单输出、多输入单输出以及多输入多输出模糊控制器等形式。目前,最常用的是双输入单输出模糊控制器,一般将误差以及误差变化率作为输入进行控制,类似于 PD (Proportion Derivative)控制器,可以较好地反映被控对象的动态特性,控制效果较好,被广泛应用到控制领域,但模糊控制存在精度不高、自适应性较差、振荡明显、控制规则优化困难等缺点。模糊控制器的基本结构包括模糊化接口、知识库、模糊推理、解模糊接口四部分。

T2FLS 能直接处理系统的不确定性,而一型模糊逻辑系统(Type-1 Fuzzy Logic System,T1FLS)则不能。如图 4-4 所示,T1FLS 的输出是一个明确的值;T2FLS 的输出集需要经过一个类型缩减器(TR,type-reducer)将二型模糊输出集先简化为一型模糊输出集,再传递给解模糊器(Defuzzifier),从而最终得到清晰的输出集。

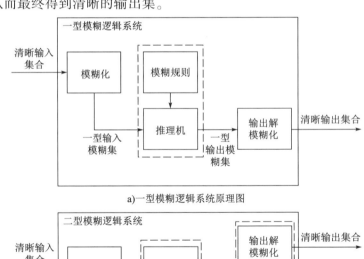

a) 一型模糊逻辑系统原理图

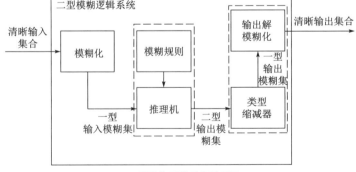

b) 二型模糊逻辑系统原理图

图 4-4 一型与二型模糊逻辑系统原理图

首先,简单地介绍1型系统。T2FLS的构建与T1FLS的情况几乎相同。基于规则的Mamdani模糊系统包含一组 l 规则($l=1,\cdots,m$),对于具有两个输入和一个输出的模型具有以下结构式:

$$\begin{cases} R^l: \text{if} \quad x_1 \text{is} F_1^l \quad \text{and} \quad x_2 \text{is} F_2^l \quad \text{then} \\ \qquad\qquad y^l = G^l \end{cases} \quad (4-28)$$

式中,x_1、x_2 是输入的语言变量;y 是域 X_1、X_2 和 Y 中的输出语言变量。其中,$F_1^l \in \{F_{1,1},\cdots,F_{1,n1}\}$,$F_2^l \in \{F_{1,1},\cdots,F_{1,n2}\}$,将输出集合(Output FS)$G^l \in \{G_{1,1},\cdots,G_{1,m2}\}$ 称作语言值,y^l 是整个规则最后的结果。

Type-1 和 Type-2 系统的主要区别在于 Type-1 使用 T1FS,而后者使用至少一个 T2FS。Type-2 模糊集 $\tilde{A}$ 可以通过式(4-29)定义:

$$\tilde{A} = \begin{cases} (x,u) \quad \mu_{\tilde{A}}(x,u) \mid \forall x \in X \\ \forall u \in J_x \subseteq [0,1] \quad \mu_{\tilde{A}}(x,u) \in [0,1] \end{cases} \quad (4-29)$$

式中:X 是模糊变量的域;u 称作区间型隶属度函数,其中,$u \in J_x \subseteq [0,1]$,$\mu_{\tilde{A}}(x,u)$ 是一种二维的隶属度函数。u 拥有下级隶属度函数 $\underline{\mu}_{\tilde{A}}(x,u)$,和上级隶属度函数 $\overline{\mu}_{\tilde{A}}(x,u)$。

区间型二型模糊的推理可以用式(4-30)表示,其中 $\bar{f}^l$ 和 $\underline{f}^l$ 表示由(4-31)(4-32)定义0触发集B的上下界则由式(4-33)、式(4-34)来定义。

$$\mu_{\tilde{B}}(y) = \int_{b \in [[\underline{f}^1 \tilde{*} \underline{\mu}_{\tilde{C}^1}(y)] \vee \cdots \vee [\underline{f}^N \tilde{*} \underline{\mu}_{\tilde{C}^N}(y)]], [\bar{f}^1 \tilde{*} \bar{\mu}_{\tilde{C}^1}(y)] \vee \cdots \vee [\bar{f}^N \tilde{*} \bar{\mu}_{\tilde{C}^N}(y)]]} 1/b, y \in Y \quad (4-30)$$

$$\underline{f}^l(x') = \underline{\mu}_{\tilde{F}_1^l}(x'_1) \tilde{*} \cdots \tilde{*} \underline{\mu}_{\tilde{F}_{p1}^l}(x'_p) \quad (4-31)$$

$$\bar{f}^l(x') = \bar{\mu}_{\tilde{F}_1^l}(x'_1) \tilde{*} \cdots \tilde{*} \bar{\mu}_{\tilde{F}_{p1}^l}(x'_p) \quad (4-32)$$

$$\underline{b}^l(y) = \underline{f}^l \tilde{*} \underline{\mu}_{\tilde{C}^l}(y) \quad (4-33)$$

$$\bar{b}^l(y) = \bar{f}^l \tilde{*} \bar{\mu}_{\tilde{C}^l}(y) \quad (4-34)$$

(2)类型缩减器(Type-Reducer)原理介绍

在二型模糊逻辑系统中,类型缩减器 type-reducer(TR)起着至关重要的作用。TR 将推理输出的二型模糊输出集转化为一型的模糊输出集,从而最终转变为清晰的输出值。首先,获取二类模糊集的质心,通常表示为一个区间,称为 TR 集。传统的 Karnik-Mendel(KM)算法尽管是一种极为精确的方法,但一般需要 2~6 次迭代后才能收敛。下面简单地介绍一下 KM 类型缩减器。

KM 算法是一个迭代的过程,能获取到 $[y_l, y_r]$ 给出的区间二型模糊逻辑系统的质心不确定区间。与一型模糊系统地去模糊化类似,Karnik 等基于一型去模糊化的过程,提出了几种较为常见的用于执行 T2FS 的类型缩减器,如高度和高度修正 TR、质心 TR、中心集 TR 等。了解去模糊化方法的选择对于结果有着重要的影响,其中高度和高度修正 TR 有着较为简单的执行过程。但是,当触发规则库中的单个规则时,这些方法返回的结果是不一样的。质心 TR 需要更大量的计算,对于每个新的系统输入,需要合并所有的规则产生的 FS 后,才能得到这个输入产生的质心。中心集 TR 是一种常用的方法,与质心 TR 相比,需要执行的操作要更少,对于每个模糊集进行先验计算,其值是与系统的输入变量变化无关,因此可以作为中心集 TR 的常数。因此,在每个新输入到系统之后,应根据每个规则的上限和下限触发级别的组合对存储的质心进行加权平均。由于中心集 TR 不可避免地需要计算每个后续二型模糊集的质心一次,因此本文选用质心 TR 的方式作为主要类型缩减器。下面介绍其简单原理。

与质心去模糊化过程类似,质心 TR 首先从 type-2 模糊集中获取 K 个样本。由于二型模糊集的不确定区间(Foot of Uncertainty, FOU)嵌入了多个一型模糊集,要进行 TR 计算,首先要得到两个质心最接近二型模糊集质心上界和下界的一型模糊集。以图 4-5 中的 $\tilde{G}_{out}$ 模糊集为例,使用采样的上下界来寻找最合适的切换点 $[L,R]$ 的最优值。

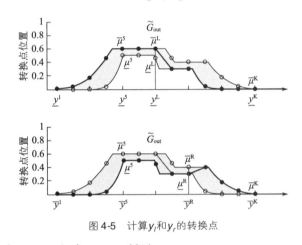

图 4-5　计算 y_l 和 y_r 的转换点

候选点的选择如式(4-35)和式(4-36)所示:

$$y_l(k) = \frac{\sum_{i=1}^{k} y_*^i \mu_{\tilde{G}_{out}}^{i*} + \sum_{i=k+1}^{K} y_*^i \mu_{\tilde{G}_{out}^*}^{i}}{\sum_{i=1}^{k} \mu_{\tilde{G}_{out}}^{i*} + \sum_{i=k+1}^{K} \mu_{\tilde{G}_{out}^*}^{i}} \tag{4-35}$$

$$y_l(k) = \frac{\sum_{i=1}^{k} y^{i*} \mu_{\tilde{G}_{out}^*}^{i} + \sum_{i=k+1}^{K} y^{i*} \mu_{\tilde{G}_{out}}^{i*}}{\sum_{i=1}^{k} \mu_{\tilde{G}_{out}^*}^{i} + \sum_{i=k+1}^{K} \mu_{\tilde{G}_{out}}^{i*}} \tag{4-36}$$

式中,$\mu_{\tilde{G}_{out}}^{i*}$ 为模糊集中元素隶属度函数的上界;$\mu_{\tilde{G}_{out}^*}^{i}$ 为模糊集中元素隶属度函数的下界;y_*^i 为隶属度函数下界所对应的输出;y^{i*} 为隶属度函数上界所对应的输出。

式中,K 为离散点的个数,由 y_l 和 y_r 得到的最优区间如式(4-37)和式(4-38)所示:

$$y_l = \min_{k \in [1, M-1]} y_l(k) = y_l(L) = \frac{\sum_{i=1}^{L} y_*^i \mu_{\tilde{G}_{out}}^{i*} + \sum_{i=k+1}^{K} y_*^i \mu_{\tilde{G}_{out}^*}^{i}}{\sum_{i=1}^{L} \mu_{\tilde{G}_{out}}^{i*} + \sum_{i=k+1}^{K} \mu_{\tilde{G}_{out}^*}^{i}} \tag{4-37}$$

$$y_r = \max_{k \in [1, M-1]} y_r(k) = y_r(L) = y_r(k) = \frac{\sum_{i=1}^{R} y^{i*} \mu_{\tilde{G}_{\text{out}}}^{i} + \sum_{i=k+1}^{K} y^{i*} \mu_{\tilde{G}_{\text{out}}}^{i}}{\sum_{i=1}^{R} \mu_{\tilde{G}_{\text{out}}}^{i} + \sum_{i=k+1}^{K} \mu_{\tilde{G}_{\text{out}}}^{i*}} \quad (4\text{-}38)$$

其中,寻找转换点的左右界时,采取的原则取决于从较高的还是较低的转换处。比如y_1,必须是整个模糊集的最小值,因此其左边为较大值,右边为较小值。但计算出所有的候选质心点无疑是一种效率较低的方式,表4-1给出了一种更优的迭代方式。

KM 迭代算法 表 4-1

步骤	计算 y_1	计算 y_r
1	初始化 $\mu_{\tilde{G}_{\text{out}}}^i = \frac{\mu_{\tilde{G}_{\text{out}}}^{i*} + \mu_{\tilde{G}_{\text{out}}}^{i*}}{2}$ 然后计算 $y = \frac{\sum_{i=1}^{M} y_*^i \mu_{\tilde{G}_{\text{out}}}^i}{\sum_{i=1}^{M} \mu_{\tilde{G}_{\text{out}}}^i}$	初始化 $\mu_{\tilde{G}_{\text{out}}}^i = \frac{\mu_{\tilde{G}_{\text{out}}}^{i*} + \mu_{\tilde{G}_{\text{out}}}^{i*}}{2}$ 然后计算 $y = \frac{\sum_{i=1}^{M} y^{i*} \mu_{\tilde{G}_{\text{out}}}^i}{\sum_{i=1}^{M} \mu_{\tilde{G}_{\text{out}}}^i}$
2	当 $l \in [1, M-1]$ 时 $y_*^l < y < y_*^{l+1}$	当 $r \in [1, M-1]$ 时 $y^{r*} < y < y^{(r+1)*}$
3	对于模糊集 $\tilde{G}_{\text{out}}$, 计算 $\mu_{\tilde{G}_{\text{out}}}^i = \begin{cases} \mu_{\tilde{G}_{\text{out}}}^{i*} & (n \leq l) \\ \mu_{\tilde{G}_{\text{out}}}^{i*} & (n > l) \end{cases}$ 的 $\tilde{y} = \frac{\sum_{i=1}^{M} y_*^i \mu_{\tilde{G}_{\text{out}}}^i}{\sum_{i=1}^{M} \mu_{\tilde{G}_{\text{out}}}^i}$	对于模糊集 $\tilde{G}_{\text{out}}$, 计算 $\mu_{\tilde{G}_{\text{out}}}^i = \begin{cases} \mu_{\tilde{G}_{\text{out}}}^{i*} & (n \leq l) \\ \mu_{\tilde{G}_{\text{out}}}^{i*} & (n > l) \end{cases}$ $\tilde{y} = \frac{\sum_{i=1}^{M} y^{i*} \mu_{\tilde{G}_{\text{out}}}^i}{\sum_{i=1}^{M} \mu_{\tilde{G}_{\text{out}}}^i}$
4	当 $\tilde{y} = y$ 时,停止迭代,并取 $y^l = y, L = l$;否则令 $\tilde{y} = y$ 并重新返回第二步进行迭代	当 $\tilde{y} = y$ 时,停止迭代,并取 $y^r = y, R = r$;否则令 $\tilde{y} = y$,并重新返回第二步进行迭代

但仍有许多学者认为迭代的过程太过耗费时间,因此 Liu 等提出 (Weighted Enhanced Karnik-Mendel) WEKM 来缩减迭代次数,从而减少计算的复杂程度,但复杂度仍然较高。本书使用计算较为简单的质心 TR。和质心去模糊化的过程类似,同样需要从二型模糊系统的隶属度函数中获取 M 个样本,通过寻找到最优的切换点得到最优区间,如式(4-39)所示,其中 $Y_{\cos}$ 是由 $[y_1^i, y_r^i]$ 两点所定义的区间集,它们由式(4-40)和式(4-41)所得到。

$$Y_{\cos}(x) = \int_{y^1 \in [y_1^1, y_r^1]} \cdots \int_{y^M \in [y_1^M, y_r^M]} \int_{f^1 \in [\underline{f}^1, \bar{f}^1]} \cdots \int_{f^M \in [\underline{f}^M, \bar{f}^M]} \bigg/ \frac{\sum_{i=1}^{M} f^i y^i}{\sum_{i=1}^{M} f^i}$$
(4-39)

$$y_1 = \frac{\sum_{i=1}^{M} f_1^i y_1^i}{\sum_{i=1}^{M} f_1^i} \quad (4\text{-}40)$$

$$y_r = \frac{\sum_{i=1}^{M} f_r^i y_r^i}{\sum_{i=1}^{M} f_r^i} \tag{4-41}$$

最终,通过式(4-42)去模糊化,得到清晰值:

$$y(x) = \frac{y^l + y^r}{2} \tag{4-42}$$

4.2 水面无人艇的制导方法

4.2.1 VF 制导算法

基于向量场(Vector Field,VF)制导律,根据参考路径信息和 USV 的运动状态数据,输出 USV 跟踪参考路径所需要的参考艏向角指令 ψ_{cmd} 以及提前设定好的速度值 v。VF 制导原理图如图4-6所示。

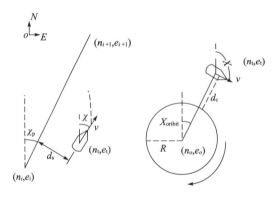

图 4-6 VF 制导原理图

(1) VF 直线轨迹制导算法

VF 直线轨迹制导算法如式(4-43)所示:

$$\begin{cases} \chi_p = \mathrm{atan2}(e_{i+1} - e_i, n_{i+1} - n_i) \\ d_s = [e(t) - e_i]\cos(\chi_p) - [n(t) - n_i]\sin(\chi_p) \\ \chi_d = \chi_p - \frac{2}{\pi}(\chi_{ms})\mathrm{atan}(k_s, d_s) \end{cases} \tag{4-43}$$

式中, e_i 为纵向位置; n_i 为横向位置; v 为 USV 艇艏方向的速度; d_s 为 USV 到参考直线的垂直距离; χ_p 为艇艏向与 USV 和参考点连线与正北方向的夹角。通过设定 χ_{ms}、k_s 值可计算出

USV 从当前艇位跟踪参考路径所需要的艏向角度 ψ_{cmd}（即式中 χ_d），从而实现 USV 路径跟踪过程中的直线制导环节。

（2）VF 圆形轨迹制导算法

VF 圆形轨迹制导算法如式（4-44）中所示：

$$\begin{cases} \chi_{Orbit} = \mathrm{atan2}[e(t)-e_c, n(t)-n_c] \\ \|\overrightarrow{p_c p}\| = \sqrt{[e(t)-e_c]^2 + [n(t)-n_c]^2} \\ d_c = \|\overrightarrow{p_c p}\| - R \\ \chi_d = \chi_{Orbit} + \rho_d \left[\dfrac{\pi}{2} + \dfrac{2}{\pi}(\chi_{mc})\mathrm{atan}(k_c d_c) \right] \end{cases} \quad (4\text{-}44)$$

式中，e_c 为期望纵向位置；n_c 为期望横向位置；v 为 USV 艇艏方向的速度；p_c 为坐标向量；d_c 为 USV 到参考圆的距离误差。x_{Orbit} 为参考圆心点 USV 当前位置点的连线与正北方向夹角的角度。通过设定 χ_{mc}、k_c 值，可计算出 USV 从当前艇位跟踪参考路径所需要的艏向角度 ψ_{cmd}（即式中 χ_d），从而实现 USV 路径跟踪过程中的圆形制导环节。

传统 VF 制导的伪代码如表 4-2、表 4-3 所示。

VF 直线制导算法伪代码　　　　　　　　　　　表 4-2

算法 1：VF 制导算法（直线轨迹）
1: Initialize: $p(t) = [n(t), e(t)]^T, W_{pi} = (n_i, e_i)^T, W_{pi+1} = (n_{i+1}, e_{i+1})^T, X_{ms}, k_s$
2: $\chi_d = \mathrm{atan2}(e_{i+1}-e_i, n_{i+1}-n_i)$
3: $d_s = -[n(t)-n_i]\sin(\chi_d) + [e(t)-e_i]\cos(\chi_d)$
4: $\chi_d = \chi_p - 2/\pi(\chi_{ms})\mathrm{atan}(k_s \times d_s)$

VF 圆形制导算法伪代码　　　　　　　　　　　表 4-3

算法 2：VF 制导算法（圆形轨迹）
1: Initialize: $p(t) = [n(t), e(t)]^T, p_c = (n_c, e_c)^T, R, X_{mc}, k_s, \rho_d$
2: $X_{Orbit} = \mathrm{atan2}[e(t)-e_c, n(t)-n_c]$
3: $d_s = \sqrt{[e(t)-e_c]^2 + [n(t)-n_c]^2}$
4: $\chi_d = \chi_p - 2/\pi(\chi_{ms})\mathrm{atan}(k_s \times d_s)$

（3）变增益 VF 制导算法设计

无论是 VF 直线轨迹制导，还是 VF 圆形轨迹制导，算法中的最大接近角和接近角的变化率都是一个提前设定好的定值，这样虽然可以最终跟踪上期望路径，但还是留下了较大的改进空间。本节引入自适应控制中的参数变化变增益思想，将最大接近角设定为一个变化值，当 USV 当前位置距离期望轨迹大于一定值时，将最大接近角设置为最大，使得 USV 以最快速度接近期望轨迹;当 USV 靠近期望轨迹时,将最大接近角变化为一个较小的值,使得 USV 可以平稳地接近期望轨迹而没有较大的超调量,从接近时间和接近误差两方面实现改进 VF 制导算法。

该改进算法变增益 VF 制导算法如表 4-4、表 4-5 所示。

改进后的变增益 VF 直线轨迹制导算法　　　　　　　表 4-4

算法 3:变增益 VF 制导算法(直线轨迹)
1: Initializ: $p(t)=[n(t),e(t)]^T, W_{pi}=(n_i,e_i)^T, W_{pi+1}=(n_{i+1},e_{i+1})^T, \chi_{mc}, k_s, \rho_d$
2: $\chi_p = atan2(e_{i+1}-e_i, n_{i+1}-n_1)$
3: $d_s = -[n(t)-n_i]\sin(X_p) + [e(t)-e_i]\sin(X_p)$

4: If $d_s > 2L_d$:
    $\chi_{mc} = \psi_{cmd} = 90°$
   Else:
    $\chi_{mc} = \psi_{cmd} = 50°$

5: $\chi_d = \chi_p - 2/\pi(\chi_{ms}) atan(k_s \times d_s)$

改进后的变增益 VF 圆形轨迹制导算法　　　　　　　表 4-5

算法 3:变增益 VF 制导算法(圆形轨迹)
1: Initialize: $p(t)=[n(t),e(t)]^T, p_c=(n_c,e_c)^T, R, X_{mc}, k_s, \rho_d$
2: $\chi_p = atan2[e(t)-e_c, n(t)-n_c]$
3: $d_s = \sqrt{[e(t)-e_c]^2 + [n(t)-n_c]^2}$

4: If $d_s > 2L_D$:
    $\chi_{mc} = \psi_{cmd} = 90°$
   Else:
    $\chi_{mc} = \psi_{cmd} = 90°$

5: $\chi_d = \chi_p - 2/\pi(\chi_{ms}) atan(k_s \times d_s)$

改进后的变增益 VF 中的变量与原始 VF 算法的变量意义一致。都是 v 为 USV 艇艏方向的速度,d_c 为 USV 到参考圆的距离误差,x_{Orbit} 为参考圆心点 USV 当前位置点的连线与正北方向夹角的角度。通过设定 x_{mc}、k_c 值可计算出 USV 从当前艇位跟踪参考路径所需要的艏向角度 ψ_{cmd}[即式(4-44)中 X_d],从而实现 USV 路径跟踪过程中的圆形制导环节。不同的是 x_{mc} 时刻变化的,在表 4-4 中,L_d 表示的是艇长。

4.2.2　LOS 制导算法

视线制导法(Light of Sight,LOS)作为一种经典有效的路径跟踪策略,具有设计参数少、计算简单等优点,不依赖于具体模型,因此在间接式路径跟踪方案中得到了广泛的应用。本节主要介绍 LOS 算法基本原理。

(1) LOS 制导原理

LOS 制导算法实际上是一种几何算法的应用,目前主要有基于收敛圈的制导策略与基于前视距离的制导策略。

①基于收敛圈的制导策略

以大地坐标系作为参考系,以正北方向为 X 轴、正东方向为 Y 轴,基于收敛圈的制导原理可由图 4-7 表示。

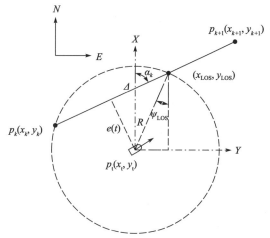

图 4-7 基于收敛圈的制导原理示意图

②基于前视距离的制导策略

这种制导策略可以用图 4-8 来表示,图中各变量与基于收敛圈的指导策略意义相同,当前参考路径的起始点与终止点分别为 $p_k(x_k, y_k)$、$p_{k+1}(x_{k+1}, y_{k+1})$。USV 到终点路径最短距离为 e,路径方向与正北方向夹角为 α_k。

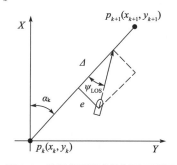

图 4-8 基于前视距离的制导原理图

LOS 制导算法的计算公式如式(4-45)所示,USV 到参考路径的直线距离 e 一般通过几何方法计算得到。

$$\begin{cases} \psi_{\text{LOS}} = -\tan^{-1}(e/\Delta) & (\Delta > 0) \\ \chi_d = \psi_{\text{LOS}} + \alpha_k \end{cases} \tag{4-45}$$

(2)制导律路径点更新规则

LOS 制导算法引导 USV 跟踪直线参考路径,对于何时进入下一段路径的跟踪,并未做进一步说明。

4.3 本章小结

USV 运动控制在执行海洋任务中扮演重要的角色,本章针对 USV 运动控制的实际需求,重点阐述了全系数自适应控制器的具体设计原理,详细描述了黄金分割自适应控制器,维持/跟踪控制器、逻辑积分控制器和逻辑微分控制器的设计流程。在离散滑模控制原理的具体分析中,论述了滑模控制的存在性和可达性,并利用尼亚普诺夫稳定性理论,论证了该方法的稳定性,并分析了离散滑模控制的不变性。阐述了二型模糊逻辑系统的具体架构,具体地介绍了类型缩减器的原理。对于目前主流的 USV 的制导方法,主要介绍了 VF 制导算法和几种改进的 VF 制导算法。对于 LOS 制导算法,详细论述了基于收敛圈的制导策略基于前视距离的制导策略。

本章参考文献

[1] ZHU M, HAHN A, WEN Y, et al. Parameter identification of ship maneuvering models using recursive least square method based on support vector machines[J]. TransNav: international journal on marine navigation and safety of sea transportation, 2017, 11(1).

[2] WEN Y, TAO W, ZHU M, et al. Characteristic model-based path following controller design for the unmanned surface vessel[J]. Applied Ocean Research, 2020, 101: 102293.

[3] GABBI T S, DE ARAUJO M B, ROCHA L R, et al. Discrete-time sliding mode controller based on backstepping disturbance compensation for robust current control of PMSM drives [J]. ISA transactions, 2022, 128: 581-592.

[4] 刘金琨. 滑模变结构控制 MATLAB 仿真[M]. 北京:清华大学出版社,2012.

[5] 刘金琨. 智能控制[M]. 北京:电子工业出版社,2013.

[6] KUMAR A, RAJ R, KUMAR A, et al. Design of a novel mixed interval type-2 fuzzy logic controller for 2-DOF robot manipulator with payload[J]. Engineering Applications of Artificial Intelligence, 2023, 123: 106329.

[7] HUANG J, RI M H, WU D, et al. Interval type-2 fuzzy logic modeling and control of a mobile two-wheeled inverted pendulum[J]. IEEE Transactions on Fuzzy Systems, 2017, 26(4): 2030-2038.

[8] PRAHARAJ M, SAIN D, MOHAN B M. Development, experimental validation, and compari-

son of interval type-2 Mamdani fuzzy PID controllers with different footprints of uncertainty[J]. Information Sciences, 2022, 601: 374-402.

[9] KARNIK N N, MENDEL J M. Centroid of a type-2 fuzzy set[J]. Information Sciences Informatics and Computer Science, Intelligent Systems, Applications: An International Journal, 2001, 132(1-4): 195-220.

[10] LE T L. Design of Intelligent Controller Using type-2 Fuzzy Cerebellar Model Articulation and 3D Membership Functions[J]. InternationalJournal of Fuzzy Systems, 2023, 25(3): 966-979.

[11] RYOO Y J. Trajectory-Tracking Control of a Transport Robot for Smart Logistics Using the Fuzzy Controller[J]. International Journal of Fuzzy Logic and Intelligent Systems, 2022, 22(1): 69-77.

[12] AI-MALLAH M, ALI M, AL-KHAWALDEH M. Obstacles avoidance for mobile robot using type-2 fuzzy logic controller[J]. Robotics, 2022, 11(6): 130.

[13] LIU X, MENDEL J M, WU D. Study on enhanced Karnik-Mendel algorithms: Initialization explanations and computation improvements[J]. Information sciences, 2021, 184(1): 75-91, 2013.

[14] FOSSEN T I. Guidance and control of ocean vehicles[M]. Hoboken: John Wiley & Sons, 1994.

[15] WAN L, SU Y, ZHANG H, et al. An improved integral light-of-sight guidance law for pathfollowing of unmanned surface vehicles[J]. Ocean Engineering, 2020, 205: 107302.

第 5 章 Chapter 05

水面无人艇航向航速运动控制

USV 的运动控制聚焦于 USV 在平面三自由度上的运动,即 USV 前进运动以及 USV 绕重心的平面转动。与转动有关的艏向角状态量和与前进运动有关的纵向速度状态量,即对航向航速的控制,成为 USV 运动控制的关键技术之一。现有的 USV 运动操纵控制主要集中在航速为定值时的控制,航速航向协同控制,后者可以提高 USV 整体航行的机动性。基于前述章节内容,本章将介绍航向和航速控制的方法,以及航向航速协同控制的方法。

5.1 水面无人艇航速控制

5.1.1 离散滑模控制器设计

采用式(5-1)所示的一阶速度模型描述 USV 所受推力 δ_T 与纵向速度 u 之间的关系:

$$u' = a_u u + b_u T_m \tag{5-1}$$

下面结合该模型进行航速离散滑模控制器设计。设采样时间为 t_s,采用前向差分法将一阶速度模型离散化得:

$$u(k+1) = (1 + a_u t_s)u(k+1) + b_u t_s \delta_T(k) \tag{5-2}$$

定义离散滑模面如下:

$$s(k) = C[u_d(k) - u(k)] \tag{5-3}$$

则 $s(k+1) = Cx(k+1) = Ca_u u(k) + Cb_u \delta_T(k)$,然后带入式(4-25)所示的离散趋近律得:

$$-(qt_s - 1)s(k) - \varepsilon t_s \text{sgn}(s(k)) = Ca_u u(k) + Cb_u \delta_T(k) \tag{5-4}$$

由于 $C > 0, b_u \neq 0$,所以离散滑模控制律为:

$$\delta_T(k) = -(Cb_u)^{-1}\{Ca_u u(k) - (1 - qt_s)s(k) + \varepsilon t_s \text{sgn}[s(k)]\} \tag{5-5}$$

式(5-5)所示的控制律中存在符号函数,会产生较大的切换增益,引起控制量抖振,通常可采用饱和函数 $\text{sat}(s)$ 代替符号函数 $\text{sgn}(s)$。

$$\text{sat}(s) = \begin{cases} 1 & s > \Delta \\ ks & |s| \leq \Delta, k = \dfrac{1}{\Delta} \\ -1 & s < -\Delta \end{cases} \tag{5-6}$$

5.1.2 试验验证与分析

为保证试验安全,验证控制算法的有效性,本节在 ROS 开源 USV 仿真环境(开源机器人基金会 VRX 项目:http://bitbucket.org/osrf/vrx)下,对传感器及控制接口进行二次开发,使得仿真环境与"小虎鲸"号 USV 控制系统相匹配,从而能够方便地测试编写控制算法,分别进行期望速度为 3.0m/s 和 4.0m/s 的速度控制仿真试验,试验中控制器参数取 $c = 5.0$、$q = 8.0$、$\varepsilon = 0.4$。仿真结果如图 5-1、图 5-2 所示。

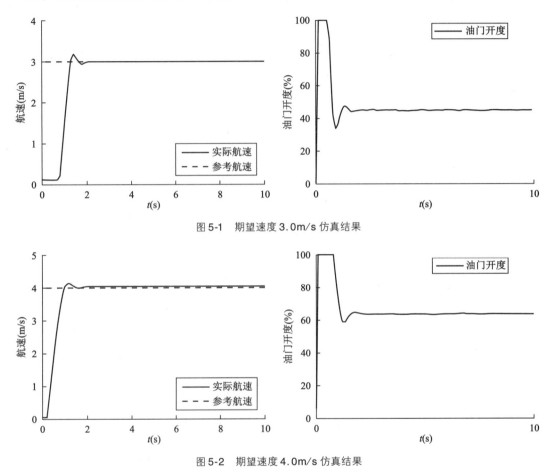

图 5-1　期望速度 3.0m/s 仿真结果

图 5-2　期望速度 4.0m/s 仿真结果

从图 5-1 和图 5-2 所示的仿真结果可以看出,控制系统工作正常,设计的基于趋近律的航速离散滑模控制器能够实现 USV 期望航速的跟踪。

以"小虎鲸"号 USV 为研究对象,设计下列三组实艇试验来检验基于趋近律的航速离散滑模控制器性能。试验中 USV 的速度为 4.0m/s 左右时,一阶速度模型的辨识结果 $a_u = -0.2321$,$b_u = 2.3549$ 作为控制器中模型参数,控制器参数取 $c = 5.0$、$q = 4.0$、$\varepsilon = 0.4$。试验结果如图 5-3 所示。

从图 5-3 试艇试验结果可以看出,所设计的航速离散滑模控制器能够较为准确地实现"小虎鲸"号 USV 对期望航速的跟踪,表 5-1 显示了在航速稳定段的期望航速与实际航速的平均偏差。

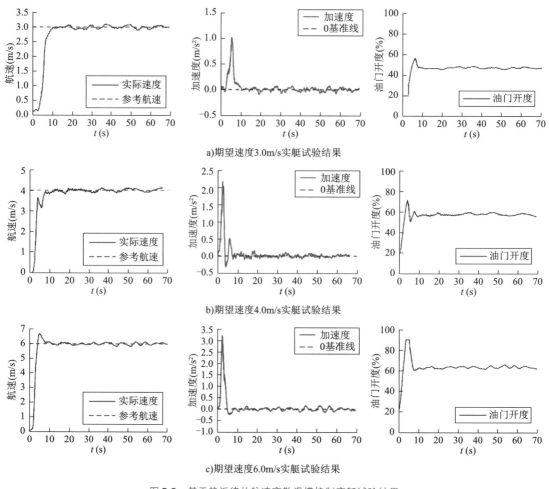

图 5-3 基于趋近律的航速离散滑模控制实艇试验结果

航速稳定段期望航速与实际航速的平均偏差 表 5-1

评价指标	航速(m/s)		
	3.0	4.0	6.0
平均偏差	0.035	0.06	0.012

5.2 水面无人艇航向控制

5.2.1 离散滑模控制器设计

在 USV 航向控制方面,通常使用 Nomoto 模型进行控制器设计。然而,Nomoto 模型假设

USV 的运动方向与艇艏向是保持一致的,但是对于矢量推进的 USV,在转向运动过程中其运动方向与艇艏向通常会有一定的偏角(即侧滑角),且这个偏角会随着 USV 工况改变而发生变化。从实际应用情况来看,在航行过程中 USV 艏向信息相对更容易获得且精度更高。因此,当 USV 侧滑角较小时,Nomoto 模型更便于控制器设计,也能够获得更好的控制品质。当侧滑角较大并对 USV 运动控制(如曲线路径跟踪控制)产生较为明显的影响时,可使用带侧滑角的 Nomoto 模型设计航向控制器。

本节提出一种多模型航向控制方案,分别设计了 USV 艏向自适应离散滑模控制器与航向自适应离散滑模控制器,以应对不同的控制需求。

Nomoto 模型能够较为准确地描述 USV 转向运动过程中艏向变化的动态特性。将它转化到时域得出:

$$\begin{bmatrix} \dot{x}_1 \\ \dot{x}_2 \end{bmatrix} = \begin{bmatrix} 0 & 1 \\ 0 & -\frac{1}{T} \end{bmatrix} \begin{bmatrix} x_1 \\ x_2 \end{bmatrix} + \begin{bmatrix} 0 \\ \frac{K}{T} \end{bmatrix} u \tag{5-7}$$

式中,$x_1 = \psi$ 表示当前航向;$x_2 = r$ 为 USV 当前艏摇角速度;$u = \delta_r$ 为当前舵角。式(5-7)进一步简化为:

$$\dot{x} = Ax + Bu \tag{5-8}$$

在实际 USV 控制系统中,控制算法是运行在计算机上的,传感器反馈的信号也是离散的数字信号。因此,需要对式(5-8)进行离散化处理,从而方便控制器设计。

对于式(5-8)所示的线性连续系统,假设采样时间为 t_s,其离散化精确方程为:

$$x[(k+1)t_s] = G(t_s)x(kt_s) + H(t_s)u(kt_s) \tag{5-9}$$

式中,$G(t_s) = e^{At_s}$;$H(t_s) = (\int_0^{t_s} e^{At} dt)B$ 为系统的状态转移矩阵。

采用拉氏变换法求解式(5-7)离散化精确方程的状态转移矩阵得:

$$G(t_s) = L^{-1}(sI - A)^{-1} = L^{-1} \begin{bmatrix} s & -1 \\ 0 & \frac{1}{T} \end{bmatrix}^{-1}$$

$$= L^{-1} \begin{bmatrix} \frac{1}{s} & T(\frac{1}{s} - \frac{T}{t_s + 1}) \\ 0 & \frac{T}{t_s + 1} \end{bmatrix} = \begin{bmatrix} 1 & T(1 - e^{-\frac{1}{T}t_s}) \\ 0 & e^{-\frac{1}{T}t_s} \end{bmatrix} \tag{5-10}$$

$$H(t_s) = \left(\int_0^{t_s} e^{At} dt\right) B = \left(\int_0^{t_s} \begin{bmatrix} 1 & T(1 - e^{-\frac{1}{T}t_s}) \\ 0 & e^{-\frac{1}{T}t_s} \end{bmatrix} dt\right) \begin{bmatrix} 0 \\ \frac{T}{K} \end{bmatrix} = \begin{bmatrix} K(t_s + Te^{-\frac{1}{T}t_s} - T) \\ K(1 - e^{-\frac{1}{T}t_s}) \end{bmatrix} \tag{5-11}$$

根据式(5-7)、式(5-9)、式(5-10)和式(5-11)可得到状态空间型 Nomoto 模型的离散化表达式为：

$$\begin{bmatrix} \psi(k+1) \\ r(k+1) \end{bmatrix} = \begin{bmatrix} 1 & T(1-e^{-\frac{1}{T}t_s}) \\ 0 & e^{-\frac{1}{T}t_s} \end{bmatrix} \begin{bmatrix} \psi(k) \\ r(k) \end{bmatrix} + \begin{bmatrix} K(t_s + Te^{-\frac{1}{T}t_s} - T) \\ K(1-e^{-\frac{1}{T}t_s}) \end{bmatrix} \delta_r \quad (5-12)$$

下面进行离散滑模控制器设计，首先定义切换函数为：

$$s(k) = CE = C[R(k) - x(k)] \quad (5-13)$$

式中，$C = [c \quad 1]$；$R(k) = [\psi_d(k); r(k)]$ 为艏向指令，采用线性外推法预测 $\psi_d(k+1)$ 及 $r(k+1)$。即：

$$\begin{aligned} \psi_d(k+1) &= 2\psi_d(k) - \psi_d(k-1) \\ r_d(k+1) &= 2r_d(k) - r_d(k-1) \end{aligned} \quad (5-14)$$

结合式(4-24)、式(5-6)、式(5-12)及式(5-13)，得到基于趋近律的 USV 航向控制器为：

$$\delta_r(k) = (CB)^{-1}\{CR(k+1) - CAx(k) - s(k) - \varepsilon t_s \text{sat}[s(k)] - qt_s s(k)\} \quad (5-15)$$

式中，$A = \begin{bmatrix} 1 & T(1-e^{-\frac{1}{T}t_s}) \\ 0 & e^{-\frac{1}{T}t_s} \end{bmatrix}$；$B = \begin{bmatrix} K(t_s + Te^{-\frac{1}{T}t_s} - T) \\ K(1-e^{-\frac{1}{T}t_s}) \end{bmatrix}$。

对于式(5-15)所示的离散滑模航向控制器，在实际工程应用中趋近律的三个参数 q、c 和 ε 可调。这三个参数中，主要影响系统趋近滑模面的速度 q，q 越大速度越快，确定合适的值能够有效地改善系统动态品质。参数 c 则决定了系统在滑动段的响应速度，c 越大响应越快。因此，增大 c 和 q 都能提升系统的响应速度。然而，当这两者过大时，会导致控制量变化过大，在实际应用中往往会引起系统抖动，所以需要现场试验来进一步确定二者的具体数值。对于符号函数的增益参数 ε，它决定着滑模控制克服系统参数摄动与外界干扰的能力，ε 越大，系统克服干扰的能力越强。但是该值过大也会加大系统抖动。

由文献[1]可知，$s(k)$ 值递减的充分条件为：

$$|s(k)| > \frac{\varepsilon t_s}{2 - qt_s} \quad (5-16)$$

当 k 趋于无穷时，$|s(k)|$ 趋近于 $\frac{\varepsilon t_s}{2-qt_s}$，且当 $|s(k)| = \frac{\varepsilon t_s}{2-qt_s}$ 时，有 $s(k+1) = -s(k)$，因此离散系统滑模运动的稳态振荡幅度 h 为：

$$h = \frac{\varepsilon t_s}{2 - qt_s} \quad (5-17)$$

由此可见，$s(k)$ 的收敛程度会受到 q、t_s 和 ε 的影响。特别是仅当 t_s 和 ε 足够小时，系统震荡幅度才会变得很小。然而，由于设备和技术等因素的影响，系统的采样时间不可能很小，并且 ε 太小也会减弱趋近速度，增大响应时间。因此，理想的 ε 值应该是随系统状态变化而变化的。

由式(5-16)可知,当$|s(k)| > \frac{\varepsilon t_s}{2 - q t_s}$时,$s(k)$才会逐渐递减,因此$\varepsilon$应满足:

$$\varepsilon < \frac{1}{t_s}(2 - t_s q)|s(k)| \tag{5-18}$$

根据文献[2],取$\varepsilon = \frac{|s(k)|}{2}$。如果采样时间$t_s$满足$t_s < \frac{4}{1+2q}$,则式(5-18)成立。因此,在实际控制系统中确定合适的q值,即可实现增益参数ε值的自适应调节,从而在保证系统快速性的同时,降低系统由于切换带来的抖动。

结合式(4-25)可得到改进后的离散趋近律为:

$$s(k+1) - s(k) = -q t_s s(k) - \frac{|s(k)|}{2} t_s \text{sgn}[s(k)] \tag{5-19}$$

因此,式(5-15)所示的USV艏向离散滑模控制器可进一步改写为:

$$\delta_r(k) = (CB)^{-1}\left\{CR(k+1) - CAx(k) - s(k) - \frac{|s(k)|}{2} t_s \text{sat}[s(k)] - q t_s s(k)\right\} \tag{5-20}$$

可以看到,影响式(5-20)所示的控制器实际控制效果的参数中,增益参数ε值实现了自适应调节;USV操纵性指数可通过离线辨识方法获得初值,从而确定参数矩阵A和B的元素初值,并且在试验中也可通过递推最小二乘法在线辨识获得操纵性指数。因此,在现场试验时仅需要确定参数q及参数c的值,且两者调节方向明显。

5.2.2 试验验证与分析

为检验上述设计的艏向控制器性能,本节在ROS开源USV仿真环境(开源机器人基金会VRX项目)下,对传感器及控制接口二次开发,使得仿真环境与"小虎鲸"号USV控制系统相匹配,从而能够方便地测试编写控制算法,试验中保持油门开度为40%不变。由于仿真环境不能准确地模拟USV航行过程中的动态特性,因此在仿真环节中不考虑水动力参数的变化。仿真环境中风向恒定,加入风速随机干扰。

(1) 艏向控制仿真试验

为检验增益参数ε自适应调节对控制器性能的影响,设计如下仿真试验:

USV初始艏向预设为0°,在2.5m/s左右航速下控制艏向转动到60°。试验中参数取值为$c=5.0$、$q=4.0$、$K=1.37$、$T=1.10$,最大舵角限制在30°。观察并记录USV在常规基于趋近的艏向离散滑模控制器(增益参数$\varepsilon=0.4$)、增益参数ε自适应调节艏向离散滑模控制器控制下艏向随时间变化的情况,试验结果如图5-4所示。

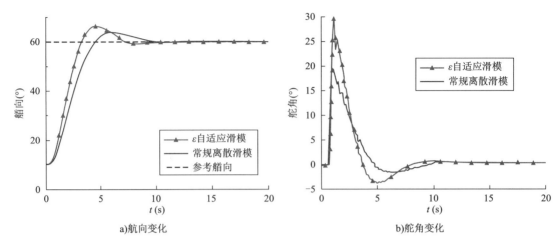

图 5-4 常规离散滑模与增益参数 ε 自适应滑模艏向控制仿真对比

从图 5-4 可以看出,受 USV 本身惯性较大的影响,引入参数 ε 自适应调节能够使 USV 艏向控制具有更快的响应速度,同时也使得系统超调量增加。

USV 航行过程中操纵性指数会受到多因素影响,理论上滑模控制具有对参数摄动不敏的特性,但是需要控制量高频抖动,在实际应用中执行器限制是无法实现的。虽然控制器无法实现理论上无限快的抖动,但是可以通过在线辨识环节实时调整控制器中的模型参数,尽量减少因模型参数变化对控制器产生的干扰。为检验在离散滑模控制器中引入在线辨识环节后 USV 艏向控制提升的效果,设计下述仿真试验:USV 初始艏向预设为 $0°$,在 $4.5\mathrm{m/s}$ 左右的航速下控制艏向转动到 $60°$;试验中参数 $c=5.0$、$q=4.0$、$K=1.37$、$T=1.10$。试验结果如图 5-5 所示。

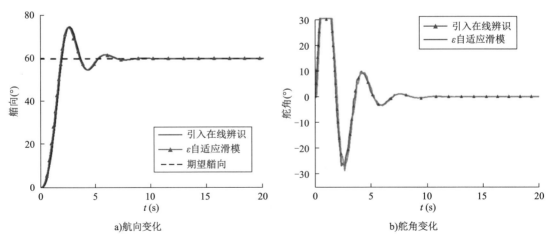

图 5-5

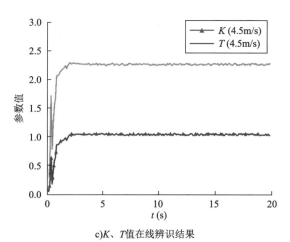

c) K、T 值在线辨识结果

图 5-5　ε 自适应离散滑模艏向控制与引入在线辨识艏向控制对比

从上述三组试验结果可见，分别求取初次到达期望艏向后，试验结果的平均偏差与标准差，上升时间 t_r 与调节时间 t_s，具体结果如表 5-2 所示。

控制效果评价指标　　　　　　　　　　　　　　　　　　　　表 5-2

评价指标	控制方法		
	常规离散滑模控制器	参数 ε 自适应	引入在线辨识
上升时间 t_r	4.5	3.1	3.0
调节时间 t_s	11.3	9.1	7.4
平均偏差(deg)	3.684	1.286	0.868
标准差	6.033	1.169	0.726

从仿真结果可以看出，与常规离散滑模控制器相比，增益参数 ε 自适应调节艏向离散滑模控制器能够提升系统响应速度。在线辨识环节的引入对控制品质影响不大，进一步说明了滑模控制对模型参数变化不敏感。但是，在实际航行过程中，执行器运动速度是有限的，需要通过实艇试验来进一步验证。

（2）艏向控制实艇试验

"小虎鲸"号 USV 在实际航行过程中，艇速不同、载荷变化、燃料消耗及外界干扰会导致其操纵性指数发生变化。为检验设计的艏向控制器的在实艇航行中的控制效果，设计了艇速约为 3.0m/s（排水航行模式）及 4.2m/s（半滑行航行模式）的艏向控制现场试验。试验地点为山东省威海市南海新港附近海域，试验当天风速约为 2~3 级，USV 受到海浪的干扰较为强烈。

试验一：检验增益参数 ε 自适应调节对控制器性能的影响

USV 初始艏向预设为 30°，在 3.0m/s 的航速下控制艏向转动到 200°。试验中参数设为 $c=5.0$、$q=2.0$、$K=0.731$、$T=0.412$，最大舵角限制在 20°、变化率最大为 6°/s。观察并记录 USV 在常规基于趋近律的艏向离散滑模控制器（增益参数 $\varepsilon=0.4$）、增益参数 ε 自适应调节艏向离散滑模控制器控制下,艏向随时间变化的情况。试验结果如图 5-6 所示。

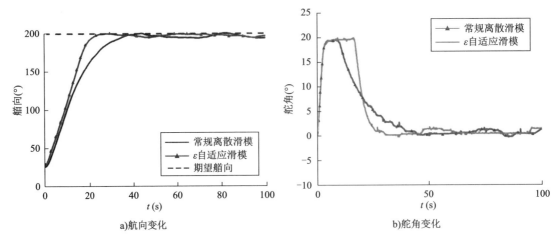

图 5-6 常规离散滑模与增益相关参数 ε 自适应艏向离散滑模控制对比

从图 5-6 可以看到,参数 ε 自适应调节离散滑模控制器较常规离散滑模控制器抗干扰能力更强,基于趋近律的常规离散滑模控制器在艏向偏离期望值时,需要较长的时间进行调节;参数 ε 自适应调节离散滑模控制器在艏向误差产生时,初始 ε 值较大,产生的控制量也较大,因此能够迫使系统更快地趋近期望艏向。但是,在风浪干扰下,除了 USV 艏向会改变外,系统参数也会发生变化,需要进一步试验验证所设计的艏向控制器对参数变化的自适应性。

试验二:检验艏向控制器对参数摄动的适应性

USV 初始航向预设为 10°,航速约为 4.5m/s。试验中参数仍取为 $c=5.0$、$q=2.0$,在增益参数 ε 自适应调节离散滑模控制器的基础上,引入递推最小二乘在线辨识算法对 USV 操纵性指数进行在线辨识,实现控制器中参数矩阵 **A**、**B** 的在线调整。记录试验结果并与试验一中增益参数 ε 自适应调节艏向离散滑模控制结果进行对比,如图 5-7 所示。

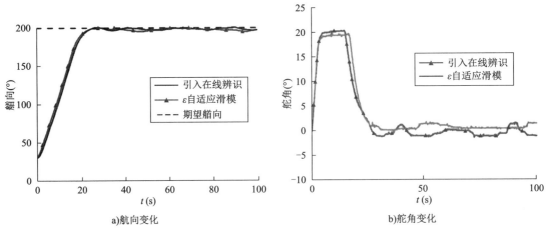

图 5-7

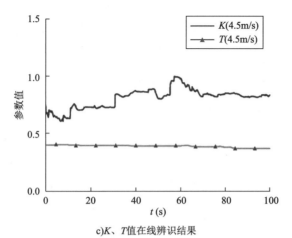

c) K、T值在线辨识结果

图 5-7　ε 自适应艏向离散滑模控制与引入在线辨识艏向控制对比

从图 5-7 可以看出,在引入了递推最小二乘在线辨识算法后,艏向控制效果变化不大。这进一步说明,在 USV 的执行机构运动速度有限的情况下,所设计的艏向自适应离散滑模控制器仍然具有对参数变化不灵敏的特性。

对于试验一与试验二中的三组试验结果,分别求取初次到达期望航向后的试验结果的平均偏差、标准差、上升时间 t_r、调节时间 t_s,具体结果如表 5-3 所示。

控制效果评价指标　　　　　　　　　　　　　　　　表 5-3

评价指标	控制方法		
	常规离散滑模控制器	参数 ε 自适应	引入在线辨识
上升时间 t_r(s)	25.5	18.2	17.8
调节时间 t_s(s)	31.3	20.1	19.6
平均偏差(deg)	3.684	1.286	0.968
标准差	6.033	1.769	1.526

从表 5-3 可以看出,与常规离散滑模控制器相比,通过使参数 ε 自适应调节能够提升系统响应速度,在线辨识环节的引入对控制并没有产生明显的改善,进一步说明了所设计的艏向控制器对系统参数变化具有一定的自适应性。

5.3 水面无人艇航向航速协同控制器设计

5.3.1 全系数自适应航向航速协同控制器设计

分析双推进器 USV 的控制过程,输入量为左右推进器的电机指令,输出为 USV 的艏向角和速度。故该控制系统是一个双输入双输出系统。将上一节介绍的控制原理扩展到双输入双输出系统这一多变量系统。

(1) 基于特征模型的多变量全系数自适应控制

对于位置保持或位置跟踪的控制律形式有很多,本节主要介绍基于特征模型的多变量全系数自适应控制率的设计。

特征模型见式(4-1)。为了使位置维持/跟踪控制,设期望输出为 $X_r(k)$,实际输出为 $X(k)$。$F_1(k)$、$F_2(k)$、$G_0(k)$、$G_1(k)$ 为参数估计值。维持/跟踪控制为:

$$u_w(k) = [X_r(k+1) - F_1(k)X_r(k) - F_1(k)X_r(k-1)]^{-1} G_0^{-1}(k) \tag{5-21}$$

黄金分割控制器:

$$u_h(k) = -[G_0(k) + \lambda]^{-1} \times [l_1 \cdot F_1(k) \cdot Y(k) + l_2 \cdot F_2(k) \cdot Y(k-1)] \tag{5-22}$$

式中,$Y(k) = X_r(k) - X(k)$;λ 为可调参数,目的是防止 G_0 奇异。

逻辑积分控制器:

$$u_i(k) = k_i Y(k) + c u_i(k-1) \tag{5-23}$$

式中,k_i、c 为可调参数。

逻辑微分控制器:

$$u_d(k) = k_d \frac{x(k) - x(k-1)}{\Delta t} \tag{5-24}$$

式中,k_d 是可调微分系数;Δt 为采样时间。

控制总量为:

$$u(k) = u_h(k) + u_w(k) + u_i(k) + u_d(k) \tag{5-25}$$

(2) USV 艏向角与速度协同控制器设计

基于全系数自适应控制的 USV 艏向和速度协同控制器具体设计过程可参照式(4-2)和式(4-3)。

本节设计的基于特征模型全系数方法的 USV 艏向角与速度协同控制器只选择全系数自适应控制器中的维持/跟踪控制器、黄金分割控制器和逻辑积分控制器即可达到较好的控制效果。

5.3.2 试验测试与分析

本节首先应用 Matlab/Simulink 仿真软件验证控制算法的可行性,在仿真结果达到控制要求后,将所设计的控制算法部署到 iNav-IV 型 USV 主控计算机上进行实艇试验。

建立 USV 的模型是进行 USV 自适应控制算法验证的基础。本小节的 USV 模型主要是建立无人艇的运动状态方程,在此基础上,建立基于特征模型的自适应艏向与速度协同控制器仿真模型。最后,进行控制算法仿真试验验证。

无人艇仿真模型是非常复杂的,由于双推进器无人艇的实际运动非常复杂,过于精确的状态方程会十分的复杂,其中包含许多难以估计的参数。为了使控制器的设计更加简单,可以对原无人艇数学模型进行简化处理。经过设计的水面无人艇模型中一些自由度具有固有的稳定性。一般而言,良好的设计会使无人艇的横摇和纵摇运动变得稳定。因此,本节将根据实际情况,参考现有成果,建立一个较为全面的双推进器无人艇的状态方程。该模型只需要研究其在三个自由度方向上的运动状态,而忽略掉无人艇在横摇、纵摇与起伏的运动状态。如图 5-8 所示,该模型可以较真实的模拟双推进器无人艇的实际运动情况,无人艇的速度状态向量定义为 $v = [u \quad v \quad r]^T$,同样,可以将无人艇的位置状态向量定义为 $\eta = [x \quad y \quad \varphi]^T$。并且有如下假设:

假设一:将双推进器无人艇在垂荡、纵摇以及横摇方向上的运动忽略,故可将所对应的参数 z、w、φ、p、θ 和 q 的值都设为 0。

假设二:双推进器无人艇是一个均匀质体,关于 x、z 轴所在的平面对称,故将 I_{xy}、I_{yz} 的值都设为 0。

假设三:双推进器无人艇的质心、重心与浮心点都为坐标系 z 轴上。

在上述的假定情况下,考虑到双推进器水面无人艇的运动特点,最终可以推导其数学模型如下:

$$\begin{cases} \dot{\eta} = J(\eta)v \\ M\dot{v} = -C(v)v - [D + D_n(v)]v + \tau + \tau_E \end{cases} \quad (5-26)$$

完整的双推进器水面无人艇的数学模型如式(5-26)所示。但是,如果直接采用式(5-26)中的模型作为仿真模型,在某些情况下会很难设计控制器,并且不利于研究双推进器无人艇的自身特性。

由于矩阵中的非对角项对无人艇系统的影响比较小,需要在上述假设的情况下,忽略掉非线性阻尼矩阵 $D_n(v)$ 与矩阵 M 和矩阵 D 中的非对角项元素。进一步简化的双推进器水面无人艇运动模型为式(5-27):

$$\begin{cases} \dot{\eta} = J(\eta)v \\ M\dot{v} = -C(v)v - Dv + \tau + \tau_E \end{cases} \quad (5-27)$$

无人艇模型实船如图 5-8 所示。该无人艇是双推进器型水面艇,其基本物理参数如下:水面无人艇艇长 1.75m,宽 0.75m,吃水 0.13~0.15m,左右推进器间距 0.4m。根据实际数据拟合出一组适合该无人艇的参数。

由上节设计的无人艇全系数艏向和速度协同控制器公式可知,应用中全系数自适应控制进行在线调节参数时,需要调节影响控制器鲁棒性的增益参数值和特征模型中的时变特征参数,而无人艇特征模型中的特征参数是在运动控制过程中进行参数辨识得到的。基于特征模型的无人艇全系数自适应艏向和速度协同控制器在实际工程应用,需要进行现场调试来确定其参数。

图 5-8　实艇试验水域

本仿真试验是为了验证该控制算法的有效性,因此设计多组仿真试验验证控制算法的可靠性,其中一组设置期望速度为 1.2m/s,艏向角从 40°转向到 90°。仿真试验控制效果如图 5-9 所示。

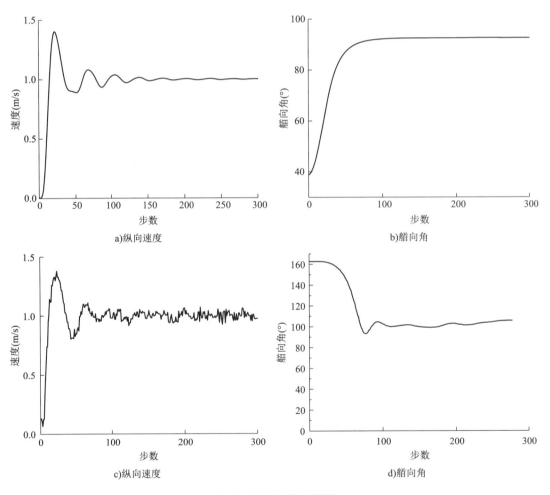

图 5-9　仿真试验控制效果

在无噪声情况下的仿真试验结果表明,控制器可以达到预期要求,故在仿真试验反馈路中加入高斯白噪声模拟实艇试验中的外界干扰因素,以检验控制器的鲁棒性与自适应性。

多组仿真试验结果表明,经过控制器调参之后,不论是在理想环境下,还是在加入高斯白噪声的环境下,所设计的艏向与速度协同控制器都可以达到预期的控制要求。这说明了该控制方法的可行性,下一步工作就是将控制器部署到 iNav-IV 型试验无人艇上进行实艇试验验证。

5.3.3 实艇试验

在完成仿真试验,验证基于特征模型的全系数自适应无人艇艏向角与速度协同控制器的可行性之后,设计了基于该控制算法的实艇试验。

实艇试验在武汉理工大学试验艇池进行,试验水域开阔无遮挡,本组试验当天风向为东北风、风速约为 2.18m/s。实艇试验中,最小二乘算法中的遗忘因子取 0.98。

为了确保双推进器无人艇在实际应用中进行大角度机动时仍然具有较快的响应速度和较好的鲁棒性,并且要保证该控制器可以同时处理好因期望艏向变化时导致的左右推进器推力变化产生的速度控制耦合关系。首先,设计一组实艇试验,开展约为 100° 的艏向与速度协同控制试验,并且观察特征模型中待辨识参数的变化过程。实艇试验结果证明,基于特征模型的全系数自适应艏向和速度协同控制器能够较好地实现艏向和速度的协同控制。速度控制和艏向控制的响应时间都在 10s 左右,并且艏向控制几乎没有超调量,速度控制超调量在 20% 以内,但可以迅速地跟踪到期望值并且鲁棒性较强,很好地实现了双推进器水面无人艇的艏向控制和速度控制的解耦控制。

在水面无人艇的实际导航过程中,由于任务和环境的影响,无人艇的速度会发生变化。为测试无人艇特征模型在线估计和全系数自适应控制器参数的实际效果,设计了两组协同控制试验,期望的试验速度为 1.2m/s、1.0m/s,艏向角转艏幅度约为 100°;设计了以传统 PID 控制方法为控制器的对比试验。期望艇速 1.0m/s 的 USV 艏向控制试验如图 5-10 所示。

试验结果如图 5-11、图 5-12,通过分析实艇试验数据,得到如表 5-4、表 5-5 所示结果。

由试验结果可知,基于特征模型的全系数自适应控制器(ACAC)控制器的效果优于 PID 控制的效果,响应速度更快,达到稳态后误差更小。具体对比结果如表 5-4 所示。

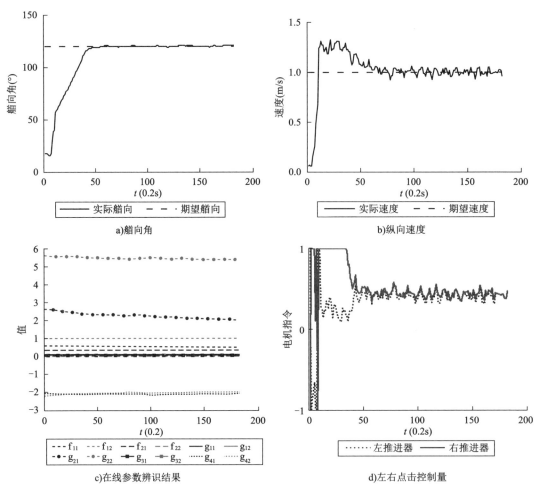

图 5-10 期望艇速 1.0m/s 的 USV 艏向控制试验

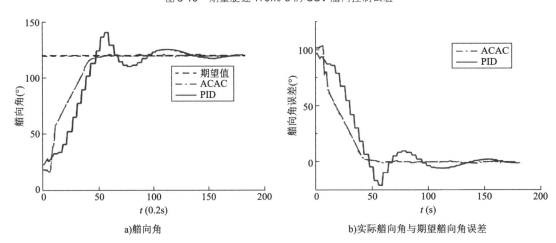

图 5-11 期望艇速 1.0m/s 时协同控制艏向控制效果对比

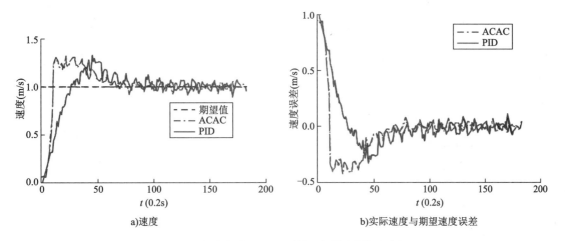

图 5-12 期望艇速 1.0m/s 时协同控制速度效果对比

基于特征模型的全系数自适应控制器与 PID 控制器控制效果对比   表 5-4

控制器类型	PID	ACAC
响应时间 Speed $ts5\%$ (s)	17	13.2
响应时间 Heading $ts5\%$ (s)	17.2	8
速度控制平均绝对误差 (m/s)	0.130953	0.129832
速度误差标准差 (m/s)	0.236884	0.235968
艏向控制平均绝对误差 (deg)	19.19088	11.69492
艏向误差标准差 (deg)	31.64832	25.5522

注：(PID) 比例—积分—微分控制器，(ACAC) 基于特征模型的全系数自适应控制器，speed $ts5\%$ 表示速度控制的响应时间为 5%（heading $ts5\%$）表示的是艏向控制的响应时间 5%。表中，标准差可以体现数据的离散程度。

两种控制方法的实艇试验结果指标   表 5-5

控制器类型	PID	ACAC
响应时间 Speed $ts5\%$ (s)	17	13.2
响应时间 Heading $ts5\%$ (s)	17.2	8
速度控制平均绝对误差 (m/s)	0.104343	0.093099
速度误差标准差 (m/s)	0.217641	0.17937
艏向控制平均绝对误差 (deg)	22.98983	23.75094
艏向误差标准差 (deg)	34.75458	34.44349

在本组期望艇速 1.2m/s 的控制试验中，ACAC 效果优于比 PID 速度控制器控制效果，但艏向角控制结果指标略低于 PID 控制器，如图 5-13 所示。这是因为全系数自适应控制器在艏向角实验中转艏角度大于 PID 控制时的转艏角度大约 30°，影响了艏向角平均误差与标准差

的数值。但如有更大地转艏角度,全系数自适应艏向角与速度协同控制器可以使控制系统达到稳态。这是因为全系数自适应控制效果具有很强的鲁棒性,在外界环境发生变化时,可以自己调节参数。而 PID 控制器的鲁棒性相对较差,在一种情况下调节好参数之后,换到另一种情况之后该参数不一定适用。

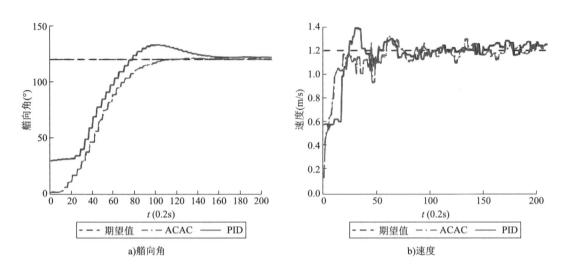

图 5-13 期望艇速 1.2m/s 控制效果对比

综上所述,最终试验结果表明:基于特征模型的全系数适应航向和速度协同控制器,可以较好地实现航向和速度的自适应协同控制。在提前预设好控制器参数的情况下,在变化的水面环境里进行不同期望速度的测试,全系数自适应控制器的控制效果优于传统控制器。

5.4 本章小结

本章从离散滑模控制理论、自适应控制理论出发,重点阐述了基于全系数自适应控制的无人艇艏向和速度协同控制器和基于离散滑模控制的航向航速控制器的具体设计和实现过程。最后,开展了无人艇的艏向和速度协同控制实艇试验。艏向和速度协同控制的实艇试验结果表明,通过在线估计的方法来在线调节全系数自适应控制中被控过程数学模型的参数,有效提高了控制器的控制效果。速度和艏向分别控制的仿真和实艇试验结果表明,所设计的基于离散滑模控制的航向航速控制器能够较好地实现"小虎鲸"号无人艇的艏向角和速度控制。艏向和速度协同控制的实艇试验结果表明,所设计的基于全系数自适应控制的无人艇艏向和速度协同控制器能够较好地实现 iNav-IV 型无人艇的艏向角和速度控制。

本章参考文献

[1] 翟长连,吴智铭. 不确定离散时间系统的变结构控制设计[J]. 自动化学报,2000,26(2): 184-191.

[2] FOSSEN T I. Handbook of marine craft hydrodynamics and motion control[M]. New York: JohnWiley & Sons, 2011.

[3] WEN Y, TAO W, ZHU M, et al. Characteristic model-based path following controller design for the unmanned surface vessel[J]. Applied Ocean Research, 2020, 101: 102293.

[4] 牟鹏程. 水面无人艇轨迹跟踪控制方法研究[D].哈尔滨:哈尔滨工程大学,2013.

第 6 章

水面无人艇路径跟踪控制

路径跟踪作为 USV 完成自主功能应具备的一项基本能力,是无人艇自主行驶的根本保证,主要是为了确保无人艇按路径规划和设计出的预期路径行驶。本章在明确 USV 路径跟踪器结构的基础上,分别基于自适应、LOS 制导、IILOS 制导三种理论设计,无人艇路径跟踪控制器,并通过试验验证控制器对于路径跟踪控制的性能。

6.1 水面无人艇路径跟踪控制结构设计

从实际应用来看,分离式方案的模块化设计思想能使无人艇在工程实现及应用上具备更加大的灵活度,因此采用该方案进行路径跟踪控制器设计,具体结构如图 6-1 所示。首先,制导外环根据反馈的位置信息,通过制导算法计算,生成航向指令;然后,控制内环采用无人艇航向自适应离散滑模控制律计算,得到无人艇当前的舵角指令;最后,根据期望舵角及当前舵角反馈值,计算出控制量,发送给执行机构、驱动舷外机转动,进而驱使无人艇随航向指令运动。

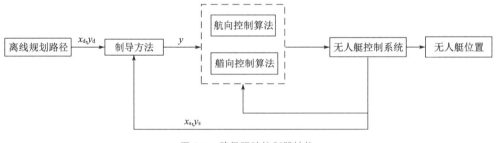

图 6-1 路径跟踪控制器结构

6.2 自适应路径跟踪控制器的设计与实现

6.2.1 控制器设计

本节研究的路径跟踪控制器采用间接控制方法,即制导环节与控制环节分离的结构,由内环基于特征模型的全系数自适应控制的 USV 艏向角和速度控制器和外环制导律两部分组成,如图 6-2 所示。外环制导律采用 VF 制导律和 LOS 制导律两种方案,并且在传统 VF 制导方法的基础上,提出了一种变增益 VF 制导算法。

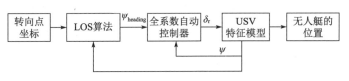

图 6-2 自适应路径跟踪控制器结构

如图 6-2 所示,自适应路径跟踪控制器由外环制导和内环控制两部分组成,制导环节输出的参考艏向角作为输入信号进入控制环节中,而控制环节输出的无人艇两个推进器的电机指令由无人艇的机械结构予以执行。

制导环节原理图如图 4-7 所示,算法见式(4-45)。R 为参考路径、ψ_{LOS} 为参考偏航角、Δ 为前视距离、D 为当前船位到参考路径的距离。应用式(6-1)计算 ψ_{LOS}:

$$\psi_{LOS} \triangleq -\tan^{-1}(D/\Delta) \quad (\Delta > 0) \quad (6\text{-}1)$$

将计算得到的参考偏航角 ψ_{LOS} 和参考路径方向 ψ_R 相加即可得到参考艏向角 $\psi_{heading}$。

$$\psi_{heading} = \psi_{LOS} + \psi_R \quad (0° \leqslant \psi_{heading} < 360°) \quad (6\text{-}2)$$

基于向量场 VF 制导律,根据参考路径信息和无人艇的运动状态数据,输出无人艇跟踪参考路径所需要的参考艏向角指令以及提前设定好的速度值。

(1) 无人艇艏向角与速度协同控制器设计

实际中的艏向和速度协同控制器选择如图 6-3 中的维持/跟踪控制器、黄金分割自适应控制器和积分控制器三种控制器作为组成部分。基于全系数自适应控制的 USV 艏向和速度协同控制器具体设计过程可参见式(4-2)和式(4-3)。

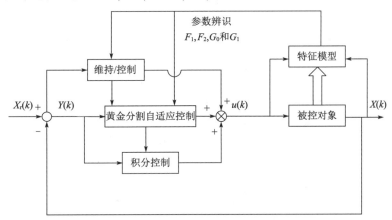

图 6-3 基于全系数自适应控制的艏向和速度协同控制器

基于特征模型全系数方法的无人艇艏向角与速度协同控制器只选择全系数自适应控制器中的维持/跟踪控制器、黄金分割控制器和逻辑积分控制器即可达到较好的控制效果。

(2) 变增益 VF 制导算法设计

本节引入自适应控制中的参数变化变增益思想,将最大接近角设定为一个变化值,当无人艇当前位置距离期望轨迹大于一定值时,将最大接近角设置为最大,使得无人艇以最快速度接近期望轨迹;当无人艇靠近期望轨迹时,将最大接近角变化为一个较小的值,使得无人艇可以平稳地接近期望轨迹而没有较大的超调量,从在接近时间和接近误差两方面改进 VF 制导算法。改进后的变增益 VF 中的变量与原始 VF 算法的变量意义一致。

6.2.2 控制器实现

将以上几种算法部署到 iNav-IV 型双推进器 USV 控制器上,并在武汉理工大学船池进行实船试验。设计对比试验,在期望路径、期望速度、转向点半径等外界条件一致的情况下,分别测试 LOS 制导算法、VF 制导算法和变增益 VF 制导算法的制导效果。其中一组试验结果如图 6-4 所示。

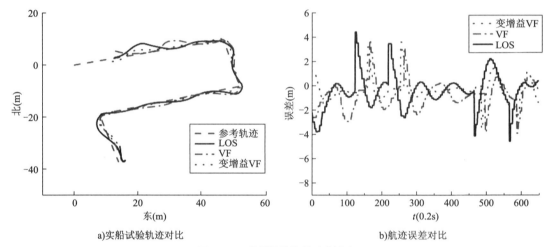

a)实船试验轨迹对比　　　　　　　b)航迹误差对比

图 6-4　三种制导算法的对比试验

路径跟踪误差具体参数指标如表 6-1 所示。

表 6-1　三种制导算法跟踪误差平均绝对误差与标准差对比

制导算法	LOS	VF	变增益 VF
跟踪误差平均绝对误差（m）	1.0754	1.0605	0.7884
平均误差标准差（m）	1.0566	0.8921	0.6565

以上试验结果表明,在相同的情况下,变增益 VF 制导算法效果优于 VF 制导算法,优于传统的 LOS 制导算法。与 VF 制导算法相比,LOS 制导算法只能跟踪直线。VF 算法及其变种形式,可以跟踪直线和曲线。

根据 VF 算法里的可调参数做一组对比试验,结合 VF 制导算法可以跟踪圆形轨迹的特点,选择一段连续圆弧路径作为期望路径,在跟踪连续圆的对比试验中,将最大接近角分别设置为 70°和 50°,观察试验结果。路径跟踪效果图如图 6-5 所示。

该组试验结果表明,当设定的接近角越大时,无人艇接近轨迹的角度越大,在相同速度下到达期望路径的时间也更短;当最大接近角一直是一个较大的值时,会产生较大的超调。这说明将原本固定的最大接近角设置为变增益是可行的。

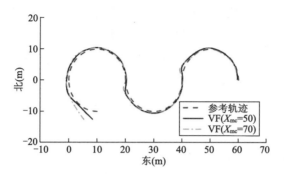

图 6-5　不同最大接近角的 VF 制导算法对比试验

经过一系列的测试与验证,选取最佳参数值,将基于变增益 VF 制导算法的自适应路径跟踪控制器部署到 iNav-IV 型 USV 上,设计如图 6-6 ~ 图 6-9 四组路径跟踪试验,分别验证直线轨迹制导、圆形轨迹制导和复杂路径算法的可靠性。

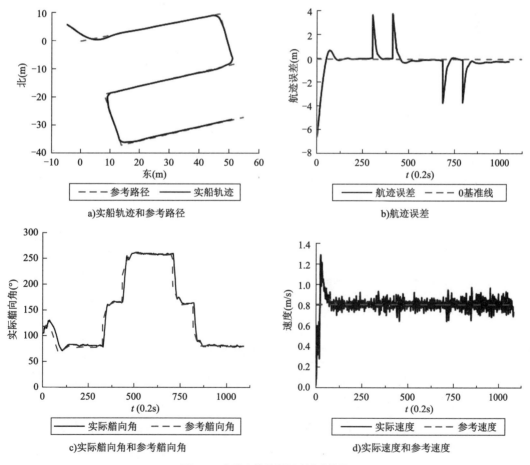

图 6-6　多段直线路径跟踪试验结果

第一组多段直线路径跟踪如图 6-6 所示,参考路径长约 177m,转向点半径设为 4m。以 0.8m/s 的船速对参考路径进行路径跟踪试验。试验结果表明,所设计的自适应路径跟踪控制器能够实现 iNav-IV 型 USV 对期望路径的跟踪,且稳定后的航迹误差在 ±0.3m 以内。

第二组圆形路径跟踪试验,设计以 1.0m/s 的船速对半径为 15m 的圆形参考路径进行路径跟踪。图 6-7 所示的圆形参考路径跟踪结果表明,USV 进行长时间圆形路径跟踪的航迹误差在 ±0.6m 以内,且产生的偏移较小,能够较好地实现 USV 对圆形路径的跟踪。

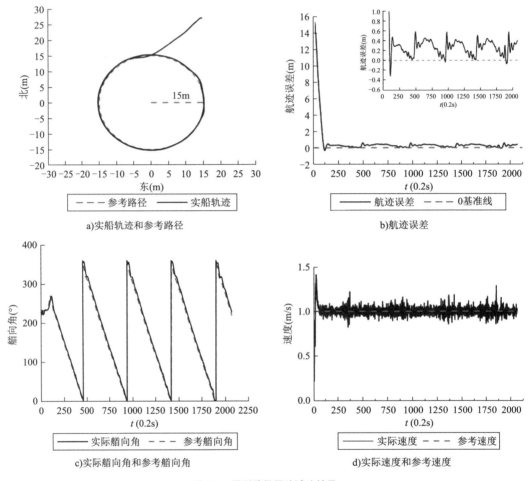

图 6-7 圆形路径跟踪试验结果

第三组试验如图 6-8 所示,参考路径由 3 个半径为 10m 的圆弧组成,进行连续曲线路径跟踪试验,设定航速为 1.0m/s。图 6-8 所示的试验结果表明,所设计的路径跟踪控制器能够实现 iNav-IV 型 USV 对连续曲线路径的跟踪,且航迹误差可以控制在 ±1m 以内。

第四组复杂路径跟踪试验,以 0.8m/s 的航速对如图 6-9 所示的复杂路径进行跟踪的试验,包括大角度机动、连续弧形路径等,参考路径包括 6 段直线路径、3 段曲线路径和 1 个圆形路径。图 6-9 所示的复杂路径跟踪试验的结果表明,iNav-IV 型 USV 在各路径段衔接处的航迹误差较大,跟踪复杂路径的航迹误差在±2m以内,可以较好地完成复杂路径跟踪任务。

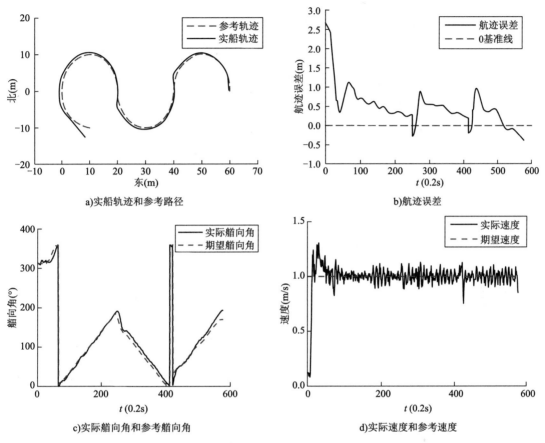

图 6-8 多段圆路径跟踪试验结果

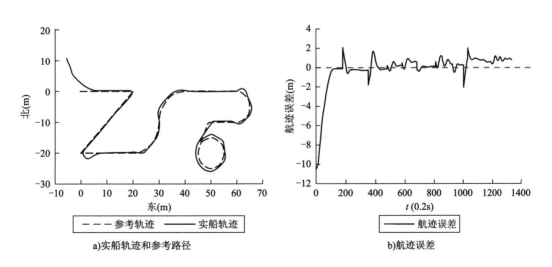

图 6-9

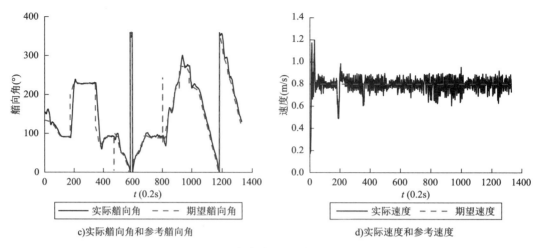

图 6-9　复杂路径跟踪试验结果

6.3 基于 LOS 的路径跟踪控制器设计与实现

6.3.1 控制器设计

LOS 制导算法作为一种经典有效的路径跟踪策略,不依赖于具体模型,具有设计参数少、计算简单等优点,在分离式路径跟踪方案中得到了广泛的应用。本节主要介绍 LOS 制导算法基本原理,并基于该算法开展无人艇路径跟踪实船试验,见图 6-10。

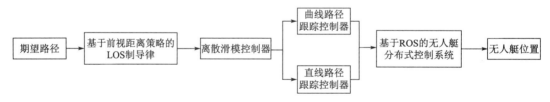

图 6-10　基于 LOS 的路径跟踪控制器结构图

LOS 制导算法仅是引导无人艇跟踪直线参考路径,并未进一步说明何时进入下一段路径的跟踪。在实践中通常是借助转向圆(以两段路径为交点)来判断无人艇是否开始跟踪下一段参考路径。设当前路径的终点为 (x_k, y_k),无人艇位置坐标为 (x_s, y_s)。当无人艇进入以 (x_k, y_k) 为圆心,以 R 为半径的圆内,见式(6-3)。

$$\sqrt{(x_s - x_k)^2 + (y_s - y_k)^2} \leqslant R \tag{6-3}$$

此时,即可进入下一段路径的跟踪,在实际航行过程中转向圆半径常设为 2 倍船长。

6.3.2 控制器实现

(1) 直线路径跟踪仿真与实船试验

将 LOS 制导律与无人艇艏向控制器相结合,得到的直线路径跟踪控制器部署到仿真环境中,通过仿真试验检验设计的路径跟踪控制器的跟踪效果及软件算法的可靠性。试验中 LOS 制导律中前视距离设为 8m,转向点半径设为 10m,最大舵角限制在 30°,变化率最大为 10°/s。设计了长直线路径跟踪、多段直线路径跟踪仿真试验。无人艇航速约为 3.0m/s,路径跟踪仿真结果如图 6-11 和图 6-12 所示。

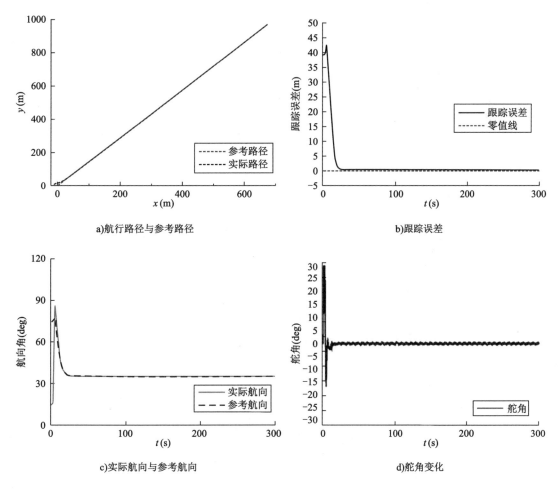

图 6-11 长直线跟踪仿真结果

从图 6-11 和图 6-12 仿真结果可以看出,设计的路径跟踪控制器能够有效实现对直线参考路径的跟踪,跟踪误差保持在 ±1m 以内。

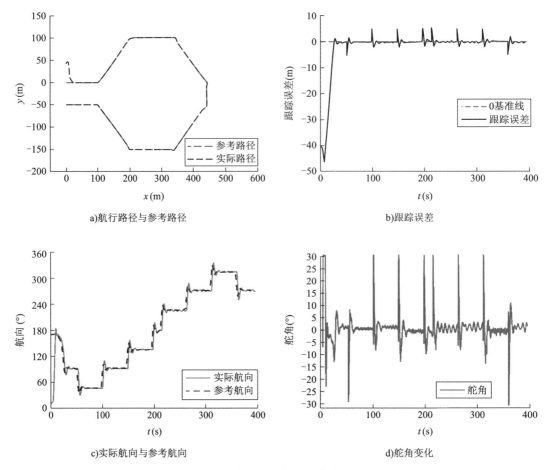

图 6-12 多段直线路径跟踪仿真结果

将无人艇路径跟踪控制器部署到"小虎鲸"号无人艇控制系统上,采用基于前视距离的制导策略进行路径跟踪实船试验。为保证实船试验安全,最大舵角限制在 20°,变化率最大为 6°/s,LOS 制导律中前视距离 Δ 设为 16m,转向点半径设为 20m。

试验一:长直线参考路径跟踪实船试验

考虑到无人艇在执行海上航行任务时,通常需要进行远距离直线航行,因此设计了一组长约 1.5km 的长距离直线路径跟踪试验,每秒试验结果如图 6-13 所示。

图 6-13 所示的长距离直线路径跟踪结果,证明了该控制器的有效性,"小虎鲸"号无人艇在所设计的路径跟踪控制器的控制下实现了对长直线路径的跟踪,跟踪误差在 5m 以内。

试验二:速度变化情况下参考路径跟踪实船试验

无人艇在实际航行过程中,由于环境的干扰及自身工况改变,路径跟踪控制器应具备一定的自适应性,为检验所设计的路径跟踪控制器实际跟踪效果。设计了四边形路径跟踪试验,试验中无人艇分别以 2.5m/s 及 4.0m/s 左右的速度航行。试验结果如图 6-14 和图 6-15 所示。

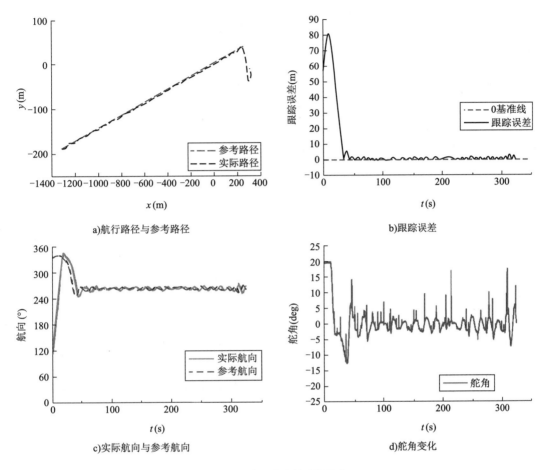

图 6-13 长距离直线路径跟踪

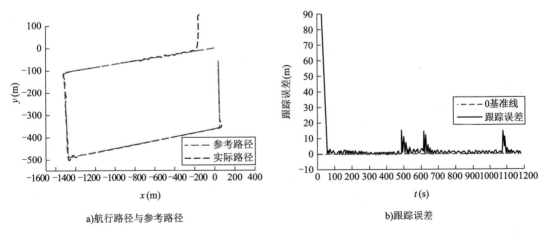

图 6-14

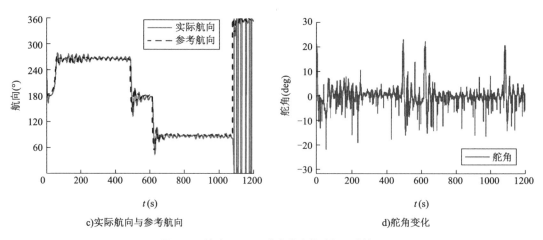

c)实际航向与参考航向

d)舵角变化

图 6-14　航速 2.5m/s 的多段直线路径跟踪结果

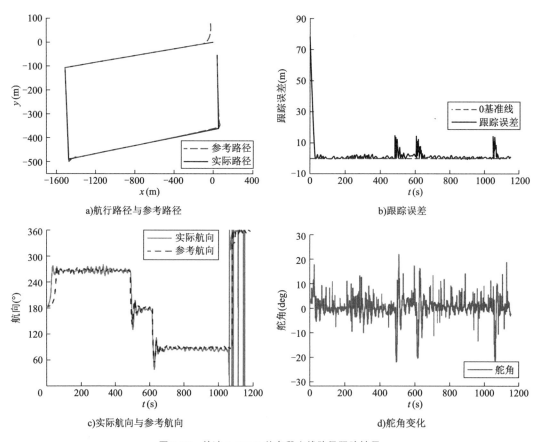

图 6-15　航速 4.0m/s 的多段直线路径跟踪结果

从图 6-14、图 6-15 所示的跟踪结果可以看出,两次试验跟踪误差都比较小,说明所设计的路径跟踪控制器具备在不同航速下的路径跟踪能力,对无人艇操纵性变化具有一定的自适应性。

试验三:复杂参考路径跟踪实船试验

假设"小虎鲸"号无人艇被用于桥墩检测及绕岛航行等任务,这类航行任务的参考路径通常较为复杂,因此设计了如图 6-16 和图 6-17 所示的参考路径,试验结果表明,在所设计的路径跟踪控制器的控制下,"小虎鲸"号无人艇具备对复杂曲线的跟踪能力。

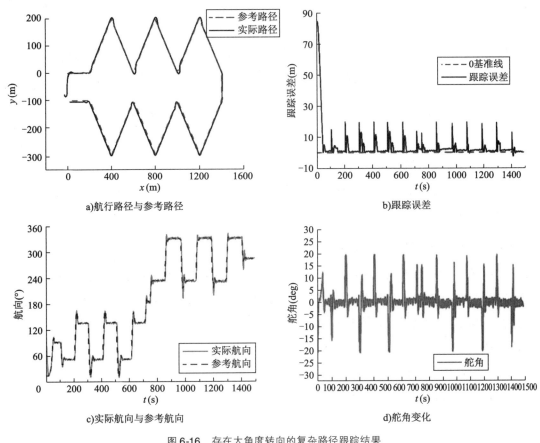

图 6-16 存在大角度转向的复杂路径跟踪结果

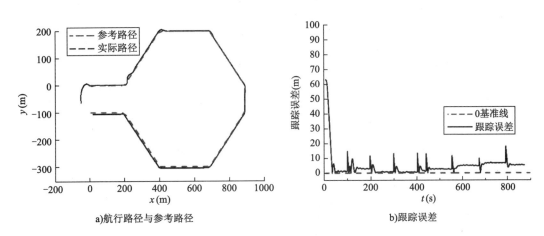

图 6-17

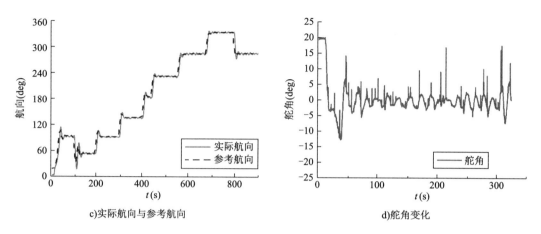

c) 实际航向与参考航向 d) 舵角变化

图 6-17 复杂参考路径跟踪结果

对于像"小虎鲸"号这样的舷外机矢量推进无人艇,除了因本身的驱动方式引起的侧滑角外,在风与流的影响下也会产生漂移现象。从图 6-17 的跟踪结果可以看出,在对参考路径跟踪的后半段产生了一个恒定的误差。

(2) 曲线路径跟踪仿真与实船试验

将上述基于 LOS 制导律的曲线路径制导算法与无人艇航向控制器相结合即可得到无人艇曲线路径跟踪控制器。通过仿真试验来检验路径跟踪控制器的跟踪效果,试验中无人艇航速保持在 3.0m/s 左右,最大舵角限制在 30°,变化率最大为 10°/s。

仿真环境中无人艇初始位置为 (70,10)、初始航向为 0°,跟踪圆形路径时取 $\Delta\theta = 5$,路径圆半径 $R = 20\text{m}$,圆心为 (0,0),仿真结果如图 6-18 所示。跟踪正弦形路径时 $\Delta\theta = 0.8$、路径周期为 400m,振幅为 80m,仿真结果如图 6-19 所示。

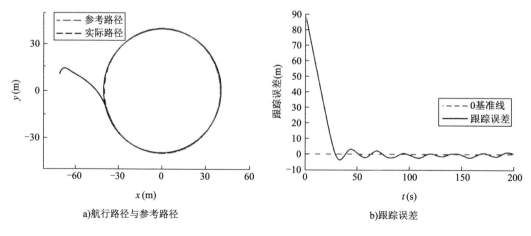

a) 航行路径与参考路径 b) 跟踪误差

图 6-18

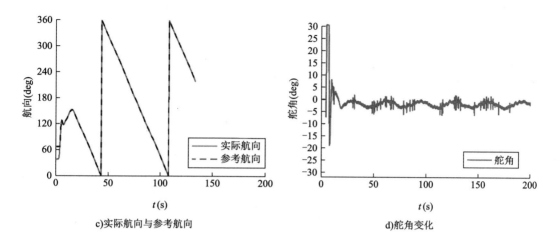

c) 实际航向与参考航向　　　　　d) 舵角变化

图 6-18　圆形路径跟踪仿真结果

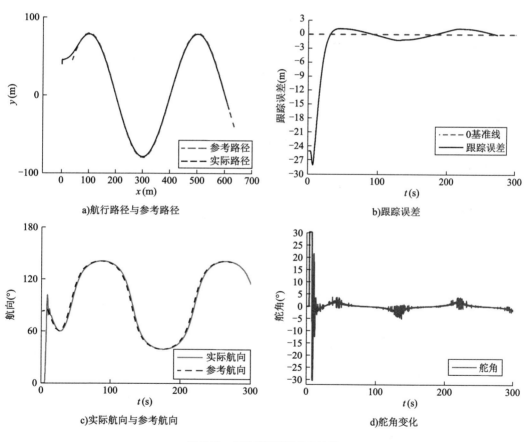

图 6-19　正弦路径跟踪仿真结果

为检验设计的曲线路径跟踪控制器在实际海洋环境中的控制效果,将控制器部署到"小虎鲸"号无人艇上。设计了半径为 80m 的圆形参考路径及振幅为 80m 的正弦参考路径,来检验设计曲线路径跟踪控制器的实际效果,试验中最大舵角限制在20°,变化率最大为6°/s。试验结果如图6-20、图6-21所示。

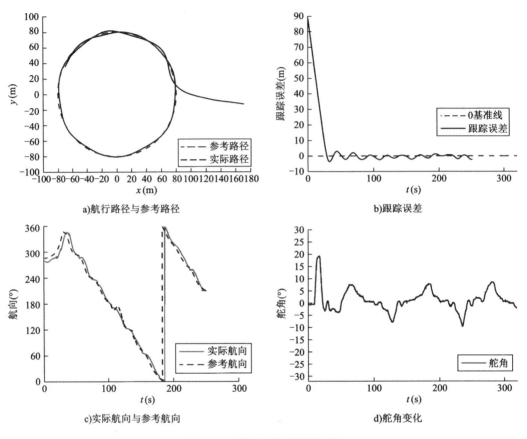

图6-20 圆形参考路径跟踪结果

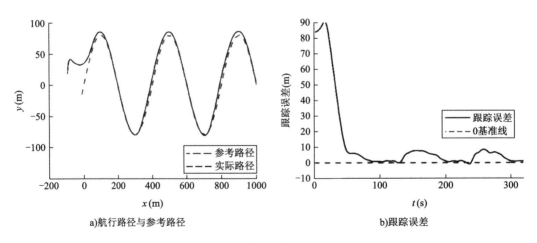

图 6-21

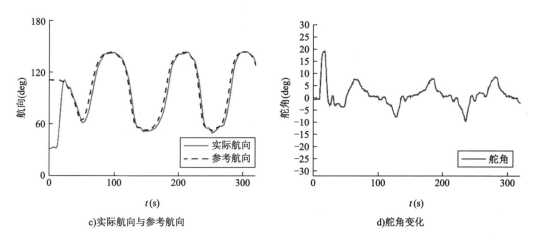

c)实际航向与参考航向　　　　　　　d)舵角变化

图 6-21　正弦参考路径跟踪结果

从图 6-20 和图 6-21 可以看出,在实际海洋环境中,"小虎鲸"号无人艇在所设计的曲线路径跟踪控制器控制下能够完成对曲线路径跟踪任务,其中在进行圆形路径跟踪时,误差稳定在 ±3m 以内,正弦路径跟踪误差在 ±8m 以内。

6.4　基于 IILOS 的路径跟踪控制器设计与实现

"智巡 1 号"无人艇执行东湖水域巡航任务时,受东湖水域的限制,以及水域中行船较少的影响,通常不需要进行复杂的路线设定,因此设计了如图 6-22 所示的多段直线路径,期望路径如图 6-22a)中所示,其中以控制系统启动时的经纬度作为 NED 坐标系的原点,其他转向点分别为(100,15)、(100,300)、(0,400)、(-100,300)、(-100,15)。试验中期望航速设定为 2.0m/s。

为了检验 IILOS 制导算法的制导效果,采用 IILOS 制导策略,并跟踪多直线路径,其中 IILOS 参数设置为:$k_1 = 0.8, k_2 = 0.01, \Delta_1 = 0.1$,其实船试验结果如图 6-22 所示。

由图 6-22 的跟踪误差可以得到,基于 IILOS 的制导策略明显降低了无人艇路径跟踪整体误差。在转向点处,由于 IILOS 带来的自适应性,航向角的平滑性更好,使得"智巡 1 号"无人艇实现了运行更快速和收敛性更强的跟踪效果,整体来说无人艇的跟踪性能得到了提升,保证无人艇的跟踪误差在 7m 以内。

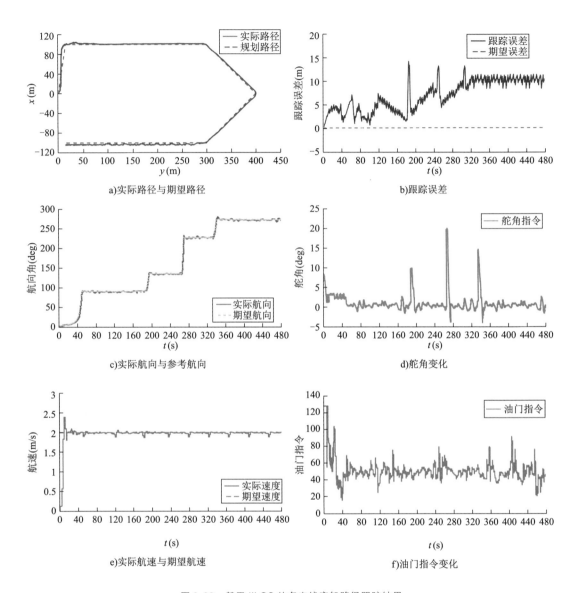

图 6-22 基于 IILOS 的多直线实船路径跟踪结果

6.5 本章小结

USV 路径跟踪控制对于 USV 自主航行具有重要意义,针对无人艇路径跟踪存在的三种问题,分别设计对应的无人艇路径跟踪器。针对航行环境变化下的 USV 路径跟踪控制问题,将所设计的艏向和速度协同控制器分别与 VF 制导算法、变增益 VF 制导算法和 LOS 制导算法相结合,构建 USV 自适应路径跟踪控制器;针对无人艇航行的曲线路径跟踪问题,基于分离式跟踪方案,将设计的航向自适应离散滑模控制器与 LOS 算法相结合,构建了无人艇直线路径跟踪控制器;针对 LOS 制导律中的前视距离调节不平滑、灵活性差等问题,采用改进的积分 LOS 制导策略,并将该制导算法应用于无人艇路径跟踪控制器上,将椭圆二型模糊艏向控制器与 LOS 制导策略结合,建立路径跟踪控制器。

本章参考文献

[1] Åström K J, Källström C G. Identification of ship steering dynamics[J]. Automatica, 1976, 12(1): 9-22.

[2] 曹伟男. 基于 EKF 的船舶艏向模型辨识与 L2 闭环成形滤波控制[D]. 大连:大连海事大学,2020.